中国人民银行
金融服务报告2017年第1期
Financial Service Report of the People's Bank of China, No.1, 2017

中国支付体系发展报告
China Payment System Development Report

2016

中国人民银行支付结算司
Payment and Settlement Department
of the People's Bank of China

中国金融出版社
CHINA FINANCIAL PUBLISHING HOUSE

责任编辑：方　蔚
责任校对：李俊英
责任印制：程　颖

图书在版编目（CIP）数据

中国支付体系发展报告. 2016=China Payment System Development Report 2016/中国人民银行支付结算司编. —北京：中国金融出版社，2017.5
ISBN 978-7-5049-9015-0

Ⅰ. ①中…　Ⅱ. ①中…　Ⅲ. ①支付方式—研究报告—中国—2016　Ⅳ. ①F832.6

中国版本图书馆CIP数据核字（2017）第108081号

出版发行 中国金融出版社
社址　北京市丰台区益泽路2号
市场开发部　（010）63266347，63805472，63439533（传真）
网 上 书 店　http://www.chinafph.com
（010）63286832，63365686（传真）
读者服务部　（010）66070833，62568380
邮编　100071
经销　新华书店
印刷　天津银博印刷集团有限公司
尺寸　210毫米×285毫米
印张　16.25
字数　275千
版次　2017年5月第1版
印次　2017年5月第1次印刷
定价　155.00元
ISBN 978-7-5049-9015-0
如出现印装错误本社负责调换　联系电话（010）63263947

《中国支付体系发展报告（2016）》

编 写 组

组　长：谢　众

副组长：樊爽文　张　晔

统　稿：潘　松

编写组成员（以姓氏笔画为序）：

严　芳　张卫华　杨　青　周鹏博　胡　波

程世刚　谭静蕙

执　　笔（以姓氏笔画为序）：

丁　岩　孙方江　吕　远　高阳宗　郭建军

崔宝强　董　进　潘　松

编写说明

《中国支付体系发展报告》（以下简称《报告》）是《中国人民银行金融服务报告》的系列报告之一。自2006年以来，《报告》已连续发布了10期，充分介绍了中国支付体系的发展成果，对于关心、支持中国支付体系建设和有志于研究支付体系的读者，特别是亲自参与中国支付体系建设的机构、企业和个人具有较重要的参考价值，因而受到社会的广泛关注。同时，《报告》也为进一步增进国际社会对中国支付体系建设情况的认识和了解、加强中国与其他国家和地区之间的支付体系交流与合作提供了很好的信息交流平台。

《报告》共分四个部分。第一部分为2016年中国支付体系发展成就，简要介绍了中国在法规制度建设、账户改革、非现金支付工具发展、支付与市场基础设施建设、支付体系监督管理、支付服务普惠进程、支付结算国际合作等方面取得的主要进展，并对支付体系发展进行展望。第二部分为中国支付体系运行分析，从银行结算账户、支付工具、支付系统、证券登记结算系统、中央对手等方面，结合大量数据和图表，对2016年中国支付体系的运行情况进行详细分析，揭示中国支付体系运行的主要特征和趋势。第三部分为特色实践，主要展示人民银行分支机构、银行机构、特许清算机构等开展的特色工作。第四部分为附录，包括2016年中国支付体系发展大事记、中国支付体系发展核心指标、主要业务数据报表和非银行支付机构名录。

2016年度《报告》在结构上进行了微调，突出支付体系监督管理工作和运行分析，将原来在第一部分反映的“支付服务市场主体概况”、“金融市场基础设施运行”和“非现金支付工具发展情况”等内容调整至第二部分。第三部分由“地方特色工作”调整为“特色实践”，新增了商业银行、特许清算机构的特色工作。为与《支付业务季报》相衔接，选取了有代表性的支付业务指标在第四部分主要业务数据报表中列示。

《报告》编写工作得到了中国证监会的大力支持，中国金融出版社为《报告》的出版做了大量的编辑工作。中国外汇交易中心、中国人民银行清算总中心、中国银联股份有限公司、银行间市场清算所股份有限公司、城市商业银行资金清算中心、农信银资金清算中心、中央国债登记结算有限责任公司、中国证券登记结算有限责任公司、上海期货交易所、郑州商品交易所、大连商品交易所、中国金融期货交易所等单位为《报告》提供了相关原始素材，在此一并表示感谢。

受理论水平和实践经验所限，《报告》难免存在疏漏不足之处，欢迎有关单位、专家学者及社会各界提出宝贵意见与建议。

中国人民银行支付结算司司长

谢众

二〇一七年四月十八日

目　录

第一部分　2016年中国支付体系发展成就

第二部分　中国支付体系运行分析

第三部分　特色实践

第四部分　附录

专题

专栏

第一部分

2016年中国支付体系发展成就

- 法规制度建设取得重大进展
- 账户改革全面推进
- 支付监管工作机制基本建立
- 打击治理电信网络诈骗成效显著
- 支付与市场基础设施建设稳步推进
- 支付服务创新在规范中快速发展
- 支付服务普惠金融持续深化
- 支付信息统计分析日益完善
- 支付结算国际合作不断扩大
- 支付体系发展展望

2016年是我国“十三五”规划的开局之年，也是我国支付体系发展极不平凡的一年。这一年，作为我国支付体系的组织者、监管者和支付与市场基础设施的重要建设者和运营者，中国人民银行大力完善顶层设计、强化支付监管、推进基础设施建设、规范业务创新，各项工作取得显著成效，支付体系持续快速健康发展。

一、法规制度建设取得重大进展

支付体系法规制度建设取得丰硕成果，银行结算账户、支付工具、支付系统、非银行支付机构（以下简称支付机构）管理等方面的多个法律制度出台，支付行业发展的法律基础进一步夯实。

发布《银行卡清算机构管理办法》。为落实国务院《关于实施银行卡清算机构准入管理的决定》，依法有序推进银行卡清算市场开放，2016年6月，中国人民银行会同中国银行业监督管理委员会（以下简称中国银监会）发布《银行卡清算机构管理办法》（中国人民银行　中国银监会令〔2016〕第2号），细化银行卡清算机构准入条件，规定了银行卡清算机构在筹备、开业、机构变更及业务终止等环节的相关申请材料要求与办理程序，有利于规范银行卡清算机构管理，有助于培育银行卡产业公平竞争的市场环境，提升我国银行卡清算服务水平，促进银行卡产业整体和各参与方持续、稳健发展。

发布《非银行支付机构分类评级管理办法》。为有效实施支付机构监管，防范支付风险，保护客户合法权益，2016年4月，中国人民银行发布《非银行支付机构分类评级管理办法》，确立分类评级基本原则，建立分类评级指标，针对不同评级结果制定了差异化、针对性的监管措施，有利于合理配置监管资源，进一步提高监管效率。

发布《关于促进银行卡清算市场健康发展的意见》。为深入贯彻落实中央关于全面深化经济体制改革的总体部署，2016年12月，中国人民银行等十四部委联合发布《关于促进银行卡清算市场健康发展的意见》，按照“市场主导、创新发展，防范风险、自主可控，走向国际、共赢发展”的原则，围绕完善银行卡清算服务的市场化机制、健全产业支撑体系、提升银行卡清算机构国际竞争力等方面强化政策支持，力促构建有效竞争、规范有序和安全稳定的银行卡清算市场，提升我国银行卡清算机构的整体实力，为完善支付服务市场和支付服务创新升级打下坚实基础。

完善银行卡刷卡手续费定价机制。2016年3月，国家发展改革委和中国人民银行联合下发《关于完善银行卡刷卡手续费定价机制的通知》，坚持市场化改革方向，对政府定价管理的范围、方式进行调整，取消商户行业分类定价，实行借、贷记卡差别计费，从总体上较大幅度地降低费率水平，有利于进一步改善商户经营环境，扩大消费，促进商贸流通。

专栏1

银行卡刷卡手续费定价机制改革

银行卡刷卡消费是当前商业服务领域采用较多的一种非现金支付方式，是现代商贸流通的重要环节之一。银行卡刷卡手续费主要包括发卡机构收取的发卡行服务费、收单机构收取的收单服务费和银行卡清算机构收取的网络服务费。随着我国银行卡发卡数量的稳步增长和银行卡受理环境的不断完善，银行卡刷卡交易规模逐年扩大。截至2016年末，全国银行卡在用发卡数量超过61.25亿张，银行卡联网特约商户2067.20万户，联网POS机具2453.50万台。2016年，全国银行卡消费业务合计383.29亿笔，金额约56.50万亿元。

为进一步降低商户经营成本，促进我国银行卡产业持续健康发展，发展改革委、人民银行于2016年3月14日联合印发《关于完善银行卡刷卡手续费定价机制的通知》（发改价格〔2016〕557号），并于2016年9月6日正式实施。

这次政策调整以推进市场化改革和降费减负为导向，涉及调整政府定价管理范围、方式，取消商户行业分类定价，实行借、贷记卡差别计费等多项内容。一是降低发卡行服务费费率水平。发卡行服务费不区分商户类别，实行政府指导价、上限管理，并对借记卡、贷记卡（通常指信用卡）差别计费。费率水平降低为借记卡交易不超过交易金额的0.35%，贷记卡交易不超过0.45%。二是降低网络服务费费率水平。网络服务费不区分商户类别，实行政府指导价、上限管理，分别向收单、发卡机构计收。费率水平降低为不超过交易金额的0.065%，由发卡、收单机构各承担50%（即分别向发卡、收单机构计收的费率均不超过交易金额的0.0325%）。三是调整发卡行服务费、网络服务费封顶控制措施。发卡行服务费借记卡交易单笔收费金额不超过13元，贷记卡交易不实行单笔收费封顶控制；网络服务费不区分借、贷记卡，单笔交易的收费金额不超过6.5元（分别向收单、发卡机构计收时，单笔收费金额均不超过3.25元）。四是对部分商户实行发卡行服务费、网络服务费费率优惠措施。对非营利性医疗机构等用户实行发卡行服务费、网络服务费全额减免；对与人民群众日常生活关系较为密切的超市等商户，在改革正式实施起2年的过渡期内，按照费率水平保持总体稳定的原则实行发卡行服务费、网络服务费费率优惠。五是收单服务费实行市场调节价，由收单机构与商户协商确定具体费率。

改革实施后，银行卡刷卡消费交易量总体保持稳定，商户手续费下降明显，“套码”现象得到有效遏制，得到商户、银行卡经营机构、相关行业协会的认可和好评，实现了预期目标。据统计，宾馆、餐饮、娱乐类商户刷卡手续费降幅为50%~55%，百货类商户手续费降幅为20%~30%，截至2016年末，POS消费总体手续费支出下降31亿元。

本次改革积极响应配合了国家供给侧结构性改革和“三去一降一补”工作任务的实施，全面贯彻落实了《国务院办公厅关于促进内贸流通健康发展的若干意见》（国办发〔2014〕51号）精神，进一步降低了商户经营成本，有利于改善商户经营环境、刺激消费拉动内需，有利于引导银行卡经营机构提升经营管理水平和服务质量，促进我国银行卡产业持续健康发展。

完善信用卡业务管理制度。为完善信用卡业务市场化机制，促进信用卡市场健康发展，2016年4月，中国人民银行发布《关于信用卡业务有关事项的通知》，从推进信用卡利率和息费规则的市场化水平、提升预借现金等服务质量、加强持卡人权益保护等方面，进一步完善信用卡业务监管制度，有效引导商业银行建立差异化、个性化的信用卡产品和服务体系，促进信用卡服务创新和良性竞争，不断提升持卡人服务水平。

修订《国内信用证结算办法》。2016年4月，中国人民银行和中国银监会联合发布新修订的《国内信用证结算办法》，统筹把握促进市场发展与防范金融风险的管理原则，实现国内信用证业务规则和管理标准的再造，有利于进一步推动国内信用证业务拓展与创新发展，满足企业融资和支付需求，促进国内贸易快速健康发展。

发布《票据交易管理办法》。为规范票据市场交易行为，维护交易各方合法权益，促进票据市场健康发展，2016年12月，中国人民银行发布《票据交易管理办法》，明确了票据市场参与者的具体类别和应具备条件，界定了票据交易所作为票据市场基础设施的地位和服务范围，明晰了票据信息登记与电子化、票据登记与托管、票据交易、票据交易结算与到期处理的具体流程和管理要求，在我国票据业务发展史上具有里程碑式的重要意义，标志着我国票据市场迈入了快速发展的新阶段。

出台规范和促进电子商业汇票业务发展通知。为充分发挥电子商业汇票系统作用和电子商业汇票业务优势，防范纸质商业汇票业务风险，2016年8月，中国人民银行发布《关于规范和促进电子商业汇票业务发展的通知》，从扩大系统覆盖面、优化流通环境，便利操作、提高服务水平，规范操作、有序开展，加大考评、强化业务监管等方面引导和鼓励电子商业汇票扩大应用，有利于加快电子商业汇票对纸质商业汇票的替代步伐，加快票据市场电子化进程。

出台规范空头支票行政处罚的制度。为完善空头支票行政处罚裁量权基准，推进裁量权基准的适用，减少因实施行政处罚引发的行政争议，2016年12月，中国人民银行下发《关于进一步规范空头支票行政处罚工作有关事项的通知》，从完善裁量权基准制度、规范执法程序、完善内部监督机制、强化惩戒机制等方面，进一步严格执法标准、约束使用裁量权。

修订支付系统相关管理制度。根据第二代支付系统业务处理和运行管理的变化情况，2016年4月，中国人民银行发布《关于修订支付系统相关管理制度的通知》，对大小额支付系统业务处理办法、处理手续等6项业务管理制度进行修订，明确支付业务最终性规定，统一参与者定义，细化风险防范和惩戒措施，有利于加强人民银行支付系统的业务管理和运行维护工作，保障支付系统安全稳定运行。

二、账户改革全面推进

人民银行立足我国国情，顺应账户业务创新发展需求，启动个人账户制度改革，以落实账户实名制和保护存款人合法权益为核心，以兼顾安全和效率为目标，按照鼓励创新与防范风险相协调的管理思路，启动我国个人账户管理制度的重大改革，构建全新的个人账户体系，有利于强化账户实名制落实，建立个人账户安全保护屏障，深化金融服务创新，强化支付安全监管，对我国个人账户体系发展、银行机构和支付机构业务经营将产生重要而深远的影响。

（一）全面推进个人银行账户分类管理

不断完善个人银行账户分类管理机制。从2016年4月1日起，个人银行结算账户分类管理机制正式实施。按照开户渠道和功能定位，个人银行结算账户分为功能依次递减的Ⅰ、Ⅱ、Ⅲ类银行账户。2016年9月，中国人民银行印发《关于加强支付结算管理　防范电信网络新型违法犯罪有关事项的通知》，规定同一个人在同一家银行只能开立一个Ⅰ类银行账户，全面实施个人银行账户分类管理机制。2016年11月，中国人民银行发布《关于落实个人银行账户分类管理制度的通知》，进一步规范了个人Ⅱ、Ⅲ类银行账户的开立和使用，促进网络支付和移动支付发展，满足社会公众多样化的支付需求。

启动全国集中账户管理系统建设工作。2016年7月，中国人民银行发布《全国集中银行账户管理系统接入接口规范——个人银行账户部分》；2016年11月，组织开展全国集中银行账户管理系统个人银行账户数据报送联调测试工作，从系统建设方面为个人银行账户分类管理机制的实施奠定基础。

（二）扎实推进个人支付账户分类管理

2016年7月1日，《非银行支付机构网络支付业务管理办法》开始实施，个人支付账户分类管理机制正式确立。根据开户申请人身份信息核验方式和风险等级，个人支付账户分为功能依次递增的Ⅰ、Ⅱ、Ⅲ类账户。为落实好《非银行支付机构网络支付业务管理办法》，2016年4月，中国人民银行组织全面开展个人支付账户实名比例核查，督促支付机构切实履行客户身份核实义务，保障支付账户实名制落实。2016年9月，中国人民银行印发《关于加强支付结算管理　防范电信网络新型违法犯罪有关事项的通知》，规定同一个人在同一家支付机构只能开立一个Ⅲ类账户。

三、支付监管工作机制基本建立

中国人民银行大力推进监管改革，转变监管理念、创新监管手段，着力构建“政府监管、行业自律、社会监督、公司自治”的一体化监管体系和工作机制，监管有效性明显提高，市场乱象得到有效整治，我国的支付监管步入了一个崭新的时代。

（一）重塑政府监管权威

2016年人民银行重典治乱、重拳频出，统筹实施重点领域专项整治和对市场主体的组合检查。针对部分机构无证经营支付业务的问题，人民银行会同12个部门制订专门方案，组织开展风险专项整治，取得明显成效，截至2016年底，全国已摸排认定的无证经营支付业务机构合计232家，其中152家已进入清理处置阶段，40家已出具行政认定意见并移交相关部门，7家机构已由公安机关立案查处。打好突击检查、专项检查、随机抽查和现场核查的组合拳，开展5次大规模行动整治市场违规行为。在突击检查中，由总行支付司对4家银行、2家支付机构实施突击检查，并对其违规行为作出近5,000万元的行政处罚，各分支行也积极配合，严格执法，有效警示了违法违规行为。在强化政府监管的过程中，人民银行积极加强与其他政府部门的合作，2016年人民银行建立健全联合整治支付结算重大违法犯罪工作机制，与公安部成立联合整治支付结算重大违法犯罪办公室，建立支付结算重大案件通报和协查机制，对支付结算违法违规行为实施刑事侦查与行政调查“双查”，合力加大政府监管力度。

专栏2

加大力度整顿银行卡收单市场秩序

为规范银行卡收单业务外包管理，2015年6月29日，中国人民银行印发《中国人民银行关于加强银行卡收单业务外包管理的通知》（银发〔2015〕199号），要求各收单机构全面自查。2015年12月至2016年1月，结合前期自查情况，人民银行部署开展抽查，抽查对象包括57家机构（24家银行和33家支付机构）。同时，根据社会举报，中国人民银行组织对部分银行、支付机构实施突击检查。

本次检查的内容重点包括特约商户实名制管理、资金结算、交易处理、受理终端主密钥生成与管理、外包商合作管理、客户备付金管理等内容。为保证检查效果，在依法合规的前提下，本次检查为突击检查，入场同时递送执法检查通知书。在总行的统一部署下，总分行之间做到上下联动、步调一致。

根据检查结果，人民银行印发了《中国人民银行关于银行卡收单外包业务抽查情况的通知》（银发〔2016〕77号），责令4家支付机构法人全面整改、5家支付机构退出部分省（自治区、直辖市）银行卡收单业务，对4家银行进行通报批评。根据突击检查情况，人民银行对中信银行上海分行处以没收违法所得1,462,941.55元，并处罚款1,462,941.55元；对通联支付网络服务股份有限公司处以没收违法所得3,033,755.34元，并处罚款11,101,266.02元；对银联商务有限公司处以没收违法所得6,134,255.55元，并处罚款26,537,022.20元。本次抽查工作有效地遏制了市场违规行为。

下一步，中国人民银行将继续依据相关法律法规和支付结算违法违规举报奖励制度，发挥社会公众监督作用，打好专项检查、突击检查和双随机抽查的组合拳，持续加强支付结算市场监管，保障支付市场的持续、稳定和健康发展。

（二）创新分类监管模式

2016年，人民银行依据《非银行支付机构网络支付业务管理办法》和《非银行支付机构分类评级管理办法》，组织实施对网络支付机构、预付卡和银行卡收单机构的分类评级。根据评级结果，确定监管重点，采取差异化的监管措施。对于A类机构，实名制实现比例达到95%以上的，实施支付额度和核实手段等方面的监管奖励；对于D类机构，予以重点监管关注，可以责令停办全部或部分业务；对于E类机构，限期整改不到位的，注销支付业务许可证。出台这些措施的目的在于有效配置监管资源，激励支付机构增强合规意识、加强风险管理、促进可持续发展。

专栏3

创新支付机构分类评级监管模式

为有效实施支付机构监管，防范支付风险，保护客户合法权益，合理分配监管资源，达到监管效用最大化，中国人民银行综合考虑支付机构业务模式、潜在风险和经营情况等因素，创新性地开展了支付机构分类评级监管模式，建立了包括客户备付金管理等六项指标在内的综合评价指标体系，并针对不同的分类评级结果采取有针对性的监管措施。

一、分类评级的总体原则

支付机构分级评级坚持全面与重点相结合、定量与定性相结合、非现场监管与现场调查相结合、监管评级与自律评级相结合的原则。“全面与重点相结合”是指在全面分析支付机构的经营管理、业务发展、支付业务设施、反洗钱管理等情况基础上，以风险控制和合规为导向，重点评价支付机构的客户备付金安全、业务合规情况。“定量与定性相结合”是指综合定量因素与定性因素对支付机构进行评价。“非现场监管与现场调查相结合”是指以非现场监管掌握的情况为基础，结合现场检查、调查取得的数据资料进行评价。“监管评级和自律评级相结合”是指综合衡量支付机构落实监管规定和自律规则的情况。

二、分类评级的主要指标

支付机构分类评级指标包括监管指标和自律指标。监管指标包括客户备付金管理、合规与风险防控、客户权益保护、系统安全性、反洗钱措施和持续发展能力六大类一级指标。

在客户备付金管理方面，主要评价支付机构保障备付金安全性、完整性的能力。在合规与风险防控方面，主要反映支付机构的合规管理体系建设、规范运作情况，风险防范与管理能力等情况。在客户权益保护方面，主要评价支付机构实名制落实、客户服务水平、处理客户投诉、维护客户权益等情况。在系统安全性方面，主要评价支付机构业务设施的运行情况，体现其技术风险管理能力。在反洗钱方面，主要评价支付机构的反洗钱工作机制、系统建设情况、履行反洗钱义务等的情况。在持续发展能力方面，主要评价支付机构的业务规模、盈利能力、支付业务持续发展前景。自律管理指标由中国支付清算协会制定并报中国人民银行。支付机构参与农村支付服务环境、扶贫开发金融等普惠金融建设，取得显著成效的，可进行奖励加分。支付机构分类评级在100分基准分基础上，加上自律管理评价计分以及奖惩项计分，确定支付机构的评价计分。

三、分类评级的评价标准

通过上述评价指标体系，根据支付机构上一年度各项指标评级计分情况，结合特殊情形，支付机构可分为A（AAA、AA、A）、B（BBB、BB、B）、C（CCC、CC、C）、D、E共5类11级。综合评级后的结果，A类机构表现为：六项基本评价指标整体优异。备付金管理规范；风险防控能力强，合规状况好；客户权益得到有效保护；技术安全稳定性和业务系统处理能力强；反洗钱义务履行到位；可持续发展能力强；主动、积极配合行业自律管理。

B类机构表现为：六项基本评价指标整体表现良好，个别指标表现一般。备付金管理较为规范；风险防控能力较强，合规状况较好；客户权益得到一定保护；技术安全稳定性和业务系统处理能力较强；反洗钱义务履行较为到位；具有一定可持续发展能力；配合行业自律管理较为主动、积极。

C类机构表现为：六项一级指标整体表现一般，部分指标存在问题。备付金管理基本规范；风险防控能力和合规状况一般；客户权益保护一般；技术安全稳定性和业务系统处理能力较弱；反洗钱义务履行一般；可持续发展能力一般；配合行业自律管理一般。

D类机构表现为：潜在风险较大。备付金管理存在较大问题；业务合规、支付业务设施等方面存在较大缺陷；客户权益无法得到有效保护；反洗钱义务履行不到位；未实质性开展业务或业务发展停滞；消极配合行业自律管理。

E类机构表现为：风险隐患严重。备付金管理存在重大问题；业务合规、支付业务设施、客户权益保障、反洗钱义务履行等方面存在重大缺陷；不配合行业自律管理。

四、分类评级的监管应对

人民银行根据分类评级结果，衡量支付机构整体情况、风险程度，确定监管重点，制订监管计划及措施。对A类机构，一般不需要采取特别监管措施。对B类机构，除日常监管措施外，还应采取限期整改、监管谈话、现场检查等措施。对C类机构，除B类机构措施外，还应提高约谈及检查的频率，加强监管。对D类机构，除采取对C类机构的监管措施外，还可责令其停止办理部分或全部支付业务。对E类机构，除可采取对D类机构的监管措施外，对限期未整改到位的，依法注销支付业务许可证。

五、分类评级的监管实践

2016年人民银行组织实施了对支付机构的分类评级，根据评级结果，人民银行细分监管重点，通报约谈重点支付机构，提出整改要求，对于激励支付机构增强合规意识、加强风险管理、促进可持续发展、维护市场秩序发挥出积极作用。

（三）完善市场退出机制

在支付服务市场，能进也能出，才能优胜劣汰、鼓励先进。2016年，人民银行继续把“能进能出”作为市场监管常态，重在加大市场退出力度。除通过分类评级，给D类和E类机构增加市场退出压力外，还通过支付业务许可证续展工作，以推动机构合并、调减业务范围、注销许可证等方式，丰富市场退出形式。在续展工作中，遵循“总量控制、结构优化、提高质量、有序发展”的原则，对存在严重违规行为、支付业务事实上处于停滞或出现严重萎缩的机构的业务范围，实施调减或注销业务许可证，净化市场环境；对隶属同一集团或股权重合的部分支付机构，推动业务整合，优化牌照资源，实现减量增质。全年稳妥开展三批支付机构业务续展，共92家机构提出续展申请，人民银行对1家存在重大违法违规行为的机构不予续展，在续展过程中对10家机构实现合并。合并完成后，持证机构总数将由目前的267家变为256家。

（四）确立客户备付金集中存管模式

客户备付金管理是人民银行对支付机构监管的重中之重。针对客户备付金规模巨大、存放分散、风险频出的实际问题，人民银行积极落实国务院互联网金融风险专项整治工作要求，倾力打造客户备付金管理利器，多方论证集中存管工作机制，确定将部分客户备付金交存至中央银行，首次交存的平均比例为20%左右，最终将实现全部客户备付金在中央银行集中存管。集中存管制度的实施，将有利于切实保障消费者合法权益，还原支付机构的业务本源，促进支付服务市场健康、有序、长远发展。

（五）发挥行业自律作用

行业自律是政府监管的有效补充。2016年，人民银行指导中国支付清算协会配合监管要求，进一步畅通政策传导机制，在银行卡、防范电信网络诈骗等方面加强市场治理；完善自律体系，创新自律管理方式，提高行业规范发展水平；加强政策沟通协调，争取行业发展空间，维护行业利益和消费者利益；推进会员服务精细化，督促会员强化自我管理，完善公司治理，加大内控约束，不断提高持续经营和合规经营水平。为此，支付清算协会做了大量工作，取得了较好的工作成效。

（六）构建社会监督机制

发布支付结算违法违规行为举报奖励制度，指导支付清算协会制订举报奖励办法实施细则、开发建设运行举报平台，受理社会举报，将支付违规行为置身于社会监督的“天罗地网”之中。截至2016年底，举报平台累计收到举报1,832件，受理合规举报540件，移送人民银行24件，社会监督机制初显成效。

四、打击治理电信网络诈骗成效显著

为认真贯彻落实中央领导同志关于防范打击电信网络诈骗犯罪系列重要指示精神，按照国务院打击治理电信网络新型违法犯罪部际联席会议第三次会议有关部署，以更加扎实的措施有效防范、精准打击电信网络诈骗犯罪，切实保障社会公众合法权益，维护社会和谐稳定，2016年12月，最高人民法院、最高人民检察院、公安部、工业和信息化部、中国人民银行、中国银行业监督管理委员会六部门联合发布《关于防范和打击电信网络诈骗犯罪的通告》。为全面贯彻中央领导同志关于打击治理电信网络诈骗的重要批示精神，落实国务院工作部署和《关于防范和打击电信网络诈骗犯罪的通告》要求，中国人民银行快速响应、迅速行动，积极筹划工作措施，强化系统治理和源头治理，筑牢金融业支付结算安全防线，阻断电信网络诈骗的资金转移通道，切实维护了社会公众财产安全，赢得了社会公众的普遍认可，得到党中央、国务院相关领导同志的肯定。

（一）打赢电信网络诈骗“阻击战”

针对电信网络诈骗暴露出的支付环节问题，人民银行印发《中国人民银行关于加强支付结算管理　防范电信网络新型违法犯罪有关事项的通知》（银发〔2016〕261号），从强化账户实名制、阻断电信网络诈骗犯罪资金转移的主要通道、加强个人支付信息安全保护、建立个人资金保护长效机制等20项具体措施。总行和分支行通过多种措施，有效保障261号文件的顺利实施，为社会各界合力围剿电信网络诈骗做出了重要贡献。

（二）打造受骗资金查控“制高点”

人民银行会同公安部等建立电信网络新型违法犯罪涉案账户紧急止付和快速冻结机制，建成运行“电信网络新型违法犯罪交易风险事件管理平台”，大幅提升公安机关查询、止付和冻结涉案账户的效率，有效切断了电信诈骗资金链。截至2016年底，全国共有3,675家银行和111家支付机构接入，共办理查询、止付和冻结业务94.34万笔，最大一笔止付金额达到2,076万元，成效立竿见影。

（三）打响整治非法买卖银行卡信息“攻坚战”

在堵塞受骗资金转移渠道的同时，人民银行还实施探源之举，会同工业和信息化部、公安部、国家工商总局、中国银监会和国家互联网信息办公室联合下发通知，于2016年9月至2017年4月，开展联合整治非法买卖银行卡信息专项整治行动，切实保护社会公众银行卡信息安全，维护持卡人合法权益，营造安全稳定的金融环境。

专栏4

防范打击电信网络诈骗　保障客户资金安全

为全面贯彻中央领导同志关于打击治理电信网络诈骗重要批示精神，落实国务院工作部署以及《关于防范和打击电信网络诈骗犯罪的通告》要求，人民银行积极响应，迅速行动，针对当前一些电信网络诈骗案件暴露出支付环节存在的问题，于2016年9月印发《中国人民银行关于加强支付结算管理　防范电信网络新型违法犯罪有关事项的通知》，从加强账户实名制、阻断电信网络诈骗资金转移主要通道等方面采取20项具体措施，筑牢金融业支付结算安全防线，切实维护社会公众财产安全。目前各项措施平稳实施，阶段性成果显现，对防控电信网络诈骗资金流发挥了重要作用，社会公众反应良好，取得了显著效果。

1. 加强账户实名制，从源头上遏制买卖银行账户和支付账户行为。为有效遏制非法买卖账户行为，规定自2016年12月1日起，同一个人在同一家银行只能开立一个Ⅰ类银行结算账户，在同一家支付机构只能开立一个Ⅲ类支付账户。同时严控开户环节，要求银行和支付机构拒绝异常开户申请，对开户之日起6个月以内无交易记录的账户暂停业务，对多人共用同一联系电话的情况进行排查等。通过建立黑名单管理机制加大违规行为的惩戒力度。

2. 强化转账管理，阻断电信网络诈骗资金转移主要通道。为最大限度地阻断诈骗分子诱导受害人通过ATM进行资金转账和赃款变现，除向本人同行账户转账外，要求个人通过ATM转账24小时后到账，在24小时内，个人可以要求撤销转账业务。同时，针对电信诈骗资金主要从网上银行等非柜面渠道转移的情况，为防止账户出现大额异常资金流动，要求银行和支付机构应当与客户事先约定支付限额和笔数，对大额转账交易进行提醒，个人转账单日累计金额5万元以上的，还应当采用数字证书或者电子签名等。

3. 保护个人支付安全，加强银行卡受理终端管理。针对POS机具被非法改装后侧录银行卡信息、违规移机使用等问题，加大POS机具的管理力度，禁止网上买卖POS、刷卡器等，并组织银行和支付机构对POS机具的实际使用地点进行逐一现场检查。同时，建立健全银行卡特约商户信息管理系统和黑名单，对存在重大违规行为、为电信网络诈骗转移赃款提供便利等情形的特约商户予以清退。

4. 建立个人资金保护长效机制，全面推行个人账户分类管理制度。为有效保护个人银行账户及其资金安全，全面推行个人银行账户分类管理制度，建立以Ⅰ类户为主办账户、Ⅱ、Ⅲ类户为辅助账户的新型个人银行账户体系。Ⅱ、Ⅲ类户将更为重要，既可服务于个人网上开立用于购买银行投资理财产品，又可作为个人的日常辅助使用账户。同时，人民银行还配套印发了《中国人民银行关于落实个人银行账户分类管理的通知》（银发〔2016〕302号），进一步明确Ⅱ、Ⅲ类银行结算账户的开立和使用管理要求。

5. 全力协助公安机关，有效挽回公众经济损失。人民银行会同工业和信息化部、公安部、国家工商行政管理总局建立涉案账户紧急止付和快速冻结机制，并会同公安部建成运行"电信网络新型违法犯罪交易风险事件管理平台"，大幅提升公安机关查询、止付和冻结涉案账户的效率。

目前上述措施的社会成效已初步显现。截至2016年末，银行和支付机构撤销ATM电信网络诈骗转账624笔，为群众挽回资金损失672.75万元；堵截冒用他人身份证件开立账户8,952人次；对35.91万个单位进行异常开户审查；拒绝不明人员组织开户、无法说明开户用途等异常开户申请9.39万人次；暂停多人共用同一电话号码且无法说明合理性的账户业务86.55万户、撤销365.69万户；各电商平台和信息发布平台下架POS机具3万余件；协助公安机关办理涉案账户查询、止付和冻结业务94.34万笔，冻结资金35亿元。

五、支付与市场基础设施建设稳步推进

2016年，人民银行继续推进基础设施建设，不断优化系统功能，提升系统业务处理效率，同时，将维护系统安全生产作为工作重点，下大力气强化应急管理。

（一）建设网络支付清算平台

人民银行指导中国支付清算协会，本着“共建、共有、共享”理念，加快支付机构网络支付清算平台（以下简称网络支付清算平台）建设，为支付机构提供统一的资金清算服务，搭建促进业务创新的公共平台。网络支付清算平台的建成运行，将有利于畅通支付机构业务处理通道，进一步满足社会公众日益多样化的支付需求；有利于支付机构降低业务处理成本，提升业务处理稳定性和处理效率；有利于实现支付机构相关业务资金清算的透明化，提高金融监管的有效性。与传统清算平台建设不同，网络支付清算平台作为我国重要的金融基础设施，是人民银行组织指导市场主体首次运用分布式架构开发建设的，在我国支付体系发展史上具有划时代的意义。

（二）稳步推进CIPS提质增效

人民银行组织建成人民币跨境支付系统（CIPS）无锡主站备份系统，保障业务连续处理。稳步推进CIPS（一期）参与者扩容。特别推动中银香港成为CIPS境外参与者，充分发挥其在人民币国际化中的重要地位和前哨作用，带动CIPS业务量大幅增长，人民币跨境支付主渠道作用日益显现。

（三）夯实重要设施安全管理

人民银行狠抓支付清算安全生产管理，健全运维、风控和审计岗位组成的“三道”防线，查防内部风险、操作风险和管理风险。落实国务院应急管理工作要求，成功实施支付系统上海国家处理中心主运行环境和无锡应急备份处理中心之间的切换、回切，标志着支付系统应急备份系统切换运行圆满成功。

（四）完成金融市场基础设施评估

人民银行会同证监会推动评估专家对监管部门评估报告研提意见，并根据专家意见整理评估报告，完成金融市场基础设施评估工作。评估结果显示，我国金融市场基础设施稳健，整体符合《金融市场基础设施原则》的要求。人民银行和证监会作为金融市场基础设施的主要监管部门，已全面接受《金融市场基础设施原则》，并将其纳入监管框架，被赋予的权力和资源基本可以满足对金融市场基础设施的监管。

（五）不断丰富ACS系统功能

完成中央银行会计核算数据集中系统（ACS）综合前置子系统共四批的推广工作，在全国2,608家地方性银行机构和外资银行上线运行；满足中央外汇业务中心"居家式"服务需求，提供高效、安全的对外服务。完成信息管理、档案管理、运行监控等子系统的上线运行和全国推广。组织ACS业务处理中心进行应急演练，对北京和武汉两个业务中心进行业务切换。

专栏5

ACS及其子系统建设推广工作稳步推进

2016年，人民银行继续推进ACS及子系统的优化和推广工作，系统和制度建设取得重要进展，业务管理水平进一步提升。

制度建设方面。2016年1月28日印发《中国人民银行支付结算司关于开展中央银行会计核算业务考核的指导意见》（银支付〔2016〕33号），建立健全会计核算业务考核机制，促进中央银行会计核算制度有效落实，全面提升会计核算基础工作质量；2016年3月23日印发《中国人民银行办公厅关于启用中央银行会计核算数据集中系统新版专用凭证的通知》（银办发〔2016〕75号），优化ACS专用凭证，有效提高业务成功率和办理效率。

系统建设方面。一是在2016年4月1日和10月21日先后组织完成ACS两次升级换版，满足国库应急和公开市场用户查询流动性的需求，优化业务查询和打印、机构和用户应急切换、外汇存款准备金以及各子系统的功能；二是分四批完成ACS综合前置子系统在2,608家金融机构的推广上线，为金融机构业务办理提供便利，提高了金融服务效率，提升了金融服务水平；其中10月28日，指导中央外汇业务中心上线ACS综合前置子系统，实现了自助转账功能，有效满足了外汇业务中心的业务需要；三是ACS信息管理子系统完成全国推广，进一步扩大信息服务的范围，为央行实施货币政策、维护金融稳定提供了有力的信息支持；四是ACS档案管理子系统完成上线推广，实现会计核算业务档案的电子化管理；五是ACS运行监控子系统完成上线运行，通过对系统总体运行情况、重要节点运行状况及业务处理情况等进行实时监控，提高系统运行管理水平；六是组织重庆和河南开展网点升级为核算主体的机构变更实施工作；七是指导ACS业务处理中心实施在生产系统中的合并以及开展应急演练工作。

业务管理方面。一是2016年6月14日下发《关于做好中央银行会计核算数据集中系统一般存款余额平均值采集的通知》（银支付〔2016〕157号），明确一般存款余额由时点值转换为平均值后的业务操作流程与注意事项，保障货币政策的顺利实施；二是2016年8月23日发布《中国人民银行办公厅关于启用联网方式办理现金支取业务的通知》（银办发〔2016〕179号），降低金融机构业务办理成本、提升服务质量；三是2016年10月31日发布《中国人民银行办公厅关于在中央银行会计核算数据集中系统中启用国库计息自动转账功能的通知》（银办发〔2016〕226号），提高国库自动计息业务的处理效率和安全性；四是批复35家银行机构以直连方式加入ACS综合前置子系统，14家金融机构开通资金归集业务功能，帮助金融机构节约流动性和提高业务办理效率；五是开展ACS国库应急业务功能启用工作，保障国库业务连续处理。

六、支付服务创新在规范中快速发展

2016年，人民银行继续坚持“规范与创新”并重的管理思路，鼓励并支持支付服务市场创新，同时不断规范支付创新业务发展，堵塞风险漏洞，维护市场主体和客户双方的资金安全与信息安全。

（一）大力规范票据业务

为有效防范和控制票据业务风险，促进票据市场健康有序发展，2016年4月，人民银行和银监会联合下发《关于加强票据业务监管 促进票据市场健康发展的通知》，全面加强票据业务管理，开展风险隐患大排查。人民银行推动最高人民法院于2016年4月印发《关于人民法院发布公示催告程序中公告有关问题的通知》，解决票据公示催告发布平台不统一的突出问题，为票据业务的公示催告程序和保障当事人合法权益完善法律依据。为进一步规范支票业务，引导企事业单位和个人正确办理支票业务，2016年3月，人民银行出台《关于规范在支票上使用支付密码有关事项的通知》，进一步规范支票支付密码办理和使用，有利于改善支票流通环境。

（二）加快移动支付创新

人民银行积极履行支付工具创新“催化者”的角色，结合国内外移动支付产业最新发展趋势，鼓励移动支付业务快速发展，指导中国银联“云闪付”移动支付业务开展。自2016年2月起，中国银联陆续推出一系列移动支付创新产品，进一步提升了支付效率、改进了支付体验，满足了社会公众安全、便捷的支付需求，取得较好的市场推广效果。

（三）规范条码支付创新

经过广泛调研和深入论证，人民银行秉承条码支付的小额支付定位，确立了条码支付业务的基本监管思路，即根据客户身份和交易验证安全等级不同，通过交易限额进行分级管理。遵循这一思路，中国人民银行积极推动支付清算协会加快制定行业自律规范，推动中国银联制定企业标准规范。2016年，中国银联已对外发布条码支付技术标准，推出联网通用的银联标准条码支付产品，并与主要商业银行开展系统对接工作。支付清算协会自律规范制定工作也在稳步推进中。

七、支付服务普惠金融持续深化

（一）推动形成农村普惠金融的“中国经验”

积极参与世界银行（WB）和国际清算银行支付与市场基础设施委员会（CPMI）支付领域金融普惠工作组的工作，分析国内外支付领域普惠金融经验，深化认识，积极推动相关国际经验知识在农村支付领域的普及应用。会同世行集团国际金融公司（IFC）共同研究无网点银行的代理商模式课题，深入介绍中国助农取款服务业务模式和作用，借鉴国际上无网点银行业务发展经验，研究进一步完善推动我国助农取款业务发展的政策措施建议。全程参与《G20数字普惠金融高级原则》的起草和制定工作，在深入总结我国农村支付服务环境建设工作的基础上，形成可借鉴、可复制、可推广的经验，合理融入并上升成为国际公认原则，将中国经验成功传播至世界。

（二）助力农村电子商务发展

推动助农取款服务点与农村电子商务服务点合作共建、资源共享，通过在服务点加载电子商务功能，吸引物流企业和商品供销企业将其服务触角延伸至线下“最后一公里”，实现资金流、物流、信息流交汇，促进电子商务、电子支付业务在农村融合应用。支持银行机构、支付机构针对农村电子商务需求创新支付产品服务，与电子商务企业加强合作，引导农民办理网上购物、缴费等支付业务；支持支付机构开展电子商务进农村项目，通过设立乡村电商服务中心销售当地土特产品。个别支付机构推出集支付、缴费、政务于一体的互联网支付平台，实现涉农政务信息查询、办理的一站式服务。研究出台助农取款服务支持政策。

截至2016年末，农村地区累计开立单位银行结算账户1,823.07万户，个人银行结算账户35.61亿户，人均3.91户；各类银行卡25.52亿张，人均持卡量2.8张。实现人人有卡、家家有账户、补贴能到户。人民银行支付清算系统覆盖11.84万个农村金融机构网点，覆盖率达93.46%。以参与者身份接入农信银支付清算系统的银行网点43,433个。全国共有超过4万个农村地区银行营业网点可以办理农民工银行卡特色服务受理方业务。助农取款服务点达到98.34万个，覆盖行政村超过53.17万个，行政村覆盖率超过90%；2016年办理取款、现金汇款、转账汇款、缴费等支付业务合计4.95亿笔，金额4,247.78亿元；其中，办理取款业务2.55亿笔，金额为1,257.88亿元；办理汇款（含现金汇款和转账汇款）业务达1.35亿笔，金额为2,880.3亿元，代理缴费业务达1.05万笔，金额达109.63亿元。

八、支付信息统计分析日益完善

持续完善支付信息分析工作，研究起草21家全国性金融机构支付信息报送工作考核办法。进一步细化、完善相关业务指标，加强农村支付服务统计监测评估，提高针对性和精准度，构建贴合扶贫开发、普惠金融发展的农村支付服务环境统计指标体系。继续提高支付体系运行透明度，按期发布《支付业务季报》和《支付体系运行总体情况》，完成《中国支付体系发展报告（2015）》的编写工作。

九、支付结算国际合作不断扩大

通过支付与市场基础设施委员会（CPMI）、东亚及太平洋地区中央银行行长会议组织（EMEAP）、东南亚中央银行组织（SEACEN）、东南亚国家联盟（ASEAN+3）、中欧双边会、G20等平台，积极保持与各成员在支付清算结算领域的良好关系，进一步开展国际合作，提高对支付结算有关国际事务的参与度和话语权。

十、支付体系发展展望

（一）扎实推进支付结算法规制度建设

坚持法治思维，加快支付结算法规制度建设。研究制定银行卡清算机构管理工作指南、审查细则，完善银行卡清算业务相关管理制度。启动《非金融机构支付服务管理办法》法律层级提升工作，研究确定法律层级提升工作方案、主旨原则、框架。发布并实施支付机构客户备付金集中存管制度，加快推进出台客户备付金分级监管、变更、重大事项报告等制度办法。完善支付机构的分类评级制度，完善分类评级标准，细化分类评级指标，优化有关分值权重。修订完成《银行账户管理办法》。研究出台《关于加强小额支付系统集中代收付业务管理的通知》，强化集中代收付业务监管。研究制定《网络安全法》实施指导意见。

（二）继续推进账户改革

推动落实个人银行账户分类管理要求，推进Ⅱ、Ⅲ类银行账户成为线上支付和移动支付的主要渠道。稳步推进全国集中账户管理系统建设工作，指导银行完成相关系统改造和对接，完成人民币结算账户管理系统数据迁移工作。推进联网核查系统加载失效居民身份证信息。督促落实《中国人民银行关于加强支付结算管理　防范电信网络新型违法犯罪有关事项的通知》，持续协助打击防范电信网络犯罪。

（三）强化支付服务市场监管

依法对设立银行卡清算机构的申请进行受理和审批，审慎稳妥推进银行卡清算市场开放；推动建立银行卡清算市场监管体系，加强银行卡清算机构日常监管；组织落实《关于促进银行卡清算市场健康发展的意见》的相关政策。

充分利用互联网金融风险专项整治工作机制，深入开展非银行支付机构风险专项整治工作。实施非银行支付机构客户备付金集中存管制度。继续做好非银行支付机构业务续展和分类评级工作。推广非银行支付机构非现场监管系统。组织开展联合整治非法买卖银行卡信息专项行动。

实施专项执法检查，建立健全“双随机”重点抽查工作机制。推进现场检查工具的研发与完善。依托联合整治支付结算重大违法犯罪办公室工作机制，密切与公安、审计等部门协作，调查、处理支付结算重大、典型案件。持续发挥社会公众监督机制作用，做好信访与举报受理工作。充分发挥各方力量，组建支付市场监察队伍。建立总分行两级市场监察机制，强化分级分类监管。

（四）推进支付与市场基础设施建设

确保支付系统安全稳定运行，提升系统应急处置能力。部署实施大额支付系统和网上支付跨行清算系统相关功能改造。调整大额支付系统运行时序，支持金融市场基础设施业务发展。优化网上支付跨行清算系统业务处理机制。推动支付系统北京生产中心和同城备份中心建设。全面调查各地从事人民币跨行清算业务机构，纳入支付清算系统总体布局架构进行研究。

继续做好CIPS（一期）配套工作和运行监测，敦促运营机构做好系统优化和业务推广工作，力争年底前完成CIPS（二期）建设工作。加强ACS业务管理，组织做好ACS系统优化、子系统推广、应急预案完善等工作。推动ACS灾备系统建设。建立金融市场基础设施宏观审慎监管机制，推动完善相关法律法规和金融市场基础设施风险管理制度，进一步优化金融市场基础设施功能。指导支付清算协会建成运行非银行支付机构网络支付清算平台。

（五）推广和规范非现金支付工具使用

贯彻落实银行卡刷卡手续费定价机制改革政策，跟踪评估实施效果，确保改革达到预期目标。规范条码支付业务发展，鼓励收单机构开展“聚合支付”等创新服务，规范和促进收单服务市场发展。大力推广移动支付，推动市场机构开展云闪付等移动支付业务，在支付安全和标准符合的前提下创新产品服务、改善受理环境、培育消费者支付习惯。大力推广电子商业汇票业务，强化业务指导与监管，制定细化措施和推进计划，加大考核力度，不断优化电子商业汇票应用和流通环境。

（六）持续推进农村支付服务环境建设

继续加大农村支付服务环境建设和宣传力度。推动支付结算账户和工具应用、支付清算系统覆盖，深化助农取款服务，加强宣传培训和风险管理，助力金融扶贫和金融普惠。积极协调地方政府和有关部门出台支持政策。加强针对贫困地区和贫困人群的支付服务调研，研究支付领域助推扶贫的政策措施。

（七）深化国际交流与合作

积极参与支付与市场基础设施国际合作，推动区域支付体系发展，提高对国际事务的参与度和话语权。保持与各成员单位在支付清算结算领域的双边或多边合作机制，加强支付与市场基础设施领域双边合作和联合研究。

第二部分
中国支付体系运行分析

- 人民币银行结算账户
- 非现金支付工具
- 支付系统
- 证券登记结算系统
- 中央对手

近年来，我国支付服务市场快速发展，支付服务供给日益完善和丰富，形成以人民银行为核心、银行业金融机构为基础、特许清算机构和非银行支付机构为补充的多元化支付服务组织，支付服务市场的专业化分工不断细化，支付服务的能力、效率和质量不断提升。同时，我国金融交易后续服务主体不断健全，通过证券登记结算系统、中央对手等金融市场基础设施，为金融交易提供集中清算、结算、记录和托管等高效服务。

一、人民币银行结算账户

截至2016年末，全国共开立人民币银行结算账户83.53亿户，同比增长13.34%，增速上升0.17个百分点。

（一）单位银行结算账户

2016年，单位银行结算账户数量稳步增长。截至2016年末，全国共开立单位银行结算账户4,939.47万户，同比增长11.27%。其中，基本存款账户3,282.67万户，同比增长15.77%。分省（自治区、直辖市）来看，江苏省、广东省（不含深圳）、浙江省、山东省、上海市单位银行结算账户数量居全国前五位。分行别来看，中国工商银行、中国建设银行、中国农业银行、农村信用社、城市商业银行单位银行结算账户数量居各行前五位。

（二）个人银行结算账户

截至2016年末，全国共开立个人银行结算账户83.03亿户，同比增长13.35%。分省（自治区、直辖市）来看，山东省、广东省（不含深圳）、江苏省、浙江省、上海市个人银行结算账户数量居全国前五位。

二、非现金支付工具

2016年，全国共办理非现金支付业务[①]1,251.11亿笔，金额3,687.24万亿元，同比分别增长32.64%和6.91%。

（一）票据

票据业务量持续下降。2016年，全国共发生票据业务2.93亿笔，金额187.79万亿元，同比分别下降29.64%和21.17%。其中，支票业务2.73亿笔，金额165.80万亿元，同比分别下降30.23%和21.62%；实际结算商业汇票业务1,656.45万笔，金额18.95万亿元，同比分别下降13.08%和9.71%；银行汇票业务153.01万笔，金额9,504.63亿元，同比分别下降27.80%和39.05%；银行本票业务234.52万笔，金额 2.09万亿元，同比分别下降48.86%和49.59%。

（二）银行卡

发卡量保持稳步增长。截至2016年末，全国银行卡在用发卡数量61.25亿张，同比增长12.54%，增速比上年提高2.28个百分点。其中，借记卡在用发卡数量56.60亿张，同比增长12.96%，增速提高1.15个百分点；信用卡和借贷合一卡在用发卡数量共计4.65亿张，同比增长7.60%，增速提高12.69个百分点。借记卡在用发卡数量与信用卡在用发卡数量之间的比例约为13.46：1，比上年有所上升。截至2016年末，全国人均持有银行卡4.47张，同比增长11.83%。其中，人均持有信用卡0.31张，同比增长6.27%。北京信用卡人均拥有量仍远高于全国平均水平，达到1.35张。

受理市场环境不断完善。截至2016年末，中国银联银行卡跨行交易清算系统联网商户2,067.20万户、联网POS机具2,453.50万台、ATM 92.42万台，同比分别增加397.20万户、171.40万台和5.75万台。截至2016年末，每台ATM对应的银行卡数量为6,627张，同

① 非现金支付业务包含票据、银行卡及其他结算业务。其中，其他结算业务包含贷记转账、直接借记、托收承付及国内信用证业务。

比增长5.54%，每台POS机具对应的银行卡数量为250张，同比增长4.68%。

银行卡交易量继续增长。2016年，全国共发生银行卡交易[①]1,154.74亿笔，同比增长35.49%；金额741.81万亿元，同比增长10.75%，日均3.16亿笔，金额2.03万亿元。其中，银行卡存现104.74亿笔，金额77.17万亿元，同比分别增长13.94%和8.74%；取现179.98亿笔，金额65.50万亿元，同比分别下降2.30%和10.46%；转账业务486.73亿笔，金额542.64万亿元，同比分别增长70.27%和15.29%；消费业务383.29亿笔，金额56.50万亿元，同比分别增长32.03%和2.72%。

消费业务平稳发展。2016年，全国银行卡卡均消费金额为9,593元，同比下降5.08%；笔均消费金额为1,474元，同比下降22.17%；银行卡跨行消费业务202.43亿笔，金额49.07万亿元，同比分别增长17.43%和14.35%，分别占银行卡消费业务量的52.81%和86.85%。全年银行卡渗透率达到48.47%，比上年上升0.51个百分点。

银行卡信贷规模继续增长。截至2016年末，银行卡授信总额[②]为9.14万亿元，同比增长29.06%；银行卡应偿信贷余额为4.06万亿元，同比增长23.63%。银行卡卡均授信额度1.96万元，授信使用率44.45%。信用卡逾期半年未偿信贷总额535.68亿元；信用卡逾期半年未偿信贷总额占信用卡应偿信贷余额的1.40%，占比较上年末上升0.17个百分点。

（三）结算方式

贷记转账在其他结算方式中所占的比重进一步上升。2016年，全国共发生贷记转账、直接借记、托收承付、国内信用证等其他业务93.44亿笔，金额2,757.63万亿元。其中，贷记转账业务79.00亿笔，金额2,675.18万亿元，分别占贷记转账、直接借记、托收承付以及国内信用证结算业务总量的84.55%和97.01%，比上年分别提高11.44个百分点和2.16个百分点。

（四）网络支付

网络支付业务增长迅速。2016年，银行共发生网上支付业务461.78亿笔，金额2,084.95万亿元，同比分别增长26.96%和3.31%；电话支付业务2.79亿笔，金额17.06万

① 银行卡交易量为银行卡本外币交易量之和。

② 银行卡授信总额为信用卡和借贷合一卡的授信总额之和。

亿元，笔数同比下降6.61%，金额同比增长13.84%；移动支付业务257.10亿笔，金额157.55万亿元，同比分别增长85.82%和45.59%。2016年，支付机构累计发生网络支付业务[①]1,639.02亿笔，金额99.27万亿元，同比分别增长99.53%和100.65%。

三、支付系统

2016年，支付系统业务量继续稳步增长。各类支付系统[②]共处理人民币支付业务626.37亿笔，金额5,120.33万亿元，同比分别增长33.42%和16.82%。中国人民银行大额支付系统和银行业金融机构行内支付系统资金交易规模继续占据主导地位。

表1 2016年支付系统人民币业务统计表

单位：百万笔、千亿元、%

系统名称	业务量		业务量占比	
	笔数	金额	笔数	金额
大额支付系统	825.67	36,162.96	1.32	70.63
小额支付系统	2,348.30	309.13	3.75	0.60
全国支票影像交换系统	7.92	4.10	0.01	0.01
网上支付跨行清算系统	4,453.15	374.61	7.11	0.73
境内外币支付系统	1.99	54.7	0.00[③]	0.11
同城票据交换系统	372.47	1,308.05	0.59	2.55
人民币跨境支付系统（一期）	0.64	43.6	0.00	0.09
银行业金融机构行内支付系统	25,830	12,154.7	41.24	23.74
银行卡跨行交易清算系统	27,107	728.9	43.28	1.42
城市商业银行汇票处理系统和支付清算系统[④]	8.86	8.29	0.01	0.02
农信银支付清算系统	1,681	54.3	2.68	0.11

① 不包含红包类娱乐性产品的业务量。

② 各类支付系统包括中国人民银行大小额支付系统、全国支票影像交换系统、网上支付跨行清算系统、境内外币支付系统、同城票据交换系统、人民币跨境支付系统（一期）、银行业金融机构行内支付系统、银行卡跨行交易清算系统、城市商业银行汇票处理系统和支付清算系统、农信银支付清算系统。

③ 因计算过程四舍五入，部分数据笔数占比约为0.00。

④ 包括汇兑、通存通兑和实时代收付业务。

（一）中国人民银行支付系统

1. 大、小额支付系统

2016年，中国人民银行大、小额支付系统业务量快速增长。全年共处理支付业务31.74亿笔，金额3,647.21万亿元，同比分别增长20.95%和22.51%。

表2　中国人民银行大、小额支付系统业务统计表

单位：亿笔、万亿元

年份	大额支付系统		小额支付系统		总笔数	总金额
	笔数	金额	笔数	金额		
2009	2.48	803.95	2.26	11.46	4.74	815.41
2010	2.91	1,104.37	3.87	16.21	6.78	1,120.58
2011	3.72	1,355.28	5.63	18.36	9.35	1,373.64
2012	4.70	1,772	7.55	18.55	12.25	1,790.55
2013	5.95	2,060.76	10.40	20.32	16.35	2,081.08
2014	7.13	2,346.89	14.36	22.08	21.49	2,368.97
2015	7.89	2,952.06	18.35	24.94	26.24	2,977.00
2016	8.26	3,616.30	23.48	30.91	31.74	3,647.21

（1）大额支付系统

2016年，大额支付系统业务量快速增长。按照支付业务往账口径统计，全年共处理支付业务8.26亿笔，金额3,616.30万亿元，同比分别增长4.67%和22.50%；平均每笔437.98万元，同比增长17.06%；日均①处理支付业务328.95万笔，金额14.41万亿元。

① 2016年，大额支付系统共运行251个工作日。

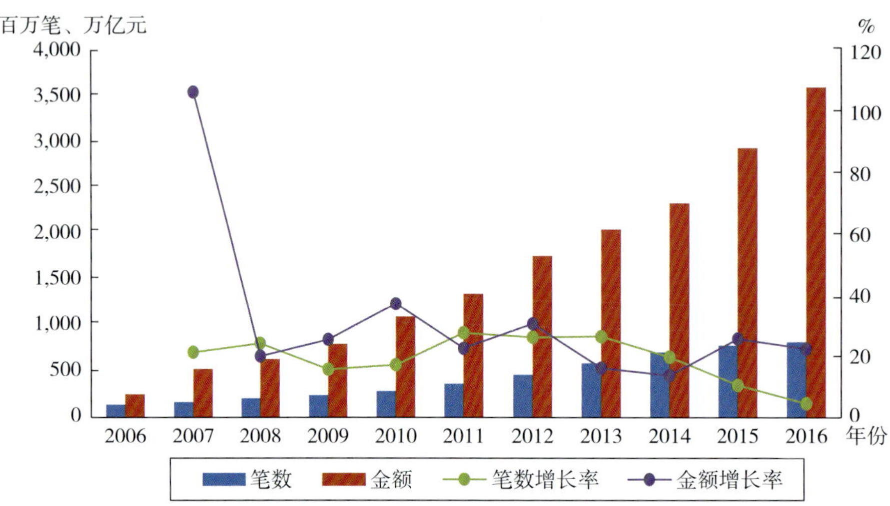

图1　2006～2016年大额支付系统业务量变动趋势图①

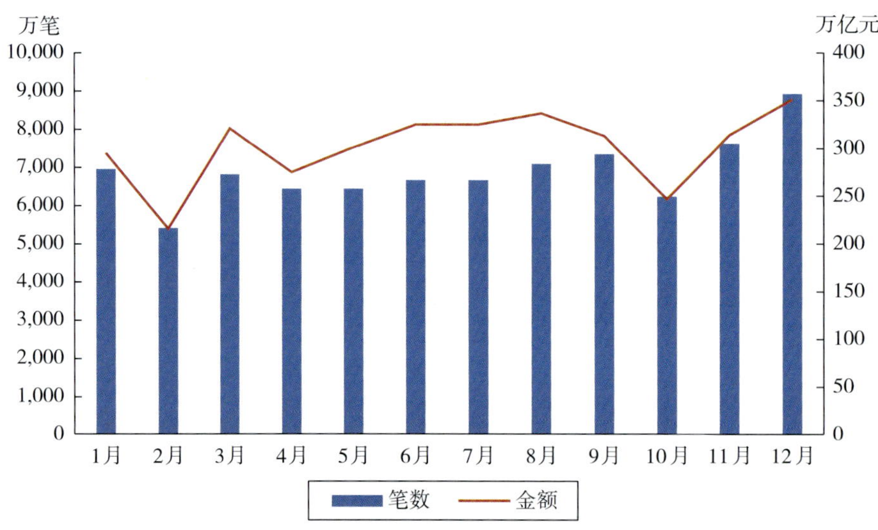

图2　2016年大额支付系统业务量变动趋势图

大额支付系统业务继续集中在东部地区。按照支付业务往来账口径统计，2016年东部、中部、西部、东北部地区②大额支付交易笔数分别为5.26亿笔、1.37亿笔、1.24亿笔和0.39亿笔，分别占总交易笔数的63.66%、16.55%、15.01%和4.78%；交易金额分别为2,978.30万亿元、220.20万亿元、285.34万亿元和132.46万亿元，分别占总交易金额的82.36%、6.09%、7.89%和3.66%。全年东部、中部、西部、东北部地区大额支付交

① 因大额支付系统于2005年6月完成全国推广，所以趋势图中未考虑2006年业务量的年度增长率，以下支付系统年度变动趋势图同此考虑。

② 东部地区包括北京、天津、河北、上海、江苏、浙江、福建、山东、广东、海南；中部地区包括山西、安徽、江西、河南、湖北、湖南；西部地区包括内蒙古、广西、重庆、四川、贵州、云南、西藏、陕西、甘肃、青海、宁夏、新疆；东北部地区包括辽宁、黑龙江、吉林。

易笔数同比分别增长4.92%、5.12%、3.26%和3.84%，交易金额同比分别增长25.47%、7.88%、13.33%和8.18%。

（2）小额支付系统

2016年，小额支付系统按照支付业务往账口径统计共处理支付业务23.48亿笔，金额30.91万亿元，同比分别增长27.95%和23.95%；平均每笔1.31万元，同比减少3.13%；日均[①]处理支付业务646.91万笔，金额851.60亿元。

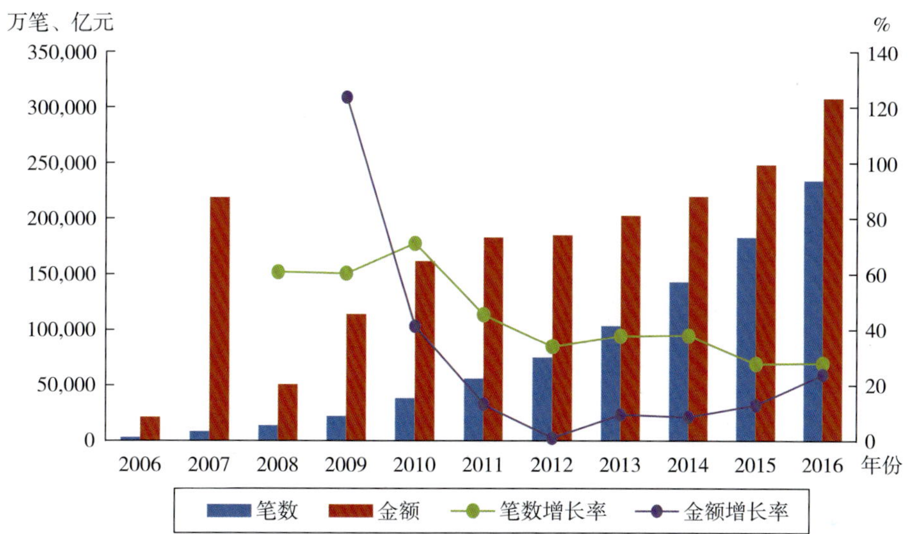

图3　2006～2016年小额支付系统业务量变动趋势图[②]

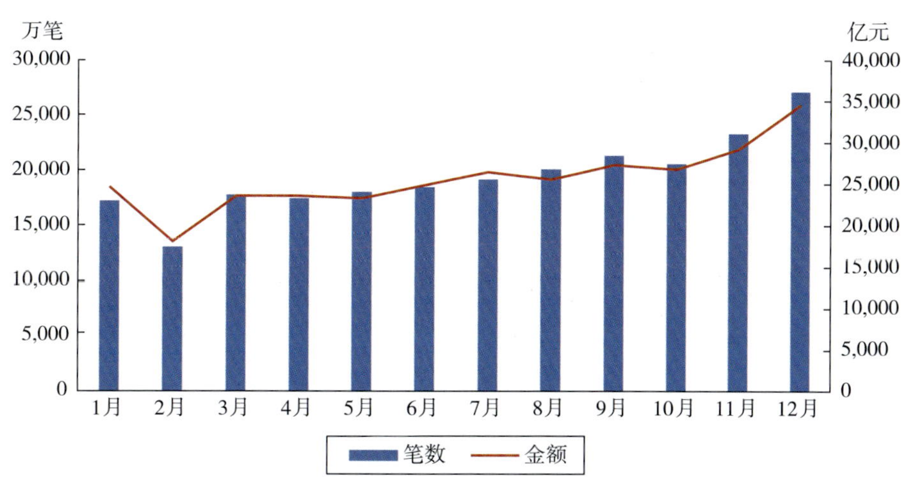

图4　2016年小额支付系统业务量变动趋势图

① 2016年，小额支付系统共运行363个工作日。

② 因2007年小额支付系统受ABS上划电子联行汇差业务影响，当年业务量非常态增长，不具可比性，所以趋势图中未考虑2008年业务金额的年度增长率。

2. 全国支票影像交换系统

2016年，全国支票影像交换系统业务量较上年小幅下降。按照支付业务往账口径统计，全年共处理业务791.67万笔，金额4,100.83亿元，同比分别减少11.65%和8.42%；平均每笔5.18万元，同比增长3.60%；日均[①]处理业务2.18万笔，金额11.30亿元。

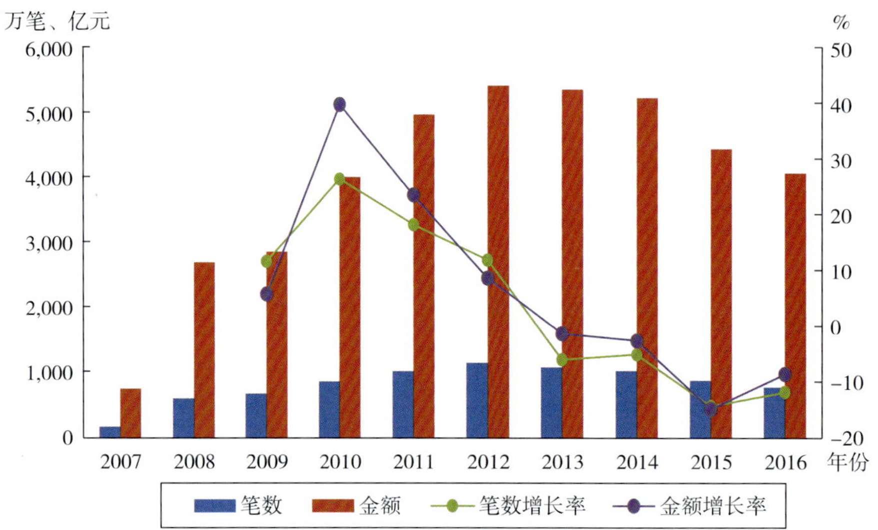

图5　2007～2016年全国支票影像交换系统业务量变动趋势图

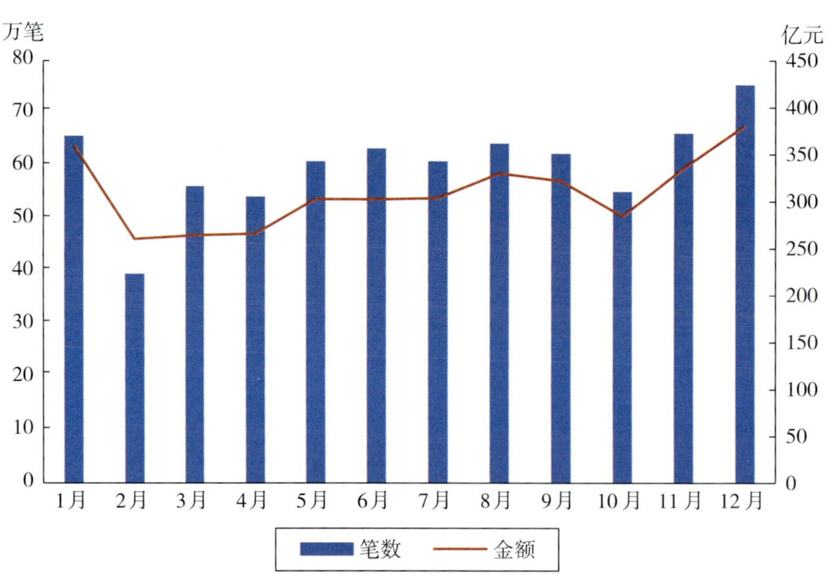

图6　2016年全国支票影像交换系统业务量变动趋势图

① 2016年，全国支票影像交换系统共运行363个工作日。

3. 网上支付跨行清算系统

2016年，网上支付跨行清算系统业务量继续保持高速增长态势。全年共处理支付业务44.53亿笔，金额37.46万亿元，同比分别增长50.16%和34.96%，平均每笔0.84万元，同比减少10.12%，日均[①]处理业务1,226.76万笔，金额1,031.98亿元。截至2016年末，共有195家机构接入网上支付跨行清算系统。

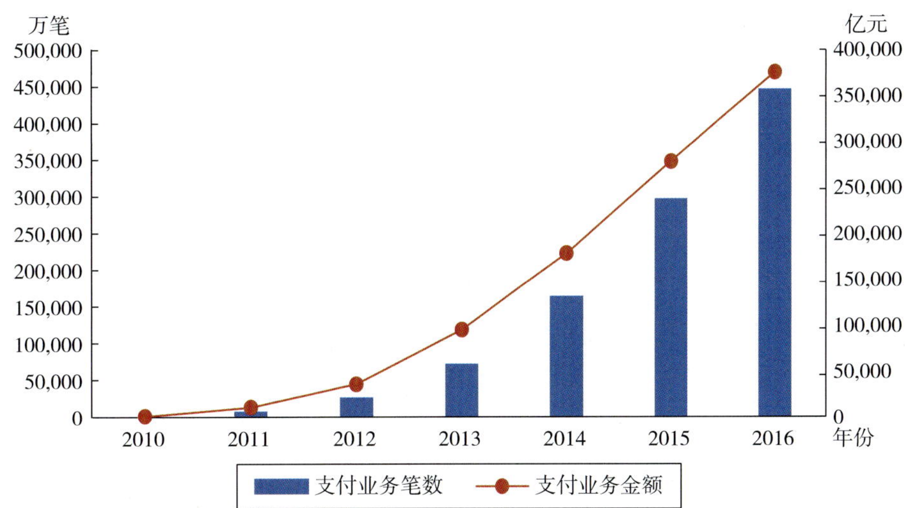

图7　2010～2016年网上支付跨行清算系统业务量变动趋势图

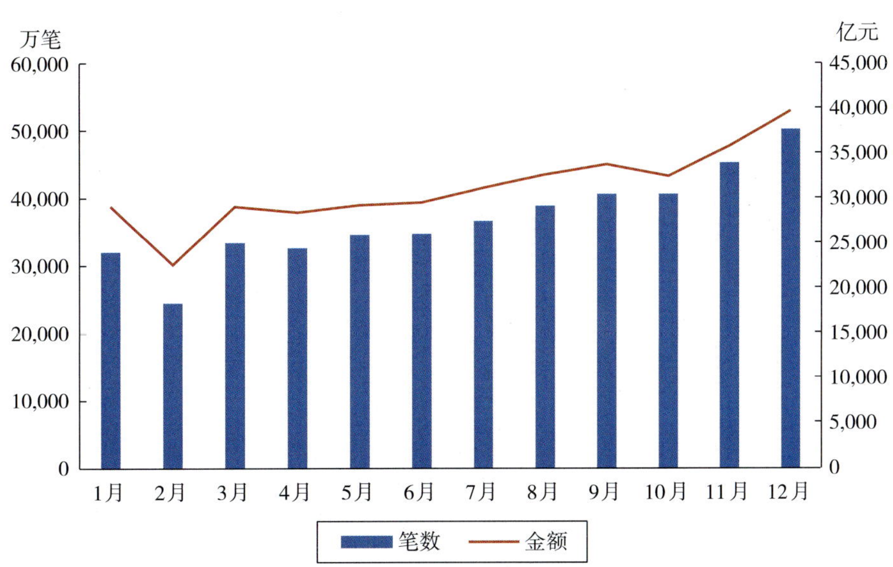

图8　2016年网上支付跨行清算系统业务量变动趋势图

① 2016年，网上支付跨行清算系统共运行363个工作日。

4. 境内外币支付系统

2016年，境内外币支付系统业务量小幅下降。按照支付业务往账口径统计，全年共处理支付业务198.58万笔，金额折合8,199.01亿美元，同比分别减少4.47%和9.52%；平均每笔41.51万美元，同比减少4.78%；日均[①]处理业务0.79万笔，金额折合32.80亿美元。截至2016年末，境内外币支付系统共有直接参与者51个，间接参与者742个，结算行4个。

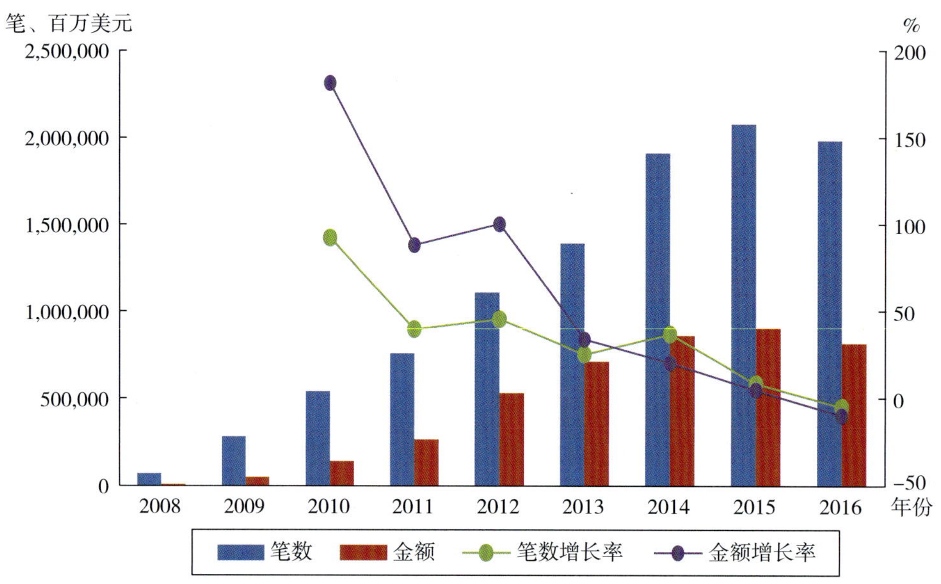

图9 2008～2016年境内外币支付系统业务量变动趋势图

5. 同城票据交换系统

2016年，同城票据交换系统业务小幅增长，全年共处理业务3.72亿笔，金额130.80万亿元，笔数同比减少5.74%，金额同比增长5.20%。日均处理业务148.39万笔，金额5,211.35亿元。

① 2016年，境内外币支付系统共运行250个工作日。

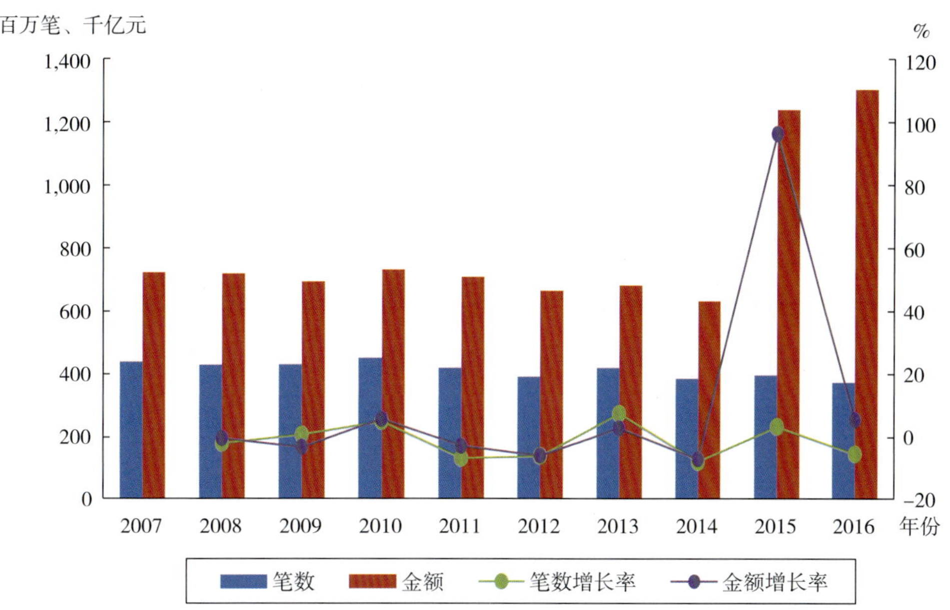

图10 2007～2016年同城票据交换系统业务量变动趋势图

6. 人民币跨境支付系统（一期）

2016年，人民币跨境支付系统业务运行平稳，业务处理正常，全年处理业务支付业务63.61万笔，金额4.36万亿元，日均①处理支付业务2,544.40笔，金额174.47亿元。

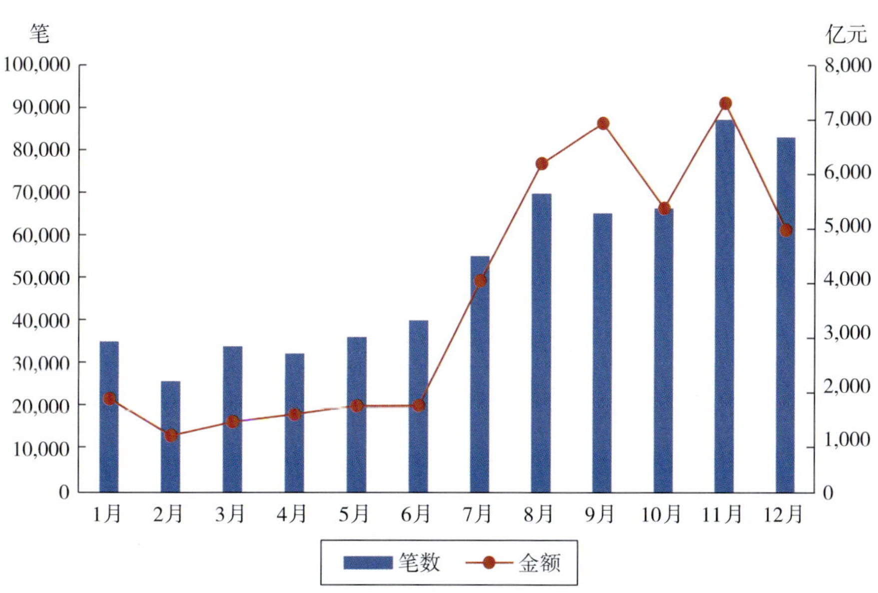

图11 2016年人民币跨境支付系统（一期）业务量变动趋势图

① 2016年，人民币跨境支付系统（一期）共运行249个工作日。

（二）其他单位运营的系统

1. 银行业金融机构行内支付系统

2016年，银行业金融机构行内支付系统业务保持稳步增长态势。全年银行业金融机构行内支付系统共处理业务258.30亿笔，金额1,215.47万亿元，同比分别增长31.07%和1.80%，分别占支付系统业务量的41.24%和23.74%；日均处理业务7,057.47万笔，金额3.32万亿元。

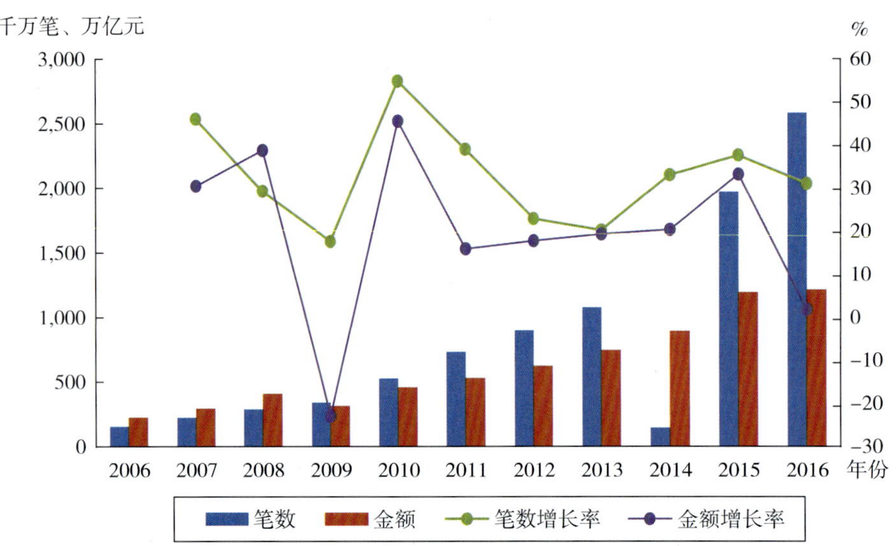

图12　2006～2016年银行业金融机构行内支付系统业务量变动趋势图

2. 银行卡跨行交易清算系统

2016年，全国银行卡跨行业务稳步增长，全年中国银联银行卡跨行交易清算系统累计实现成功交易[①]笔数271.07亿笔，金额72.89万亿元，同比分别增长16.75%和35.16%，分别占支付系统业务量的43.28%和1.42%；日均处理业务7,426.58万笔，金额1,996.99亿元。

① 包括通过ATM、POS终端、移动POS终端等传统渠道和通过电话、互联网等新兴渠道进行的银行卡存款、取现、消费、转账和查询等交易。

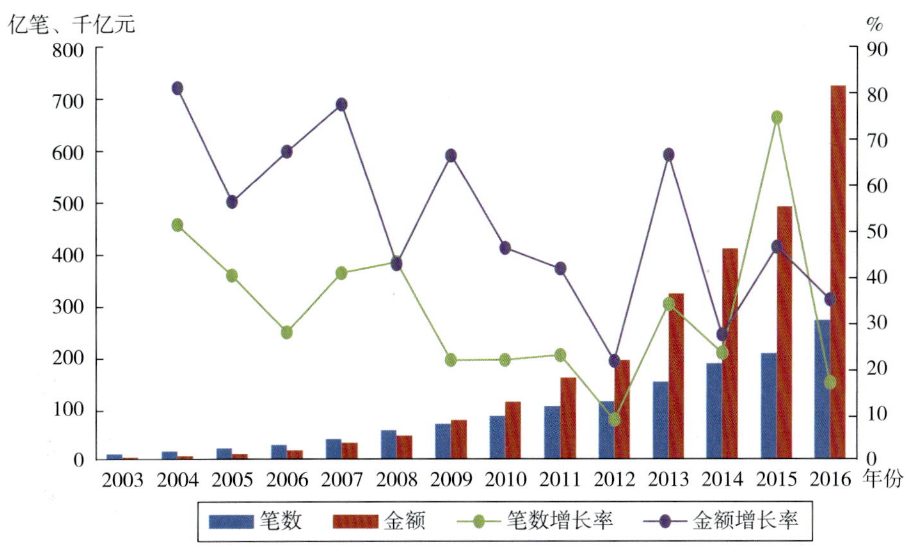

数据来源：中国银联股份有限公司。

图13　2003～2016年跨行成功交易笔数和金额变动趋势图

3. 城市商业银行支付清算系统和汇票处理系统

2016年，城市商业银行资金清算中心支付清算系统业务量继续稳健增长。截至2016年末，接入行137家，当年新增37家。全年共处理支付业务882.73万笔，清算资金7,963.02亿元，同比分别增长155.64%和58.29%。其中，汇兑业务353.83万笔，清算资金7,318.14亿元，同比分别增长53.89%和78.31%；通存通兑业务30.94万笔，清算资金604.59亿元，同比笔数增长13.54%，清算资金下降34.25%；实时代收付业务497.96万笔，清算资金40.28亿元，同比分别增长465.09%和469.73%。

2016年，城市商业银行汇票处理系统业务量继续下降。全年累计签发银行汇票 2.82万笔，金额328.55亿元，同比分别下降1.40% 和14.32%；累计兑付银行汇票0.86万笔，金额188.39亿元，笔数同比减少25.86% ，金额同比增长30.84%；其中，工商银行代理兑付0.18万笔，金额18.22亿元，同比分别减少33.33%和30.06%。

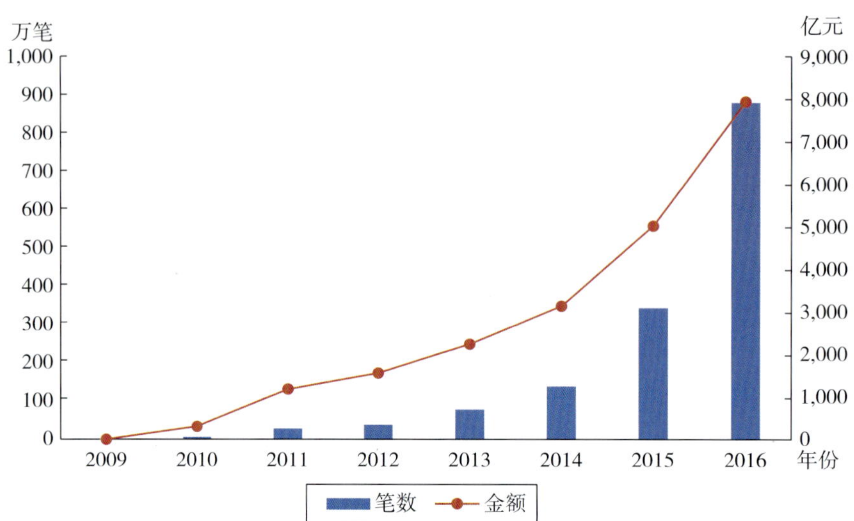

数据来源：城市商业银行资金清算中心。

图14 2009～2016年城市商业银行资金清算中心支付清算业务量变动趋势图

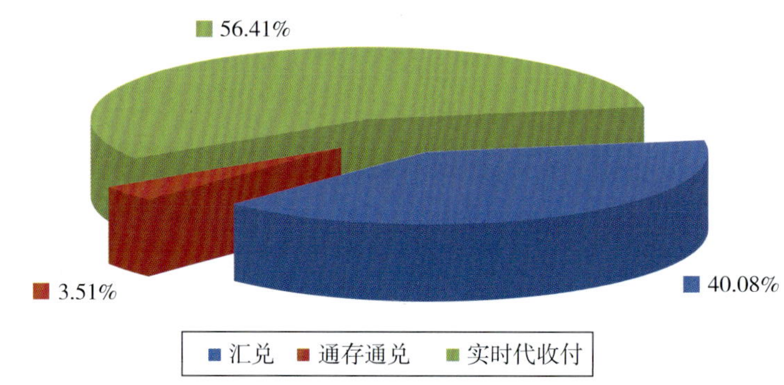

数据来源：城市商业银行资金清算中心。

图15 2016年城市商业银行资金清算中心支付清算业务笔数占比图

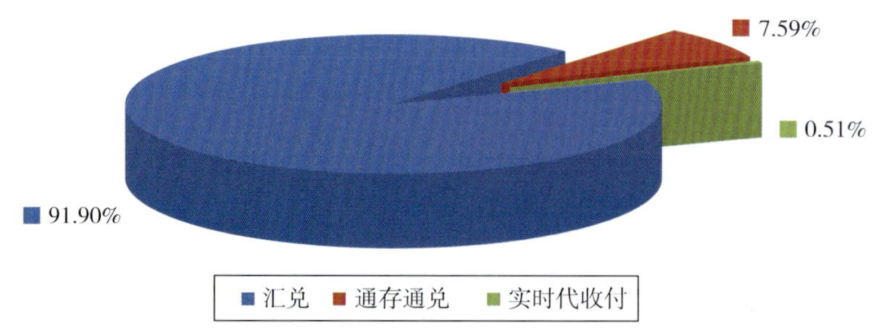

数据来源：城市商业银行资金清算中心。

图16 2016年城市商业银行资金清算中心支付清算业务金额占比图

4. 农信银支付清算系统

2016年，农信银支付清算系统业务量快速增长，全年累计处理各类支付清算业务16.81

亿笔，清算资金5.43万亿元，同比分别增长193.41%和50.96%，日均处理资金清算业务459.28万笔，清算资金148.28亿元。其中，账户通存通兑业务1.84亿笔，清算资金2.00万亿元，同比分别增长24.99%和下降1.18%；电子汇兑业务0.14 亿笔，清算资金1.15万亿元，同比分别增长18.16%和75.32%；消费类业务笔数0.41亿笔，清算资金0.17万亿元，同比分别增长23.90%和12.85%；跨系统支付清算业务14.34亿笔、清算资金1.23万亿元，同比分别增长282.21%和299.45%；跨系统汇兑业务处理笔数0.05亿笔，清算资金0.87万亿元，同比分别增长111.86%和93.31%。全年农信银支付清算系统稳定运行率达到99.997%。

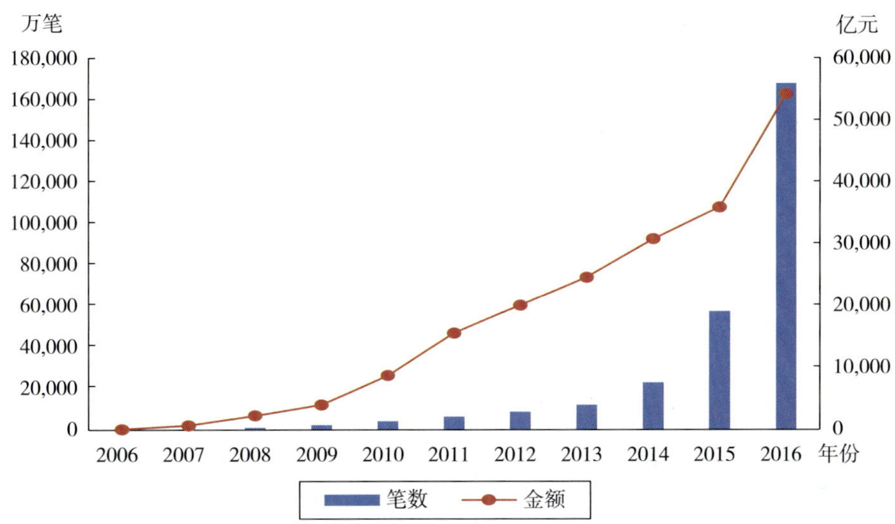

数据来源：农信银资金清算中心。

图17 2006～2016年农信银支付清算系统业务量变动趋势图

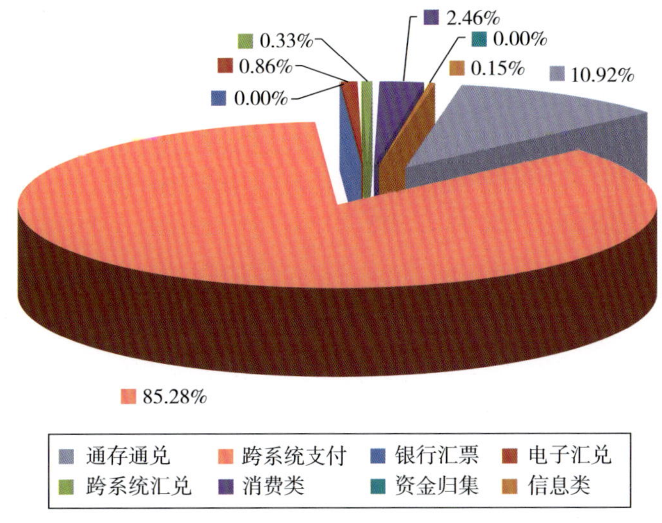

数据来源：农信银资金清算中心。

图18 2016年农信银支付清算系统业务笔数占比图

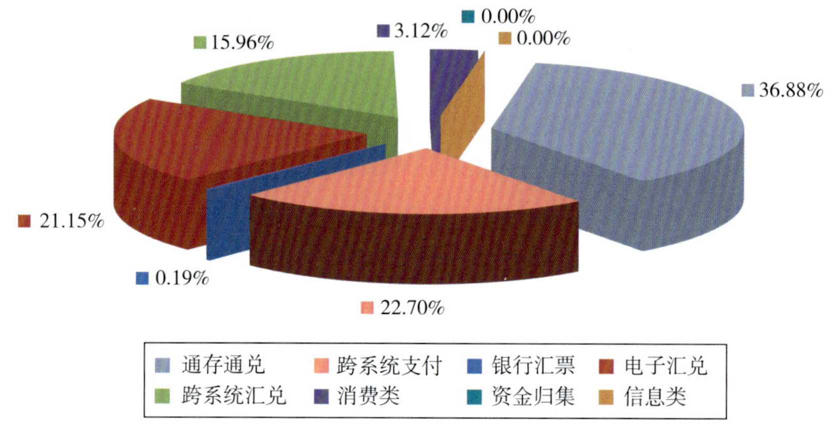

数据来源：农信银资金清算中心。

图19　2016年农信银支付清算系统业务金额占比图

四、证券登记结算系统

（一）电子商业汇票系统

2016年，电子商业汇票系统运行平稳，业务量继续保持快速增长趋势。全年电子商业汇票系统出票230.47万笔，金额83,443.99亿元，同比分别增长71.89%和48.96%；承兑237.75万笔，金额85,818.25亿元，同比分别增长72.89%和48.29%；贴现83.77万笔，金额57,701.63亿元，同比分别增长69.09%和54.54%；转贴现325.08万笔，金额491,822.12亿元，同比分别增长108.77%和122.26%。截至2016年末，电子商业汇票系统参与者共计426家，较上年末增加30家。

（二）中央债券综合业务系统

债券市场年度发行总量增长迅猛。2016年，债券市场共发行债券22.34万亿元①，同比增长32.82%。其中在中央结算公司登记新发债券2,953只，发行量共计14.14万亿元，发行量占债券市场发行总量的63.29%。

① 不包括上海清算所发行的同业存单。

从中央结算公司新发债的券种结构来看，2016年国债发行2.95万亿元，同比增长48.20%；地方政府债发行6.04万亿元，同比增长57.57%；政策性银行债发行3.35万亿元，同比增长29.84%。其余券种主要有商业银行债、二级资本工具、企业债。国债、地方政府债和政策性银行债在发行规模中占据主要地位，三者2016年发行量合计12.34万亿元，约占中央结算公司发行总量的87.27%。

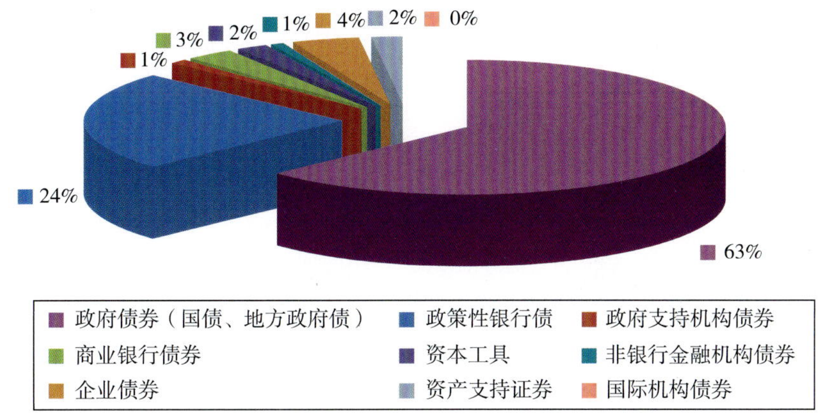

图20　中央结算公司2016年各券种发行量占比

近年来，中央结算公司发行总量稳步增长，尤其是2015年以来，地方政府债发行量大幅增加，大大缓解了中央和地方政府的资金压力。

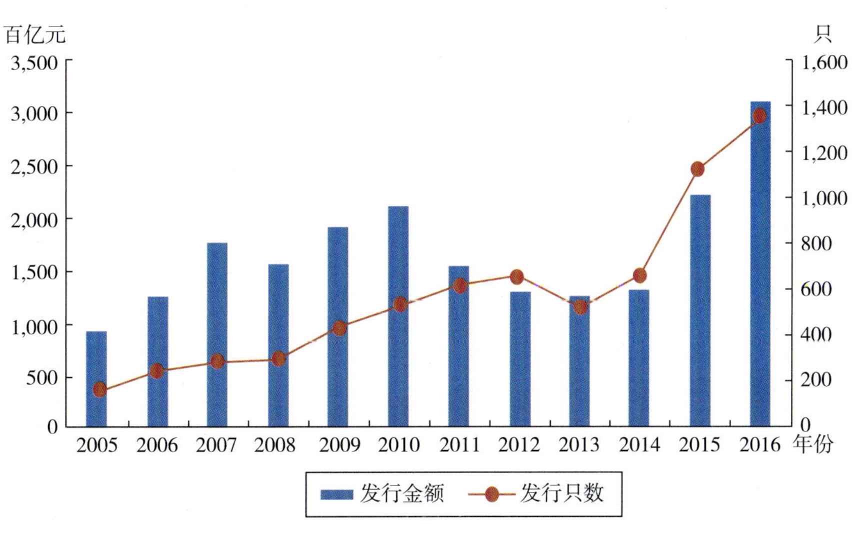

图21　中央结算公司历年发行量趋势图

债券市场托管总量继续快速增长。截至 2016年末，全市场债券托管总量为56.30万亿元，其中在中央结算公司托管的债券总量为43.73万亿元，占全市场托管量的77.67%，托管量比2015年底同比增长24.80%。

表3 2016年债券市场托管量分布情况

	余额（亿元）
全市场	563,045.49
中央结算公司登记托管的债券	437,268.14
上海清算所登记托管的债券[①]	81,326.21
中证登登记托管的债券	44,451.14

数据来源：中国债券信息网、上海清算所网站、中国结算网和Wind数据库。

从托管结构上看，中央结算公司托管的债券主要为国债、地方政府债、政策性银行债和企业债，四者合计占中央结算公司总托管量的86%。从历史趋势看，中央结算公司托管总量一直保持快速增长势头，尤其是2014年以来增长速度明显加快。

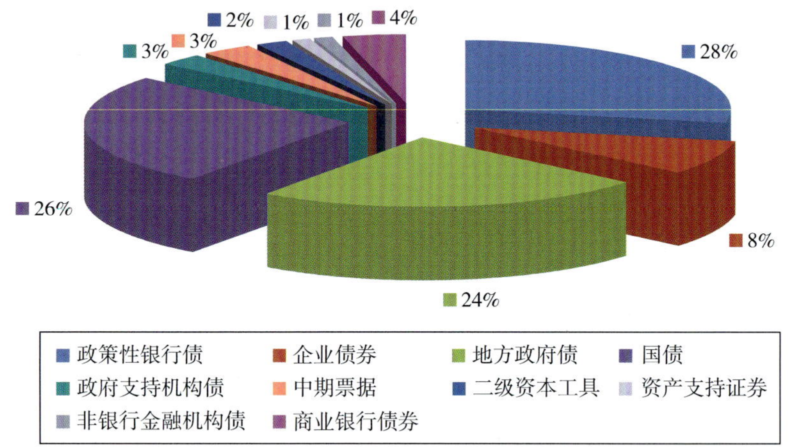

数据来源：中国债券信息网。

图22 2016年末中央结算公司登记托管的各债券比重

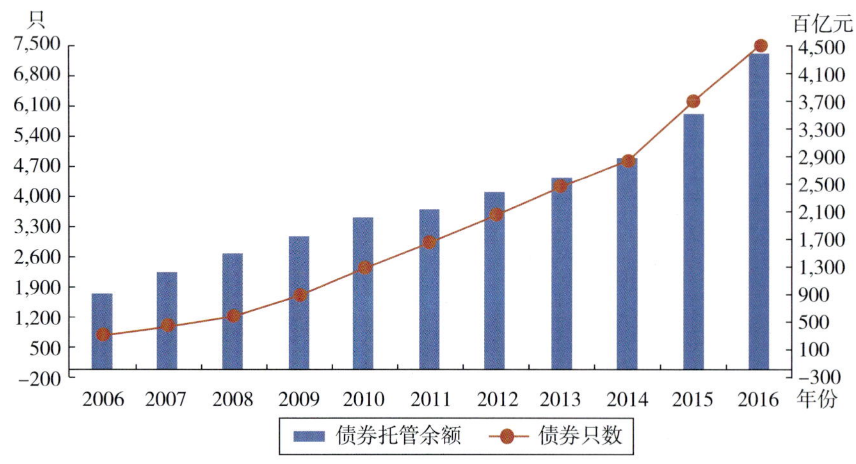

图23 2006~2016年中央结算公司债券托管量趋势图

① 上海清算所登记托管的债券不包括同业存单。

债券市场现券交易、回购交易持续快速增长。2016年，全市场债券交易结算量963.22万亿元，其中中央结算公司统计结算量为581.20万亿元，同比增长24.57%，其中现券交易结算量79.54万亿元，同比增长31.38%；回购交易结算量500.13万亿元，同比增长23.51%。

表4　2016年银行间债券市场交易结算情况

	结算量（亿元）
全市场	9,632,245.97
中央结算公司小计	5,812,049.49
现券交易	795,270.85
回购交易	5,001,327.82
债券借贷	15,450.82
上海清算所小计	1,498,172.06
现券交易	416,872.27
回购交易	1,081,299.79
交易所小计	2,322,024.42
现券交易	12,517.48
回购交易	2,309,506.93

数据来源：中国债券信息网、上海清算所网站、中国结算网和Wind数据库。

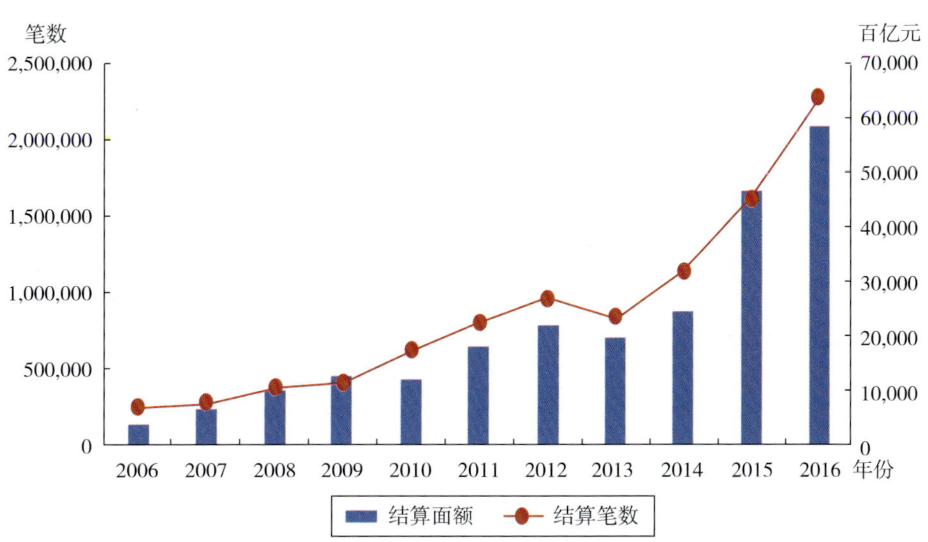

图24　2006~2016年中央结算公司债券结算量趋势图

券款对付结算业务稳步推进，DVP结算量持续扩大。2016年，银行间债券市场DVP结算参与者数量继续快速增长，非银行机构客户使用DVP方式办理债券结算业务热情持续高涨。截至2016年末，银行间市场参与DVP结算的成员总计14,577家，全年新增5,319家。其中，通过支付系统自身清算账户办理的258家，通过在中央结算公司开立的债券结算资金专户办理的14,319家。2016年，债券市场结算成员通过中央结算公司共办理DVP资金结算338.36万笔，资金结算量达1,069.12万亿元，同比分别增长38.64%和24.22%。目前银行间债券市场人民币债券的交易结算已全部采用DVP方式。全年共251个交易日，日均DVP结算金额达4.26万亿元，同比增长23.84%。

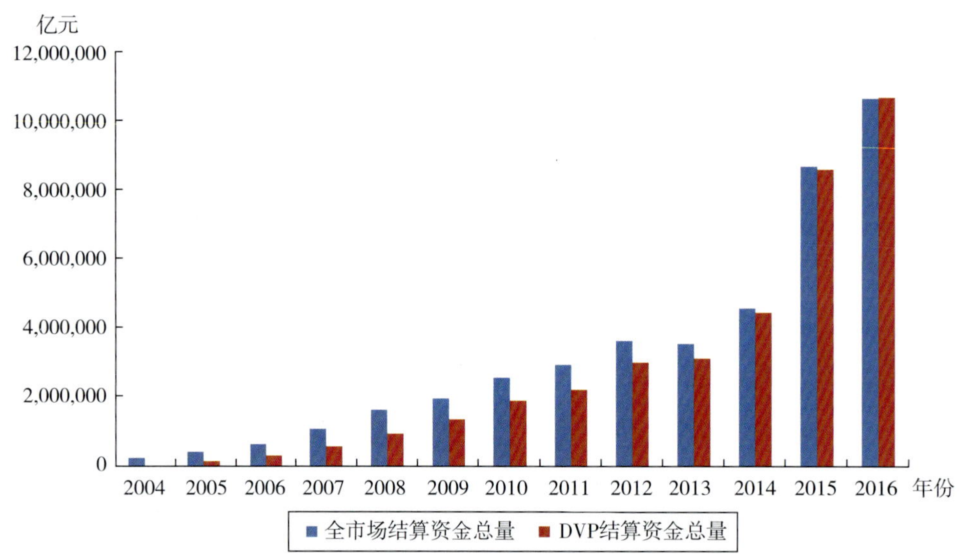

图25 2004~2016年中央结算公司资金结算量趋势图

债券付息兑付业务稳步快速增长。2016年完成国债、金融债、企业债、中期票据、央行票据、商业银行债、资产支持证券等债券的付息兑付共计13,302只，同比增长70.69%；汇划付息兑付资金超过19万笔，金额达7.2万亿元。

（三）中国证券登记结算系统

投资者规模不断扩大。截至2016年末，投资者个数为11,811.04万个,较上年增加1,900.50万个。其中，自然人投资者11,778.42万个，较上年增加1,896.27万个。

登记存管证券数量大幅增加。截至2016年末，中国结算登记存管的沪深证券交易所的证券为13,054只、全国股份转让系统的证券为10,396只。在沪深证券交易所的证券中，A股3,050只，比上年增加240只；B股100只，比上年减少1只；国债228只，比上年减少5只；地方债589只，比上年增加418只；政策性金融债2只；公司债2,806只，比上年增加1,799只；企业债2,036只，比上年增加314只；可转债17只，比上年增加11只；分离式可转债0只，比上年减少1只；中小企业私募债1,316只，比上年增加360只；封闭式基金28只，比上年增加13只；ETF146只，比上年增加19只；LOF595只，比上年减少4只；实时申赎货币基金9只；资产证券化产品2,132只，比上年增加1,337只。

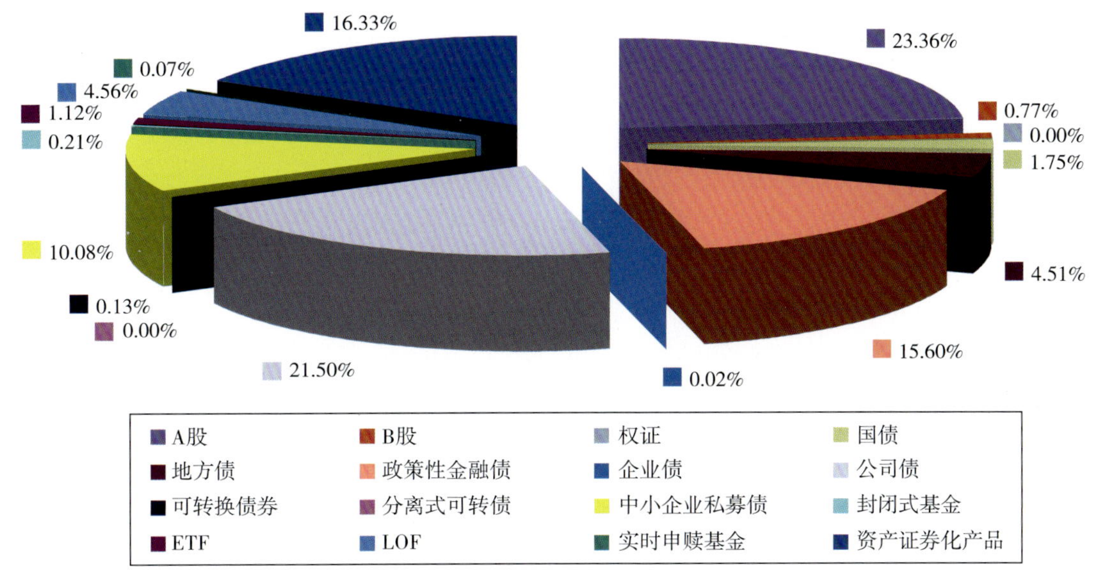

图26　2016年登记存管证券数量占比

截至2016年末，中国结算登记存管的沪深证券交易所的证券面值为12.83万亿元、全国股份转让系统的证券面值为6,174.62亿元。在沪深证券交易所证券中，限售股面值6,619.68.亿元，A股非限售面值4.17万亿元，B股非限售面值280.95亿元，国债面值6,330.02亿元，地方债面值2,281.48亿元，政策性金融债面值95.00亿元，企业债面值9,459.39亿元，公司债面值41,279.58亿元，可转债面值344.10亿元，中小企业私募债面值11,943.17亿元，封闭式基金面值287.48亿元，ETF面值924.00亿元，LOF面值1,662.19亿元，实时申赎货币基金面值279.96亿元，资产证券化产品面值4,779.33亿元。

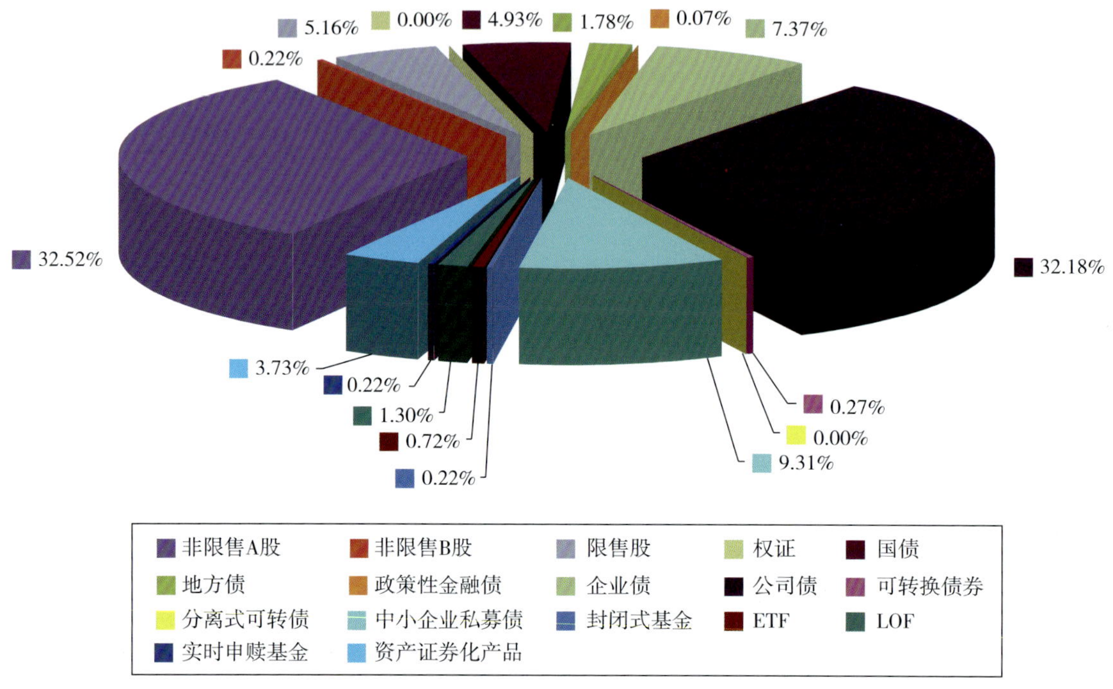

图27 2016年登记存管证券面值占比

截至2016年末，中国结算登记存管的沪深证券交易所的证券总市值为58.96万亿元、全国股份转让系统的证券市值为3.05万亿元。沪深证券交易所的证券非限售市值为49.10万亿元，其中，A股40.81万亿元，B股1,904.81亿元，国债6,428.19亿元，地方债2,284.07亿元，政策性金融债103.61亿元，企业债8,961.19亿元，公司债41,370.08亿元，可转债397.21亿元，中小企业私募债11,440.21亿元，封闭式基金286.35亿元，ETF 3,779.70亿元，LOF 1,432.53亿元，实时申赎货币基金305.50亿元，资产证券化产品非限售市值4,226.04亿元。

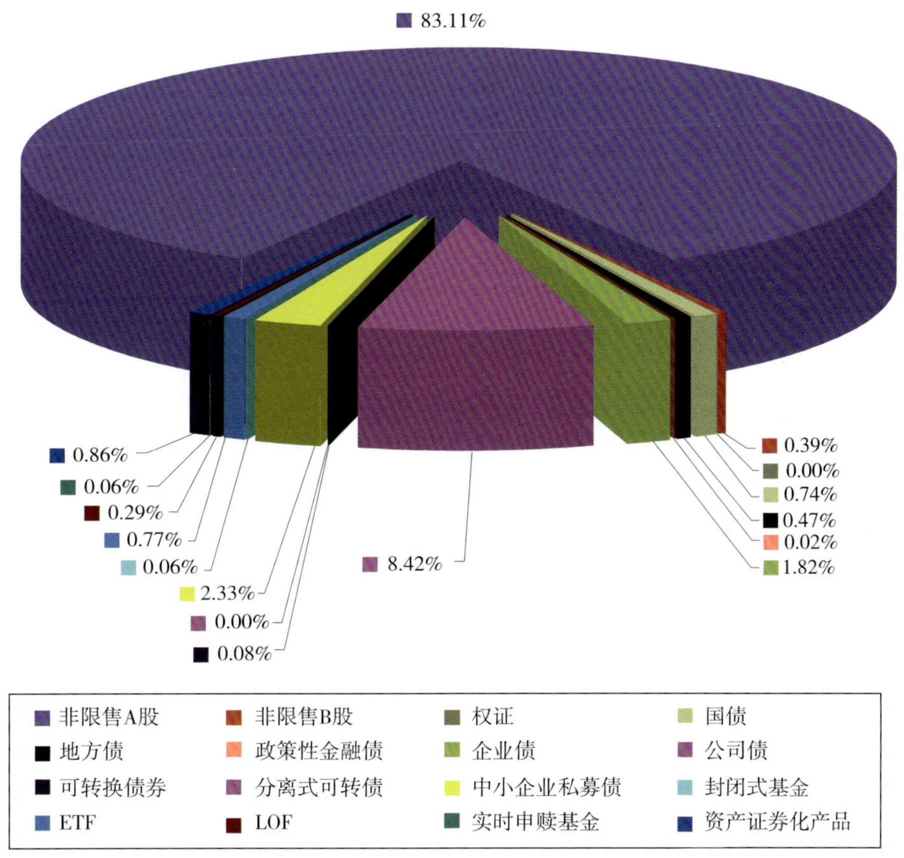

图28　2016年登记存管证券流通市值占比

结算业务规模扩大。2016年中国结算的证券结算总额为1,220.01万亿元，较上年增加83.20万亿元；结算净额为40.25万亿元，较上年减少18.61万亿元。

开放式基金业务稳步发展。截至2016年末，开放式基金TA系统内参与的管理人共有166家，其中，基金公司72家、券商90家、银行1家、境外TA 3家；服务的销售机构达313家，其中，商业银行49家、证券公司98家、基金公司及资产管理公司直销87家、投资咨询机构4家、独立销售机构62家、期货公司5家、境外销售机构8家。累计代理发行理财产品4,481只，其中开放式基金772只、创新型封闭式基金5只、券商集合理财产品3,690只、银行理财产品3只，互认基金11只。产品类型涵盖了股票型、债券型、混合型、货币型、保本型、QDII、FOF、LOF、上证基金通、场外ETF等。另外，还全面支持了集合计划的参与、退出、权益分派、业绩报酬、收益补偿、展期以及TA移转等各类业务。

（四）上海清算所登记结算系统

托管规模持续高速增长。2016年，上海清算所各类新发行债券共20,868只、累计面额为183,461.61亿元，债券兑付15,342只、累计面额142,835.84亿元。从全年发行的券种结构来看，企业信用类债券共发行4,335 只，面额51,438.87 亿元，同比分别减少5.39%和5.30%；金融债券共发行81只，面额2,091.74亿元，同比分别减少58.03%和52.57%；同业存单共发行16,452只，面额129,931.00亿元，同比分别增长176.92%和145.26%。截至2016年末，上海清算所托管债券15,108只，托管余额144,102.91亿元[①]，同比分别增长58.83%和39.10%。

表5 2016年上清所产品发行及托管机构表

产品发行结构	发行面额（亿元）	产品托管结构	托管量（亿元）
超短期融资券	27,194.90	超短期融资券	15,135.30
非公开定向债务融资工具	6,028.85	非公开定向债务融资工具	21,797.86
短期融资券	6,082.95	短期融资券	6,021.95
区域集优中小企业集合票据	0	区域集优中小企业集合票据	5.76
信贷资产支持证券	347.14	信贷资产支持证券	416.77
金融企业短期融资券	1,178.60	金融企业短期融资券	82.00
非金融企业资产支持票据	166.57	非金融企业资产支持票据	297.97
资产管理公司金融债	560.00	资产管理公司金融债	1,920.00
中期票据	10,997.10	中期票据	34,311.10
同业存单	129,931.00	同业存单	62,760.90
项目收益票据	38.50	项目收益票据	97.50
绿色债务融资工具	80.00	绿色债务融资工具	80.00
政府支持机构债券	850.00	政府支持机构债券	1,200.00
合计	183,455.61	合计	144,127.10
外币债券（折合人民币）	55.8	外币债券（折合人民币）	55.8

表6 2014~2016年上清所业务量统计

单位：亿元

	2016年	2015年	2014年
发行量	183,511.41	111,701.74	55,465.09
托管量	144,102.91	103,297.51	55,702.30
结算量	1,539,778.31	837,506.72	265,831.76
本币业务累计资金结算量	1,682,192.60	898,381.87	267,450.63

注：“结算量”包括现券、回购（只统计首期）、借贷、远期等债券交易类别；“本币业务累计资金结算量”除包括债券结算量外，还包括利率互换和大宗商品等品种，不含外汇类资金结算量。

① 包含2只SDR债券，金额6亿SDR，已按发行时汇率折算为人民币。

市场服务范围进一步扩大，非法人机构与境外机构开户数大幅增加。截至2016年末，上海清算所累计开立14,514个投资者账户，同比增长67.10%。其中开发性金融机构1家、政策性银行2家、存款类金融机构1,508家、非银行金融机构152家、证券类金融机构148家、基金管理公司18家、保险类金融机构106家、非金融机构法人104家、非法人机构12,106家①、境外机构355家、自贸区境内及境外机构11家、特殊账户3家，非法人机构和境外机构开户数同比分别增加74.88%和47.18%。

五、中央对手

（一）上海清算所

2016年，银行间市场中央对手清算基础设施建设进一步推进。目前，上海清算所清算系统为外汇、债券、利率衍生品、大宗商品等四大类业务提供中央对手清算服务。

债券中央对手清算业务。2016年，上海清算所债券中央对手清算业务运行平稳。全年债券现券交易清算总量达44.74万亿元（单边），回购交易清算总量达108.97万亿元（单边）。其中，债券现券交易中央对手清算笔数达12,220笔，面额33,106.30亿元，同比分别增长11.35%和44.21%；债券回购中央对手清算笔数达6,222笔，面额8,363.89亿元，同比分别增长1,136.98%和1,675.81%。债券中央对手清算业务参与者数量扩大至71家，其中清算会员62家、客户9家。

外汇交易中央对手清算业务。2016年8月，上海清算所推出人民币外汇期权中央对手清算业务，成为全球首家为场外市场外汇期权交易提供中央对手清算服务的清算机构。全年外汇竞价交易清算2.04万笔、外汇询价交易40.7万笔，累计清算金额7.67万亿美元。截至2016年末，外汇竞价清算会员246家，外汇询价清算会员40家（其中外汇期权清算会员20家），客户6家。

人民币利率衍生品中央对手清算业务。2016年以来，标准债券远期集中清算业务已

① 非法人机构包括证券投资基金、证券公司资产管理计划、基金公司特定客户资产管理计划、企业年金、保险产品、信托计划、社保基金、其他非法人机构等。

初步形成业务清算会员分层体系，截至2016年末共有54家参与者，较上年末增加35家；全部参与者中包括综合清算会员5家，自营清算会员45家，代理客户4家。2016年标准债远期市场共计清算8笔，金额1.0亿元。

人民币利率互换集中清算业务平稳增长，全年共计清算8.72万笔，名义本金总计9.82万亿元，同比分别增长36.84%和20.97%。人民币利率互换集中清算业务参与者共有122家，较上年末增加27家；全部参与者包括5家综合清算会员、42家普通清算会员、75家代理客户，业务参与者范围扩大至非法人机构，全年共计有16只非法人产品进入市场。

航运及大宗商品衍生品中央对手清算业务。2016年相继推出人民币电解铜掉期、上海碳配额远期两项创新中央对手清算业务。全年场外大宗商品衍生品中央对手清算合约数达426.59万张，同比增长133.54%；清算合约金额达2,888.85亿元，同比增长328.35%；共有10家清算会员，34家经纪公司参与业务，市场参与客户数稳步上升，达到482家，同比新增95家（含自营客户）。

（二）中国结算

作为共同对手方，中国结算为交易所市场的证券交易提供多边净额结算服务，根据T日（证券交易日）纳入多边净额结算的交易及其他非交易数据，对各结算参与人的应收、应付资金进行冲抵轧差清算，并依据净额清算结果，在T+1日日终与结算参与人完成不可撤销的资金交收。2016年中国结算的证券结算总额为1,220.01万亿元（双边），较上年增加83.20万亿元；结算净额为40.25万亿元，较上年减少18.61万亿元。目前，交易所市场的大部分证券交易品种均已纳入中国结算多边净额担保结算范畴。

（三）上海期货交易所

上海期货交易所目前上市交易的期货合约有黄金、白银、铜、铝、锌、铅、镍、锡、螺纹钢、线材、燃料油、天然橡胶、石油沥青、热轧卷板等14种，并陆续推出了黄金、白银、有色金属、黑色金属和能源化工品种的连续交易。现有会员199家，在全国各地开通远程交易终端700多个。2016年，交易规模稳步增长，全年市场总成交金额为84.98万亿元（单边），总成交量为16.81亿手（单边），同比分别增长33.70%和59.97%。

（四）郑州商品交易所

2016年，郑州商品交易所着眼于期货期权、场外衍生品等业务的创新发展，不断扩大结算业务规模、丰富业务种类，启动了新一期结算系统开发工作。全年共办理交易结算业务合计金额31.03万亿元（单边），同比增长0.16%；办理交割结算业务合计金额102.31亿元（单边），同比增长8.54%。

（五）大连商品交易所

大连商品交易所根据同一交易日的期货交易实行当日无负债结算制度，对全体会员进行结算。期货交易主要有大豆、豆粕、玉米等农产品期货交易，以及铁矿石、焦炭、焦煤、塑料等工业品期货交易，结算币种为人民币。目前会员151家，非期货公司会员15家，保证金存管银行14家。2016年，大连商品交易所共结算期货交易量15.37亿手（单边），交易额61.41万亿元（单边），同比分别增长38%和46%；共处理资金划转20,707笔，金额5,733亿元，其中，会员出入金业务20,134笔，金额5,660亿元，分别占业务总量的97%和99%，货款划转业务573笔，金额73亿元，分别占业务总量的3%和1%。

（六）中国金融期货交易所

中国金融期货交易所期货产品包括两大类五个产品，其中股指期货产品包括沪深300股指期货、上证50股指期货与中证500股指期货；国债期货产品包括5年期国债期货与10年期国债期货。各金融期货品种在244个交易日内累计成交1,833.59万手（单边），成交金额18.22万亿元（单边）；日均持仓16.92万手，日均持仓金额1,664.37亿元；日均资金总额628.25亿元，日均交易保证金558.26亿元，日均资金使用率88.86%。全年共计办理出入金3.74万笔，累计划转金额4.98万亿元，其中入金1.89万笔，金额2.50万亿元；出金1.85万笔，金额2.49万亿元。全年出入金情况相对稳定，日均入金额约为102.37亿元，日均出金额约为101.91亿元。

专题1

加强支付机构监管　促进支付服务市场健康发展

自2010年中国人民银行正式颁发实施《非金融机构支付服务管理办法》（中国人民银行令〔2010〕第2号，以下简称《办法》）以来，社会公众俗称的第三方支付业务步入快速发展轨道，非银行支付机构（以下简称支付机构）迅猛发展，业务创新不断涌现，客户体验不断刷新，业务规模不断扩大，极大地方便了社会公众的日常零售支付活动，促进了电子商务的快速发展，成为当前我国支付行业发展的一大亮点和热点。2013~2016年，支付机构业务总量从371.34亿笔增长到1,854.76亿笔，金额从17.57万亿元增长到119.60万亿元，年复合增长率分别为70.94%和89.48%。其中，网络支付业务总量从193.46亿笔增长到1,639.02亿笔，金额从10.40万亿元增长到99.27万亿元，年复合增长率分别达到103.86%和112.10%。支付机构在高速发展的同时，也不可否认存在一些突出问题，亟待强化管理予以规范。针对这些问题，人民银行多措并举、重拳出击，大力强化支付监管，严厉整顿市场秩序。实践证明，这些措施是管用的，监管有效性明显提高，市场乱象得到有效遏制，市场秩序逐步好转，支付机构竞争力不断提高，良性竞争日趋回暖，支付服务市场继续呈现健康发展态势。

一、着眼大势，构建支付监管天网

支付行业是我国社会经济发展的基础。长期以来，我国支付行业以加快社会资金周转，提高社会资金配置效率，促进经济社会发展为己任，加快改革，不断创新，努力适应和助推我国社会经济各项改革的推进，呈现出蓬勃向上的发展活力，在国际支付同业发展中一枝独秀。作为支付行业发展的促进者、组织者和监管者，人民银行一直遵循“规范创新与促进发展并重”的监管思路，密切关注支付行业发展态势，适时出台防御性、适用性监管举措。我国支付行业体量大，供需参与主体广泛，特别是支付机构加入我国支付服务提供者行列以来，我国的支付服务供给主体陡增，除了传统的4,000多家银行业金融机构、近200家财务公司和3家特许清算机构外，新增近270家支付机构，为我国支付服务市场发展注入了新鲜血液；需求主体也爆炸式膨胀，在互联网金融强力撬动下，我国广大长尾客户作为需求主体加入到我国支付服务市场中。如此庞大的供需主体，带来的是点多面广的风险防范问题，既要督促供给主体安全经营、可持续发展，又要保护需求主体作为金融消费者的合法权益不受侵害。这是我国支付行业最大的中国特色。为此，人民银行结合国内实际，着眼未来，多措并举，前瞻性地构建起“政府监管、行业自律、社会监督、机构自治”四维一体的监管体系，形成了适合我国国情的监管“天网”。2011年，人民银行发起并推动成立中国支付清算协会。几年来，在会员单位的大力支持下，支付清算协会积极履职，以服务会员与维护行业利益为宗旨，着力完善协会治理和内部建设，强化行业自律制度建设，加大行业培训力度，促进行业交流合作，取得良好的自律效果，得到会员单位一致肯定。2016年，人民银行发布《支付结算违法违规行为举报奖励办法》和落实该办法的指导意见，指导中国支付清算协会制定举报奖励办法实施细则、开发建设运行举报平台，受理社会举报。对群众反映比较集中的问题，人民银行及时发布风险提示，对经查实涉及二清、未落实账户实名制、超范围经营、商户管理不严等违规行为的10家支付机构实施自律惩戒，扣缴违规保证金16.5万元，社会监督机制初显成效。在政府监管、行业自律和社会监督的合力作用下，市场主体纷纷强化自我管理，提高自律意识，完善公司治理，加大内控约束，不断提高持续经营和合规经营水平。

二、整章建制，扎紧支付制度篱笆

支付机构作为我国支付市场新的服务提供者，按照人民银行的许可，从事多用途预付卡发行和受理、银行卡收单、网络支付等具体支付业务。支付业务在本质上属于金融业务，具有金融属性，风险较高，在业务准入环节提高准入门槛十分必要；在业务发展的同时必须同步跟进风险管理；如果把不好入口关，风险机构混进市场，带来的是市场秩序的扰乱和客户权益的侵害；业务规模过度扩张，风险管理跟进却差得很远，风险就会暴露甚至蔓延开来。因此，从事支付业务的支付机构明显不同于一般的工商企业，必须接受更加严格的金融监管。没有规矩，不成方圆。为规范支付机构的业务发展和日常经营，人民银行未雨绸缪，将“划好业务规矩”放在支付机构监管的突出位置，努力保障制度建设先行，扎紧制度约束的笼子，引领和规范支付机构业务发展。在《办法》发布后，人民银行加快配套制度建设，相继发布《办法》实施细则、《支付机构预付卡业务管理办法》、《银行卡收单业务管理办法》、《非银行支付机构网络支付业务管理办法》、《支付机构客户备付金存管办法》等一系列规范性文件，形成以《中国人民银行法》和《办法》为统领，备付金管理制度为核心，全面覆盖多用途预付卡、银行卡收单和网络支付三大业务模块的纲举目张的支付机构监管制度体系，为我国第三方支付行业的长远健康发展打下坚实的基础。

三、转变理念，铺就监管行动先导

我国支付行业发展迅速，支付行业监管需要不断与时俱进。有效的监管行动需要先进的理念指导，因此监管理念的正确确立至关重要，磨刀不误砍柴工。在传统金融和互联网金融相互交织的变革时代，人民银行结合实际，审时度势，反复论证，遵循“依法监管、适度监管、分类监管、协同监管、创新监管”的理念开展监管实践，努力顺应并促进支付行业的快速发展。在适度监管中，人民银行以开放、包容的姿态，观察新技术应用、新支付业务开展，为行业发展中新事物的存在预留一定空间，做到不一棍子打死，也不放任自流，体现监管的灵活性和适应性，避免监管的极端性。例如，鼓励生物特征识别技术在支付领域的应用，为未来制定相关标准积累经验，人民银行在《非银行支付机构网络支付业务管理办法》中明确提出，支持支付机构选用客户本人生理特征要素，对客户使用支付账户余额付款的交易进行验证。在分类监管实践中，人民银行于2016年正式启动支付机构支付账户分类管理和支付机构分类评级，根据评级结果，优化监管资源分配，采取差异化的监管措施。例如，对于实名制做得好的机构，给予监管奖励；对于做得比较差的，例如D类和E类机构，给予重点监管关注，甚至责令停办全部或部分业务；对于限期整改不到位的，注销支付业务许可证。在创新监管中，人民银行跟踪并适用新技术发展，不断提升监管手段；结合具体业务，改进监管模式，提升监管效果。2016年，人民银行投产上线非现场监管系统，非现场监管电子化水平明显提高；升级换版7个电子化检查工具，新开发2个检查工具，大大提高了现场检查效率。创新客户备付金管理模式，实施集中存管，有效防范资金挪用风险。在协同监管中，人民银行根据支付行业发展融合程度加深的客观实际，在横向上密切与其他金融监管部门、公安、工商等政府部门的合作；在纵向上明确总行与分支机构之间的监管分工，例如总行负责重点支付机构的监督管理，分支行负责所在地支付机构的监管，以便合理搭配监管资源，形成有效的监管合力，共同维护市场秩序，推动支付行业快速健康发展。

四、强化手段，重塑支付监管权威

制度有了，理念确立了，就要依靠监管行动督导制度落实，提高制度执行力；制度执行不到位的，就要依靠行政行使公权力提高制度约束力。近年来，人民银行每年都组织开展大规模的现场执法检查，查处银行业金融机构和支付机构的违规问题，纠错防弊，防风险于未然。支付机构提供支付服务以来，针对出现的客户实名制落实不严、交易信息变造、核心业务违规外包、备付金挪用、无证机构从事支付服务等普遍问题，人民银行重典治乱、重拳频出，组织开展支付机构风险专项整治，组合开展突击检查、专项检查、随机抽查和现场核查，综合运用顶格罚款、限制业务范围、停止部分甚至全部业务、注销支付业务许可证等方式方法，架起支付机构违规经营的高压线，使支付机构不敢违规、不想违规、不愿违规，遵规守矩、审慎经营，取得明显成效。

五、疏堵结合，创新支付监管模式

对于违规问题较多的非银行支付服务，除了强化现场检查外，人民银行还毫不松懈地跟进非现场监管，创新形成以分类评级为核心，以支付机构业务准入和后期续展为重点，以激励合规经营、畅通退出机制和把控市场准入为目标的非现场监管工作模式。在分类评级方面，2015年，人民银行发布《非银行支付机构网络支付业务管理办法》，确立支付账户和支付机构分类管理的基本思路；2016年，人民银行又发布《非银行支付机构分类评级管理办法》，明确点面结合、定性和定量结合等5项分类评级原则，确立备付金管理、合规与风控等6项分类评级指标，划分A、B、C、D、E5类11级评级结果。按照这两个办法，2016年，人民银行组织实施了对多用途预付卡、银行卡收单和网络支付三类支付机构的分类评级，并根据评级结果，细分监管重点，通报约谈重点机构，提出整改要求，对于激励支付机构增强合规意识、加强风险管理、促进可持续发展、维护市场秩序发挥出积极作用。在支付服务市场，形成能进能出、优胜劣汰的良性生态环境。在支付机构业务续展方面，人民银行充分考虑牌照资源的稀缺性，建立正向激励机制，对业务许可存续期间未实质开展业务、长期停止开展业务、客户备付金管理存在较大风险隐患的支付机构，将不予续展支付业务许可证，以此督促支付机构珍惜牌照，合规经营、有序竞争，实现可持续发展；充分利用牌照资源的逐利性，鼓励通过兼并重组方式实现支付机构的结构优化。

六、把握节奏，因势利导市场布局

我国支付机构的发展经历了早期发展、规模扩张、风险暴露和清理整顿四个阶段。在市场发展初期，机构热情高涨，踊跃申请支付业务牌照，人民银行为此发放了270个支付业务牌照。在风险暴露和清理整顿阶段，牌照发放步伐放慢，对严重违规机构注销支付业务许可证。人民银行原则上暂停发放牌照引起了市场的广泛关注和利益关切，甚至出现不惜巨资高价炒作牌照资源的情况。牌照发不发，存量机构多了还是少了，实际上是一个市场布局和行业发展问题，发放牌照和注销牌照完全基于市场健康发展的需要。目前，总体来看，存量支付机构业务集中度较高，在此基础上均衡发展趋势显现，中小机构竞争日趋激烈。据统计，2014~2016年，支付业务量超过500亿元的大型支付机构从38家增加到68家，市场集中度从少数机构的绝对集中向多数机构的相对集中转变，表明市场垄断程度在分化和缓和，支付机构市场竞争力明显提高，市场趋向充分竞争。但这仅是其中一方面，反过来看另一方面，自2016年开始，支付业务排名后50名的支付机构业务量占比仅为百万分之一，表明中小机构业务发展能力亟待提高，持续经营压力明显。受经营压力的驱动，部分机构甚至违规操作、铤而走险，出现风险事件。综合这些情况，不难看出目前存量机构能够满足广大社会公众的零售支付需求，新机构进入市场需要充分评估盈利、可持续发展和市场规模扩大的可行性。鉴于此，作为支付行业监管者，人民银行客观上需要处理好政府与市场的关系、行业整体与市场个体的关系，总体把控市场规模节奏，避免盲目扩大行业整体规模。大干快上式的扩大行业规模看似是好事，但行业风险也在累积；不顾行业整体风险，放宽市场准入，也会给新进场的市场个体徒增可持续发展的压力。因此，人民银行认真贯彻落实国务院要求，管放结合，努力协调好"看不见的手"和"看得见的手"作用的发挥。在市场准入方面，严格落实《国务院办公厅关于印发互联网金融风险专项整治工作实施方案的通知》（国办发〔2016〕21号）和人民银行等14部委联合印发《非银行支付机构风险专项整治工作方案》（银发〔2016〕112号）的要求，遵循"总量控制、结构优化、提高质量、有序发展"的原则，立足支付业务作为金融业务的市场门槛，严格把控支付机构市场准入，一般不再受理新机构设立申请，重点做好对已获牌机构的监管引导和整改规范，切实防范存量风险消化不良、新增机构风险不断的情况发生。

七、突破难点，打赢支付监管攻坚战

在人民银行对支付机构的监管实践中，保障客户备付金安全一直是工作的核心，是支付机构不能逾越的监管红线。因为客户备付金是支付机构预收客户的待付货币资金，不属于支付机构的自有财产，是客户的财产。在业务发展中，客户备付金业务存在的规模巨大、存放分散、潜在隐患不可忽视等问题日益突出。2016年，我国支付机构平均开立备付金账户13个（存管账户2个、收付账户7个、汇缴账户4个）、备付金余额规模达6,215亿元。为保护客户财产不受侵害，备付金管理成为支付监管的重中之重是题中应有之义。围绕客户备付金管理，人民银行采取客户备付金校验、现场检查与核实等若干举措，做了大量监督管理工作，但还是有个别机构无视监管规定，触碰监管红线，挪用客户备付金。例如，2013~2014年，广州益民旅游休闲服务有限公司、浙江易士管理服务有限公司、上海畅购企业服务有限公司三家机构相继爆发挪用客户备付金、导致资金链断裂的恶性事件，涉及客户众多，挪用金额巨大，社会影响恶劣，不仅侵害了百姓合法权益，也损害了社会公众对于第三方支付的信心，影响可谓深远，教训可谓深刻，打造客户备付金管理利器迅速提上人民银行工作日程，也成为社会各界的共识和期待。与备付金管理相关的是支付机构违规参与提供清算服务，这些机构借助在多家银行开立的备付金账户，轻而易举地参与到跨机构清算服务中，不利于清算资金的监测和系统性风险的防范。围绕这些难点，人民银行进行了大量探索，形成了解决问题的基本途径。经国务院同意印发的《非银行支付机构风险专项整治工作方案》明确规定，建立支付机构客户备付金集中存管制度，改变目前分散存管的现状；支付机构开展跨行支付业务必须通过人民银行跨行清算系统或具有资质的清算机构进行，为此要建立网络支付清算平台，对现有支付机构从事的清算业务实施穿透式监管。目前，备付金集中存管和网络支付清算平台建设均取得重大进展。在备付金集中存管方面，2017年1月，人民银行印发《中国人民银行办公厅关于实施支付机构客户备付金集中存管有关事项的通知》，要求支付机构自2017年4月17日起将部分客户备付金交存至指定机构专用存款账户，并对账户资金不计付利息。通过集中存管，纠正和防范支付机构挪用、占用客户备付金的情形，引导支付机构回归业务本源，消除支付服务风险隐患，切实保障客户资金安全，维护消费者合法权益，更好地促进支付服务市场持续健康发展。在网络支付清算平台方面，人民银行指导中国支付清算协会正在抓紧开发建设，即将投产运行，届时将逐步实现将支付机构与商业银行通过多头连接方式开展的业务迁移到平台处理，取缔支付机构与银行直接连接处理业务的模式，依托“平台”实施客户备付资金集中存管，实现清算资金的透明化，降低交易成本，提高清算效率，有效保障客户资金安全。

严格支付监管的目的是要促进支付行业健康发展，更好地服务社会发展和民生改善。经过大力整治，我国非银行支付服务在规范中持续快速发展，截至2016年末，支付机构客户备付金余额合计6,215亿元，同比增长107.13%，表明支付机构业务规模在快速大幅攀升，社会公众接受支付机构服务的意愿在不断增强；市场主体的合规意识已经明显提高，违规行为大幅减少，在违规行为比较集中的银行卡收单业务领域，排名前十名的大型机构收单业务量占比同比减少12%，表明违规业务得到较为充分的挤压。雄关漫道真如铁，而今迈步从头越。经历了风险暴露，走出了清理整顿关卡，我国支付机构涅槃重生，正在信心满怀、昂首阔步地迈入规范发展新阶段，成为推动我国支付服务市场健康发展的重要力量。

下一步，作为我国支付体系的监管者，人民银行将认真贯彻落实中央经济工作会议精神，继续坚持问题导向，恪守底线思维，把防范风险放在更加重要的位置，保持监管高压态势，严厉打击违法违规行为，清理处置支付行业风险隐患，防范市场乱象反弹，坚决维护支付服务市场秩序，保障我国经济社会改革稳步推进。

专题2

个人银行账户制度改革

一、改革的背景

2003年，在个人经济活动日趋活跃的背景下，人民银行颁布新的《人民币银行结算账户管理办法》，明确个人因投资、消费、结算等需要可以开立个人银行结算账户。在此制度安排下，经过十几年的快速发展，我国个人银行账户规模发展壮大，特别是银行卡业务迅猛增长。截至2016年末，我国个人银行结算账户83.03亿户，银行卡61.25亿张，全年银行卡交易额达到741.81万亿元。个人银行结算账户的开立和银行卡的广泛应用，对便利个人生产生活、促进消费、拉动经济增长、推动金融普惠发挥了积极作用。但个人银行账户管理在发展中也面临新的问题和挑战，主要体现在：

1. 现行结算账户和储蓄账户界线逐渐模糊。为适应个人投资、消费需求，便于个人资产管理，《人民币银行结算账户管理办法》发布后，个人银行账户分为结算账户和储蓄账户。随着个人零售业务发展和银行服务水平的提升，个人银行结算账户和储蓄账户的使用逐渐趋于同化，个人银行结算账户实质上覆盖储蓄账户功能，结算账户用于结算、储蓄账户用于存放资产的功能界限已经模糊，功能相互交叉，个人银行账户功能出现简单化、单一化、趋同化的趋势。在支付工具和支付渠道不断丰富的情况下，账户功能趋同掩盖了效率与风险的相关性，银行和支付机构过度强调账户资金转移速度，忽视账户需求的多样性与安全分层。

2. 互联网与金融的融合发展对银行账户服务提出更高要求。长期以来，银行主要通过网点柜面提供账户开户服务，监管制度也围绕柜面开户进行规范。互联网和信息技术的发展，对金融行业获客渠道、营销模式、业务流程产生巨大冲击，个人银行账户需求升级与管理滞后的矛盾愈发突出。一些银行开始尝试依托网上银行和手机银行等电子渠道以及远程视频柜员机和智能柜员机等自助机具提供个人银行账户服务，为个人开立和使用账户提供了便利。无实体网点的新型互联网银行也迫切需要摆脱无物理网点的掣肘，通过电子渠道远程为个人开立账户进而开展业务经营。同时，非银行支付机构作为互联网金融的重要组成部分，其业务高度依赖于银行账户，同时也使银行账户资金使用面临新的风险。

3. 账户信息泄露对建立账户保护制度安排提出迫切需求。当前我国个人信息泄露情况较为突出，银行卡信息泄露事件以及由此引发的银行卡资金被盗事件也时有发生。从目前掌握的情况来看，不法分子窃取信息已经从单个获取发展成为通过“伪基站”、“伪WIFI”、钓鱼网站、恶意APP、黑客技术等在互联网上批量获取。部分网站、单位在办理业务时留存了客户的银行卡信息，还有一些单位通过验证客户银行卡信息实现对客户的实名管理，银行卡信息在银行体系外的大量留存所带来的信息泄露风险因此不断累积。目前个人的支付行为已发生显著变化，从银行柜台大量转移至网络端和移动端，个人如将存储大量资金的银行卡用于网络支付、刷卡消费等，其账户资金的安全性将受到较大威胁，一旦发生信息泄露，就会面临资金损失，强化支付安全管理的需求更为迫切，亟需建立个人银行账户及其资金的安全保护机制。

4. 电信网络诈骗高发凸显个人银行账户管理亟待加强。近年来，电信网络诈骗日益呈现产业链化、高科技化、多渠道化和蔓延化发展趋势，严重危害人民群众财产安全和合法权益，已成为损害社会诚信和社会和谐稳定的一大公害。在电信网络诈骗中，犯罪分子实施诈骗的一个环节是使用了大量的银行账户和支付账户转移受害人资金并实现赃款变现，而这些账户多为个人出售的账户和假冒开立的账户。现行银行账户制度未对个人开户数量进行限制，使得个人重复开户、无效开户。开户数量过多既造成个人对账户及其资金管理不善、使用不便，导致个人对账户重视不够，为买卖账户和冒名开户埋下隐患，也分散了银行资源，不利于银行集中服务优势为客户提供全方位、系统性的账户服务，导致客户体验不佳，长期不动户还成为银行内部的潜在风险隐患。因此，亟待从制度安排上减少开户数量、遏制买卖账户和假冒开户的行为。

二、改革的主要内容

为促进互联网金融健康发展，保护个人银行账户信息安全和资金安全，改进个人银行账户服务，防范电信网络诈骗，人民银行经过广泛调研和深入研究，按照“鼓励创新、防范风险”的原则对个人银行账户体系实施全面改革。

（一）改革思路

在个人银行账户分类管理中，人民银行坚持了两条主线：一是严格账户实名制。银行账户实名制是我国的一项基础性金融制度安排，是银行账户管理的基本原则和底线要求。二是区别主辅账户功能，实现账户分类管理。引导个人将大额资金存放在主账户中，通过辅助账户来进行日常零星支付，尤其是进行网络支付、移动支付等，以保障主账户资金安全。分类管理是落实账户实名制和实现账户主辅功能的重要手段，根据账户开户渠道、实名验证的程度不同来赋予账户不同的功能，实名验证程度越高的账户功能越全。

（二）分类管理

1. 根据开户渠道和功能定位划分账户类别。个人银行结算账户分为Ⅰ、Ⅱ、Ⅲ类。同一个人只能在同一家法人银行开立一个Ⅰ类户，可根据需要开立Ⅱ、Ⅲ类户。Ⅰ类户仅可以通过柜面，或者在银行工作人员现场核验开户申请人身份信息的情况下，通过远程视频柜员机和智能柜员机等自助机具开立；Ⅱ、Ⅲ类户可通过银行柜面，以及网上银行、手机银行、自助机具等电子渠道开立。通过电子渠道开立的Ⅱ、Ⅲ类户，需要与Ⅰ类户绑定验证身份信息并使用。

2. 账户功能划分。Ⅰ类户即当前个人在银行柜面开立、现场核验身份的账户，具有全功能，可办理存款、存取现金、转账、消费和缴费、购买投资理财产品、贷款和还款等，使用范围不受限制。Ⅱ类户可办理存款、购买投资理财产品、限额消费和缴费、限额转出资金业务；经银行面对面确认身份的，可以发放银行卡，办理限额存取现金和非绑定账户资金转入业务。Ⅲ类户定位小额支付，可办理限额消费和缴费、限额转出资金业务，不能存取现金；经银行面对面确认身份的，可办理限额非绑定账户资金转入业务。

3. 金额限制。Ⅰ类户没有交易额度限制。Ⅱ、Ⅲ类户除与绑定账户之间转账、购买银行理财产品、银行贷款不受额度控制外，Ⅱ类户入金和出金限额分别是每日1万元、每年20万元，Ⅲ类户入金和出金限额分别是每日5,000元、每年10万元且账户余额不得超过1,000元。

总体来说，Ⅰ类户的特点是安全性要求高，资金量大，适用于大额支付，是个人的“钱箱”；Ⅱ类户的特点是资金量相对小，适用于日常支付，是个人的“钱夹”，Ⅲ类户便捷性突出，尤其适用于移动支付等新兴的支付方式，是个人的“零钱包”。

三、改革的重要意义

个人银行账户制度改革是我国个人银行账户管理制度的一次重大改革创新，必将对我国的个人银行账户体系发展和银行业务经营产生重要而深远的影响。

1. **有利于强化账户实名制**。个人银行账户制度改革以账户实名制管理为出发点和落脚点，通过实施分类管理，根据开户渠道对客户身份实名验证程度的不同，划分银行账户功能，在满足创新的同时强化了实名要求，有效应对了互联网和信息技术发展对账户实名制的冲击。同时，对远程开户采取绑定账户验证身份和使用的制度安排，调整银行客户身份信息验证方式和手段，有效解决远程开户身份信息验证不充分、间接认证叠加实名制风险等问题。

2. **有利于建立账户安全屏障**。通过个人银行账户分类管理制度安排，支付的安全性和便捷性得到有效兼顾，个人可以更好地分类管理自己的账户，根据自身安全或便捷偏好合理分配账户用途和资金。通过主辅账户实现需求分层管理，在满足个人日益多样化、个性化的支付服务需求和其他金融服务需求的同时，有效隔离资金风险，即便出现账户信息泄露和资金被窃取事件，损失也将在可控范围之内。

3. **有利于推动金融服务创新**。个人银行账户分类管理使得账户开户渠道得以拓展和延伸，银行的获客方式多元化，这必将为银行带来新的发展机遇。银行将以此为契机推动战略定位调整，重新布局线上线下业务，整合互联网金融和传统运营管理资源，加快电子银行业务创新步伐，提升账户服务的便捷性和客户的开户体验，为公众提供优质、差异化、更安全的银行账户以及以账户为基础的支付结算服务，提升经营管理水平和核心竞争力。另外，银行也需要改变以往以发卡数量为标准、账户开户地作为基准的考核管理方法和业务营销手法，真正树立以客户为核心的经营理念，实现客户本异地业务的无差异体验。

4. **有利于支付行业安全监管**。当前电信网络诈骗高发、银行卡信息泄露问题突出，确保包括银行账户安全在内的支付安全对于支付体系的健康发展尤为重要。个人银行账户制度改革，将从源头上遏制买卖账户行为，防范电信网络诈骗、银行卡信息泄露和冒名开户等，不仅是改善和服务民生之举，也是支付行业的固本之策。

人民银行已先后印发《关于改进个人银行账户服务　加强账户管理的通知》、《关于加强支付结算管理　防范电信网络新型违法犯罪有关事项的通知》和《关于落实个人银行账户分类管理制度的通知》等制度，建立了个人银行账户分类管理制度的基本框架。下一步，人民银行将继续推进和跟踪个人银行账户分类管理制度实施，并结合《银行账户管理办法》修订工作，完善个人银行账户分类管理要求，探索单位银行账户分类管理，全面构建起有效的银行账户安全保护机制。

第三部分
特色实践

- 强化支付服务监管
- 完善主题支付环境
- 深化农村支付普惠
- 规范ACS业务管理
- 鼓励支付业务创新

一、强化支付服务监管

人民银行分支行积极响应总行支付服务监管工作部署，转变监管理念，提升监管手段，监管便捷性和有效性明显提高。

（一）人民银行上海总部依托信息技术手段提升非现场监管效能

为切实提高对上海市支付机构的监管效率，加强现场检查的针对性和有效性，有效防范挪用客户备付金和其他违规违法行为，人民银行上海总部尝试利用现代化技术手段，探索将大数据应用于非现场监管领域，采用“分类接入、分级存储、分层处理”的分布式技术架构，开发建设上海市支付机构监管信息系统（以下简称监管信息系统），并于2016年5月9日上线试运行。目前，上海市共有22家支付机构，19家备付金银行接入监管信息系统。

监管信息系统主要功能。系统通过准实时采集支付机构和备付金银行相关数据，实现自动报表汇总、机构信息变更管理和业务合规管理等目标，形成对上海市支付机构的动态监管。通过将数据推送备付金存管银行，实现支付机构出入金对账管理、业务监测和业务预警管理，提升对支付机构备付金的监管效率。一是采用多种方式采集数据。要求支付机构采用单笔实时与批量定时相结合的方式向中心系统上报支付交易流水、非结算类数据，并及时更新商户信息；要求支付机构于T+1日上报T日出入金结算单并下挂业务明细，备付金银行于T+1日报送T日支付机构相关账户出入金结算单。二是推送数据供备付金银行核对、生成预警。系统向备付金银行推送支付机构报送的相关脱敏数据，要求备付金存管银行建立支付机构出入金校验及业务预警机制。备付金银行将校验结果、预警信息及时上报中心系统，中心系统建立商业银行核对、预警登记簿。三是中心系统的核对和预警。中心系统也可对支付机构上报出入金结算单与银行上报交易流水进行出入金对账，并能根据出入金结算单下挂明细查找支付机构实时或准实时上报的交易流水，以发现备付金存管行的出入金问题。同时，中心系统通过建立各种全量业务数据统计分析模型，根据不同类型支付机构的业务模式、业务量分别设置相应风险预警阈值，进一步对支付机构违法违规行为预警，供现场检查人员对相关预警信息作深入核查。

监管信息系统积极作用。系统上线试运行至今，已有效解决备付金银行获取支付机构数据难的问题，实现了报表自动化管理，一定程度上发现了部分支付机构存在的违规事实，也为现场检查提供了一些线索和依据。

一是为甄别电信网络新型违法犯罪交易活动提供线索。由于所有支付机构的支付账户和业务流水均上传中心系统，中心系统能够根据每个支付账户一段时期资金收付的活跃程度异常变化、收付金额规模、个人账户出金笔数与金额，提供可能存在的具有电信网络诈骗特征的预警信息。人民银行可据此对可疑支付账户进行核查，发现电信网络新型违法犯罪交易的线索后提交公安部门。通过监测，2016年，系统提供了3家支付机构24个支付账户的预警信息，为甄别电信网络诈骗提供了一道新途径。

二是为无证经营支付业务和二清风险整治提供证据。在2016年总行统一部署的无证经营支付业务风险整治工作中，人民银行上海总部充分利用系统全量数据统计分析模块功能，针对互联网支付机构为无证机构提供通道和二清等违规违法行为设置预警。中心系统按照总行提供的无证经营支付业务机构名单，核查支付机构商户清单是否包含无证经营支付机构，以及该商户支付账户是否存在资金收付。同时中心系统在总行提供的无证经营支付业务机构清单之外，通过对商户支付账户的每日收付规模排序、排除等方法，提供46条明显超经营范围收付规模的疑似无证经营支付业务或二清特征预警信息，供现场检查人员对27家商户的相关预警信息作深入核查。

三是为辖内预付卡机构的监管提供依据。上海地区预付卡机构监管一直是支付机构监管的难点。监管信息系统通过预付卡销售和消费环节的实时、准实时（报送频率为15分钟一次）数据上报，做到卡片销售与卡片消费数据的及时匹配，及时发现预付卡机构售卡不入金、挪用备付金等重大违规问题，为有效实施预付卡机构监管提供了依据。2016年，系统预警11家预付卡机构131条信息，发现预付卡机构违规售卡、虚增业务量等问题。

（二）人民银行石家庄中心支行建设运行支付结算执法检查双随机检查系统

推行双随机监管是国家确定的一项重大改革措施，是深化“放管服”改革的重要内容，是完善事中、事后监管的关键环节。为落实双随机监管，人民银行石家庄中心支行创新管理方式、提高监管效能，根据《国务院办公厅关于推广随机抽查规范事中事后监管的通知》（国办发〔2015〕236号）、《中国人民银行推广随机抽查实施方案》（银办发〔2015〕236号）等文件精神，组织开发“支付结算执法检查双随机检查项目管理系统”。经过半年多的反复论证、系统测试、试点应用，该系统于2016年11月正式在河北省人民银行系统推广应用。

基于安全性考虑，该系统框架分为两部分。主程序运行在人民银行内部业务网，主要负责基础数据（人才库、市场主体库）录入与维护、随机检查项目创建与管理、电子档案集中保管与查询等。外挂程序为单机版程序，主要负责现场检查文书制作、汇总与整理，同时具备重点检查问题模板化处理功能（通过模板设置重点检查问题并自动关联工作底稿），该程序通过导入导出文件与主程序进行数据交换，达到现场与非现场项目管理的独立性，保证检查资料的安全性。

系统从创建项目、检查实施、后续管理、档案归档、统计分析等环节实现电子化管理，具备三个主要功能：一是实现科学的双随机抽查机制，即随机抽取检查人员和检查对象，随机分配检查对象，实现检查事项公开、检查程序公开、检查结果公开的“阳光执法”，有效保障市场主体权利平等、机会平等、规则平等。二是实现检查程序电子化、规范化和跟踪管理，系统严格按照检查程序顺序执行，能够自动生成格式文书，自动更新检查进度，实现事中、事后跟踪管理，每一步都有据可查，能够有效促进监管责任落实及执法行为规范。三是检查档案的电子化。系统以电子形式对检查过程中形成的各项档案资料进行汇总、整理与存储，实现检查档案的集中统一管理，随时可以电子借阅，提高档案管理效率。

该系统的推广应用，为严格行政执法程序，规范行政执法行为，加强支付结算执法检查事中、事后管理等方面提供了有效的管理工具。在规范行政权力运行，提升检查效能，有效避免执法检查中的寻租行为，规避任性执法和人情执法等方面必将发挥积极作用。

二、完善主题支付环境

开展支付服务环境建设，旨在丰富支付服务提供，完善支付基础设施，提高支付服务获得的便利性。

（一）人民银行海口中心支行大力改进三沙市支付服务环境

2012年6月21日，“三沙市”经国务院批准成立，成为海南省第三个地级市。三沙市位于我国南海，下辖西沙群岛、中沙群岛、南沙群岛的岛礁及其海域，岛屿面积13平方千米，海域面积200多万平方千米，是我国陆地面积最小、总面积最大、人口最少的城市。三沙设市四年来，人民银行海口中心支行（以下简称海口中支）结合实际，强化支付服务环境建设,不断提高三沙市支付服务水平，为推动三沙市社会经济发展发挥了重要作用。

促进支付服务多元化提供。设市之初，岛上只有工商银行三沙市支行一家银行机构，在海口中支的大力支持下，中国银行三沙市支行于2016年上半年开始营业，这两家机构均可以向岛上军民提供与其他地区无差别的日常支付结算服务。为便利岛上军民存取款、转账，海口中支根据岛上实际情况，鼓励和支持金融机构在三沙市设立自助服务终端。2013年2月，海南省农村信用社在三沙市永兴村委会设立首个银行卡助农取款服务点；2013年4月，海南省农村信用社在永兴岛上设立首个以存取款一体机（ATM）为主体的自助银行。此外，邮政储蓄银行的自助服务银行、银联商务海南分公司的POS机具也在永兴岛相继落地。三沙市支付服务多元化的拓展，促进了支付服务设施的改善和金融服务时间的延长，满足了军民多层次的支付服务需求。

顺利开通大小额支付系统。设市之初，工商银行三沙市支行通过部队专线运行工商银行的业务系统，岛上军民跨行转账业务需求难以满足。海口中支积极协调工商银行海南省分行，为工商银行三沙市支行相继开通大、小额支付系统和网上支付跨行清算系统；2016年中国银行三沙市支行开通大、小额支付系统。这些支付清算系统在三沙市的顺利开通，实现一笔资金可以在一天之内多次划转，提高了资金周转效率，为客户资金汇划提供了极大便利，为三沙资金流转和经济运行带来巨大的经济绩效。

积极改进账户服务方式。由于人民银行在三沙市未设立分支机构，设市前核准类单位银行结算账户的开立、变更等业务办理，均需银行工作人员乘坐三沙市政府的补给船（7天一班，航程15小时），将资料带到海南岛交由辖属的人民银行核准，整个业务办理周期较长。为解决这一问题，自2012年9月开始，在总行支付结算司的指导支持下，海口中支积极创新结算账户核准审批方式，采取远程核准方式，依据三沙市商业银行传真的相关资料办理核准类业务，将“行政许可决定书”等文书传真回三沙市相关银行机构，作为其为客户办理业务的依据，事后再将相关资料补送到人民银行存档，以缩短业务办理时间。截至2016年底，工商银行三沙市支行和中国银行三沙市支行共开立单位结算账户26个，个人银行结算账户12,629个。通过远程核准单位结算账户，整个流程完成时间由原来的2周缩短至最快当天即可办理生效，有效满足岛上应急业务需求，充分发挥了账户服务社会和实体经济的作用。

推广新兴支付方式应用。建市之初，受限于地理位置特殊性和网络线路铺设等因素，当地市民、驻军、游客等只能依赖传统的现金支付。随着岛上基础设施建设日趋完善，岛上军民对生活质量也有了更高要求，海口中支多方位鼓励和支持各金融机构提供多样化的新兴支付方式，让三沙军民能够享受到和其他地区无差别的支付服务。一是除推广已有的银行卡，积极推动银行机构发行具有特殊意义的银行卡。2016年6月26日，中国银行发行长城三沙借记IC卡，不仅向客户提供了一种安全的支付工具，也对“主权三沙、美丽三沙、幸福三沙”进行了有力宣传。截至2016年底，长城三沙借记IC卡发行8,510张，沉淀资金6,983.85万元，业务量迅猛发展。二是采取各种措施鼓励银行机构和支付机构在三沙市超市、宾馆等场所布放POS机具，客户可以使用Apple Pay、Samsung Pay等手机近场支付和扫码支付。另外，支付宝支付、微信支付也得到越来越多的人使用。和过去现金交易相比，这些新兴支付方式客户体验好，省却备零找零的烦琐，大大提高了支付效率。

（二）人民银行兰州中心支行充分发挥支付服务功能，多举措助力首届敦煌文博会

丝绸之路（敦煌）国际文化博览会（以下简称敦煌文博会）是国家“一带一路”战略的重要项目。为更好地发挥金融在促进丝路文化传播、支持“一带一路”国家战略实施方面的积极作用，人民银行兰州中心支行以创新融资模式、创优服务环境、创建“丝路文化金融核心示范区”为目标，统筹谋划，省市县三级联动，引导督促金融机构全面推动金融基础设施建设，充分发挥支付结算服务功能，进一步提升金融服务能力，为首届敦煌文博会提供强有力的金融支持和金融服务保障，对“一带一路”甘肃段建设起到良好的示范带动效果。

以强化制度保障为基石，加大金融支持文博会的组织推动力度。高度重视，创新思路、主动作为，组织督导相关金融机构全方位支持办好首届文博会，有效发挥组织协调

作用。出台《中国人民银行兰州中心支行关于金融支持敦煌文博会建设的指导意见》、《中国人民银行兰州中心支行办公室关于切实做好敦煌文博会支付结算工作的通知》，明确短中长期工作目标，提出省级金融机构对口支持敦煌分支机构的措施和要求。成立由当地人民银行“一把手”任组长，辖内银行、保险、支付机构主要负责人为成员的金融支持敦煌文博会领导小组，明确各牵头部门工作职责。建立敦煌文博会金融支持月统计和金融服务周报告制度，搭建联席会、微信群等多种联络渠道，确保各项金融支持措施落实到位。

以改善支付服务环境为核心，提高社会公众日常结算的便捷度。积极引导各银行机构全面改善支付服务环境，持续推广非现金支付方式的应用。在敦煌文博会场馆周边建成离行式自助银行40个、自助柜员机172台。开展敦煌市“刷卡无障碍城市”建设，全面筛查存量商户，布放POS机具4426台，其中宾馆、景区、商场等游客密集场所的布放率达到100%。深化助农取款服务，满足当地农户和外来宾客查询、取款、汇款、代理缴费等基础金融服务，共建成助农取款服务点157个，敦煌市行政村覆盖率达到100%。加快银行卡受理终端改造升级，全面推广金融IC卡，提高商业、餐饮、旅游、机场等行业银行卡受理能力，实现POS机具100%支持非接交易，敦煌市成为省内首个“云闪付”全覆盖城市。积极推动手机支付、微信支付等移动支付方式应用，逐步实现在出租车、小额消费等方面的推广普及。截至2016年底，敦煌市移动支付业务笔数同比增长65.2%，金额同比增长197.5%。

以增强金融服务能力为关键点，进一步提升客户体验。组织各银行机构完善金融服务基础设施，提高金融服务质量，敦煌市金融服务能力显著增强。提高外币兑换业务覆盖率，在文博会场馆、涉外宾馆设立外币兑换服务点17个。提升银行机构涉外金融服务能力，组织开展业务、英语和礼仪培训46场，增设8个外语专门服务窗口，有76名人员能使用外语提供金融服务。方便国内外宾客办理银行柜面业务，31个银行网点文博会期间延长日营业时间近两个小时。加强人民银行“12363”金融咨询投诉电话和各银行机构投诉电话运行管理，畅通咨询投诉渠道，切实维护金融消费者合法权益。

以强化舆论宣传和风险防控为着力点，营造文博会安全支付的良好氛围。充分借助节假日开展日常普及式、渗透性宣传的同时，通过《金融时报》等全国性期刊媒介和酒泉电视台等当地主流媒体，对金融支持敦煌文博会的特色做法、成效进行宣传报道，展示金融系统主动作为、服务地方的良好形象。提高各类金融突发事件应急处置能力，组织开展现场应急演练，检验应急处置流程。全面检查支付系统、行内系统和流动金融服务车性能，消除风险隐患。

（三）人民银行拉萨中心支行加强G318国道沿线支付环境建设，提升黄金旅游线路金融服务水平

G318国道始建于1954年，起点为上海人民广场，途经6省最后到达西藏樟木口岸中尼友谊桥，全长5,476公里。在西藏境内2,026公里，沿线人口99.6万人，占西藏人口总数的32.53%，旅游资源占西藏的70%以上，被《中国国家地理》杂志评选为“中国人的景观大道”。为充分发挥金融支持西藏旅游产业发展的作用，着力改善“最美318”黄金旅游线路支付服务环境，进一步满足辖区农牧民及沿途游客的金融需求，2016年人民银行拉萨中心支行组织开展了“改善G318国道沿线支付环境建设　提升西藏特色黄金旅游线路金融服务”工作。

工作启动伊始，人民银行拉萨中心支行组织昌都、林芝、日喀则三市人民银行共同开展对G318国道沿线金融服务设施建设和分布情况的调研，于2016年5月印发《关于加强G318国道沿线金融服务设施建设的通知》（拉银办发〔2016〕153号），梳理出G318国道沿线途经县、乡、行政村名单，正式启动了“改善国道G318沿线支付环境建设”工作。召集四市辖内金融机构及支付机构召开专项会议，强化工作落实。多次开展巡检工作，深入G318国道沿线助农取款服务点、宾馆、酒店、商超、景区检查POS机具的布放、使用和助农取款服务点标识牌的设置情况，并对服务点的工作人员进行专项培训。利用银行网点优势设立宣传站，集中宣传金融支持打造“最美318”黄金旅游线路相关工作，向农牧民和沿途游客宣传用卡知识、助农取款服务等信息。结合西藏“支付结算宣传季”活动，组织金融机构和支付机构共同开展“金融知识普及318国道行”宣传活动，派发宣传手册数千份，发放宣传单万余份，现场解答咨询500余人次，取得了良好的宣传效果，提高了沿线群众的支付知识水平和用卡安全意识，满足了广大游客的基本金融需求。

经过一年的工作开展，取得较好成效。一是支付服务环境显著改善，提升G318国道金融服务体验。截至2016年底，G318国道沿线已布自助服务终端273个，金融服务点3,078个，当年累计交易笔数51,353笔，金额38,927.14万元，各项指标较上年同期增长幅度均超过30%。二是带动旅游发展，金融服务支持产业作用显现。支付环境的改善方便

了入藏游客的住宿、购物、取现等消费需求，促进了旅游业软环境的构建和发展，形成了支付环境建设和旅游业快速发展的良性循环。截至2016年末，西藏累计接待海内外游客2,315.94万人，同比增长14.8%；旅游总收入330.75亿元，同比增长17.3%。三是助推农牧区经济发展，促进农户就业增收。G318国道沿线支付环境建设的推进，为农牧区经济及旅游业的发展提供了安全、便捷的支付渠道，提高了资金使用效率，降低了交易成本，部分景区与“藏家乐”的融合发展，实现资源共享，带动旅游开发，增加农牧区就业，繁荣农牧区经济。四是强化普惠金融、精准扶贫工作的落实。随着新型现代化支付工具的使用，有效帮助农牧民节省开支、管理资金、改变生产和交易方式，提高生活水平和生产能力，进而改善生活、摆脱贫困，对做好普惠金融和精准扶贫工作提供了保障。五是由点到面，起到辐射带动作用。在人民银行拉萨中心支行推动“G318国道沿线支付环境建设”的同时，西藏辖内各地市中心支行也积极行动将此模式运用到当地支付环境建设中，起到了良好的推广和辐射带动作用。

三、深化农村支付普惠

遵循共享理念，持续全面深化农村支付服务环境建设，优化农村支付服务供给，一直是人民银行支付结算工作推动金融普惠的重要抓手，旨在让广大农村居民享受到现代化支付服务的发展成果，提高农村支付服务的可获得度。

（一）人民银行西宁中心支行“六个建立”全面提升偏远地区基础金融服务水平

人民银行西宁中心支行积极践行“普惠金融”工作理念，依托“银行卡+POS机”开展惠农金融服务点建设，解决了青海偏远地区基础金融服务不足的难题，农牧民“远不出乡、近不出村”就可办理小额取现、循环贷款取现、转账、消费、查询等便捷业务。截至2016年底，全省设立惠农金融服务点4,808个，其中整合农村电子商务功能相关金融知识、精准扶贫等金融政策宣传教育和网上银行手机银行体验区的服务中心31个，具备综合服务功能的服务站59个，海拔4,000米以上地区的惠农金融服务点90个，服务点覆盖3，062个行政村，实现了全省有条件村级服务点全覆盖。

建立“政府主导、央行推动、银行实施、社会参与”长效机制。推动省政府、人民银行西宁中心支行、省金融办、银行机构和中国银联青海分公司共同组成领导小组，构建组织领导工作机制，统筹部署改善农牧区支付服务环境工作任务，确立“分步骤、分阶段、梯次推进”的工作方针和阶段目标。辖区各级人民银行分支机构在积极取得当地政府支持的同时，因地制宜积极向当地政府提交适用于藏区、工矿区、农牧区等地的推广建设方案，联合各地政府成立工作领导小组，为稳步推进改善农牧区支付服务环境各项工作奠定坚实基础。2009年至2016年，省内人民银行单独或联合相关部门制定出台青海省改善农村牧区支付服务环境建设规划、惠农支付服务业务实施意见、惠农金融服务综合业务试点工作实施方案等28份政策文件。其中，资金扶持类文件2份，非资金扶持类文件26份。26份非资金扶持类政策文件中，经各级政府批转的文件14份。

建立以“银行卡+POS机”为平台的支付服务模式。针对在青海省内偏远地区开展大众化基础金融服务成本高的难题，提出以“银行卡+POS机”为平台，选取金融服务缺失乡镇（村）的供销社、电信收费点、村委会为代理商户，建设投入小、成本低的惠农金融服务点，延伸银行网点服务的触角，方便农牧民“就近享受金融服务，就近领取各项政策补贴，就近了解金融政策”。惠农服务点是青海普惠金融工作的落地工程，极大地改善了偏远地区基础金融服务水平，截至2016年底，实现服务点在有条件的村级全覆盖，累计业务金额达17亿元，为百姓节约出行等费用过百万元。

建立“中心、站、点”三类综合金融服务平台。2016年印发《中国人民银行西宁中心支行办公室关于开展青海省惠农金融服务质量提升年活动的通知》（西中支办〔2016〕76号），以“惠农金融服务质量提升年”活动为抓手，在对辖区海东、黄南、海南、湟中等地区惠农金融服务点实地调研的基础上，实现服务点“中心、站、点”的功能划分。在海东市民和县试点“助农取款点+农村电商”模式，将惠农金融服务与“农村淘宝”工程相结合，摊薄服务点设立运营成本，搭建网上购物、外销土特产增收致富平台，与电子商务交叉补充的模式，提升服务点综合服务能力和品牌影响力。在全省着力打造90个惠农综合服务中心、服务站和特色化服务超市。引导开办行在服务点开展小额、循环贷款取款服务，在服务站开通网银、手机银行体验区，在服务中心增加村级电子商务功能。

建立市场运作、政策支持、管理严格的业务发展模式。积极鼓励金融机构在偏远乡村设立惠农金融服务点，2012年，海西中心支行率先联手州财政局出台了《海西州涉农金融服务财政补贴办法》，启动资金100万元，向在海西州农牧区投入网络、自助设备、电话银行终端等惠农支付服务的金融机构给予不同标准的补贴。在人民银行西宁中心支行多次沟通协商和积极推动下，青海省财政厅、省金融办、人民银行西宁中心支行和省银监局四家单位共同制定印发《青海省基础金融服务薄弱地区银行业金融服务省级财政补贴资金管理办法》（青财地金字〔2016〕1693号），对在乡镇第一个设立惠农金融服务点、ATM、定时定点金融服务点和固定银行营业网点的金融机构，分类型、分地区给予连续3年总共0.64万元至70万元不等的补贴。推动“财政补贴+商户补助”双落地，各开办行惠农金融服务代理商户每月给予200~600元不等的补助，两项补贴的落地实施，有效提高了收单机构惠农金融服务拓展和惠农商户业务开办的积极性。以“八有”（有规范门头、有受理机具、有防盗措施（保险柜）、有交易登记簿、有操作流程图、有代理服务公示栏、有培训检查、有验钞设备）为标准，对已设服务点开展不定期检查，确保银行卡跨行通用，加大服务点商户日常巡检和培训力度，切实维护惠农金融服务公信力，确保其安全稳健运营。

建立促进惠农金融服务发展的金融生态环境。引导金融机构发挥自身优势，探索推进农牧区支付服务。一是在条件较好地区推动非现金支付工具及方式的普及应用。积极改善银行卡受理环境，结合藏区特点，推出具有藏汉英三语提示功能的ATM，引导金融机构与各级医疗机构建成农牧民省内医保“一卡通”信息网络平台；积极探索人民币银行结算账户管理新模式，分批在全省无县级人民银行分支机构或开户机构数量极少的偏远藏区推广单位账户网上核准方式，便利企事业单位账户使用行为，减少开户银行成本，提高账户行政许可率；在海西地区试点开展手机取款业务。二是在居民分散或无通讯乡镇开展“点对点”基础金融服务。在无法设立金融服务网点和惠农金融服务点的地区，引导金融机构借助流动服务车、流动服务网点等方式为当地农牧民办理基础金融业务，受到了农牧民群众的热烈欢迎。三是明确方向，组织召开“青海省改善农牧区支付服务推进会”，讨论、解决业务推广过程中出现的新困难和新问题，推动惠农金融服务再上新台阶。

建立深入基层、贴近群众的宣传战线。以多种宣传方式为载体，营造良好舆论氛围。为逐步改变藏区农牧民长期以来形成的现金支付习惯，牵头组织有关单位，借助多个平台，深入偏远农牧区开展30余次以普及支付结算知识为内容的宣传、培训活动，累计受众50余万人次。编印图文并茂藏汉双语宣传资料，指派藏族业务人员用藏语向牧民、商户宣传助农取款服务。惠农金融服务中心和服务站放置宣传展板，展板印制人民银行标识和金融消费权益保护联系电话；利用网银体验区电脑屏保、地方党政微信宣传平台开展宣传；惠农金融服务点通过藏汉双语宣传折页等资料开展宣传。充分发挥金融政策宣传作用，纳入了反假币、征信、金融消费权益保护等金融常识和精准扶贫等各方面的内容。利用公交车体投放流动广告、组织金融志愿者自行车宣传队骑行百公里开展流动宣传，积极引导社会公众关注惠农金融服务。

（二）人民银行重庆营业管理部深入推进农村支付服务环境建设综合试点

2016年，人民银行重庆营业管理部支付结算处严格贯彻落实总行各项工作部署，立足全面深入推进农村支付服务环境建设综合试点，明确“一项创新、两条主线、三项建设”思路，狠抓风险防控和日常宣传，推动农村支付服务环境建设综合试点创新有突破、主线有成效、建设有特色新格局。

锐意进取，实现“一项创新”有突破。创新惠农支付业务管理和风险防控模式。在全国范围内率先自主开发建设惠农支付服务综合管理系统，于2016年11月正式上线运行。以系统建设为依托，建立健全风险管控体系。一是实施风险预警机制。密切监测惠农支付业务日常交易，筛查比对异常交易情况，动态排查风险，对提示风险进行分析研判、科学定性和及时预警。二是建立实时监管机制。制定《惠农支付服务业务规范》、《惠农支付服务系统操作流程》，依托惠农支付服务系统对业务参与各方实施风险监测，风险事件早发现、早处置，推进“智能、实时化”监管。三是创建集约管理机制。夯实惠农支付服务参与各方在其关联风险领域和节点上的防控责任，严防风险管控流于形式，另一方面积极为参与各方构建信息畅通、风险共担、和谐运作的沟通平台与渠道。截至目前，全市已实现14家服务主体（含7家银行、3家支付机构、4家村镇银行）11,569个助农取款服务点（开通符合条件的跨行助农取款服务点447个）、635个便民金融自助服务点惠农支付信息的系统采集、网上审核、统一管理、统一维护和共享使用。

主动作为，推动“两条主线”有成效。一是持续强化分类指导，按照“因地施策、分类指导、上下联动”的工作方法，加强工作信息交流沟通，加快推进重点工作项目，研究采取有针对性的工作措施，制发《关于进一步推进农村支付服务环境建设综合试点工作的通知》，建立宣传培训、信息报送、考核评价等长效工作机制，依托微信、QQ、支付微刊等工作信息交流共享平台，切实督导辖区内人民银行各支行、各相关单位贯彻落实农村支付服务环境建设分类指导工作部署，推进综合试点工作深入开展。二是落实奖补政策，不断完善政策扶持体系。针对辖区14个集中连片特困地区和4个省定贫困县支付环境建设情况开展专题调研，为总行做好精准扶贫、脱贫相关金融服务工作提供参考依据。积极落实财政奖补政策，市政府累计对生态发展区12家银行给予奖补资金1,000.34万元，增强扶持政策的连续性和稳定性。强化财政补贴方式研究，引导财政资金合理发挥杠杆作用，逐步转变财政补贴方式，实现财政补贴的科学性和规范性。

优化提升，突出“三项建设”有特色。一是“助农取款+农村电商”深度融合。在渝东南生态保护发展区持续打造“助农取款服务触电工程”，取得良好成效。截至目前，黔江区已实现106个助农取款服务点与“武陵生活馆（地方特色村级电商服务点）”、121个助农取款服务点与中邮集团“村邮乐购”、29个助农取款服务点与阿里巴巴集团“农村淘宝”电商线下实体店依托共建，实现物流到村，实现电商物流、资金流、信息流有效整合。在此基础上，主动与重庆市商委加强沟通协调，联合开展农村支付服务环境建设调研，探索在全市推动“助农取款+电子商务”模式应用，促进农村电子商务与新兴支付方式依托发展。二是“手机支付产业链应用” 有序推广。采取“基地+农户”模式，大力推动手机支付方式普及，为农产品批发市场、种养殖基地提供转账、汇款、劳务费用非现金结算、经营发展短期融资、主动收款、账务核对等套餐式“手机支付产业链应用”。截至2016年末，试点地区潼南双坝村手机银行用户量较年初增长22.01%，交易笔数和金额同比分别增长17.23%和31.17%。三是“综合性惠农支付服务”持续深化。推动重庆银行、通联支付重庆分公司开通银行卡助农取款服务试点，全市助农取款服务市场主体增至14家，其中5家银行及支付机构开通跨行助农取款。截至2016年末，全市共开通符合条件的跨行助农取款服务点447个，较年初增长53.62%，实现跨行通用服务点县域全覆盖。

（三）人民银行济南分行践行支付服务普惠成效显著

2016年，人民银行济南分行针对山东省农村地区支付业务发展迅速、支付服务需求旺盛的新形势和新要求，确定了“抓深化、促融合、降成本、保安全”的建设目标，不断深化农村支付环境建设，促进农村支付服务创新，探索支付服务普惠可持续发展路径，推动全省农村支付服务实现新跨越。

农村地区非现金支付工具应用领域不断拓宽，产品和服务创新更加活跃。探索建立银企合作助农取款服务点新模式，指导农业银行与大型涉农企业施可丰联合，将优质村级销售网点“整建制”打造成集金融服务、农资销售等为一体的新型助农取款服务点，实现“农民得便利、银行获收益、企业得客流”的多方共赢。推动金融机构根据新农村社区不同特点，因地制宜打造多元化农村社区金融服务，并加大汽车银行等流动金融服务部署的范围和频率，不断延伸支付服务触角。着力丰富农村地区手机支付应用场景，通过及时调度推进、举办特色活动、开展重点宣传等方式提高手机支付使用率，完善“金融机具+手机支付”的多层次金融服务网络。

农村电商与支付服务融合发展，支付服务对农村电商支持力度不断加大。鼓励助农取款服务点与农村电子商务站叠加建设、整合功能，提供“支付+网销+网购”的“一站式”综合服务；引导金融机构深挖“淘宝村”支付需求，有针对性地创新支付模式，提高电商资金结算服务效率。指导金融机构研发适应农村需求的互联网应用平台，推动加快农村现代化支付进程。如指导省联社建成“智e购”金融服务平台，实现农民足不出户网上下订单、结算资金实时到账。

山东特色收费定价机制加快实施，农民支付成本持续降低，参与机构积极性显著提高。认真贯彻落实总行合理定制收费定价和利益分配机制的工作要求，推动银行机构、银行卡清算机构、支付机构等相关各方建立山东特色收费定价机制。按照“稳步推进、分批上线”原则，组织银行卡清算机构和银行机构改造业务系统，主动畅通各方对接渠道，定期调度上线进度，实施约谈督导机制，成功推动省内8家助农取款收单机构上线实施特色收费定价机制，提高收单机构手续费收入分成比例，调动涉农银行机构的积极性，有效降低农民取款和手机支付业务收费，将惠农落到实处。

日常监督进一步强化，助农取款服务点管理更加规范，农村支付安全切实得到保障。制定实施《山东省助农取款服务点业务管理办法》，从服务点业务开办、业务处理、运行控制、监督管理等方面进行全面规范，从严防范服务点从事民间融资、高利贷、非法集资等活动，提高风险隔离和防范能力。在组织全省收单机构对服务点业务规范性、覆盖率、新增功能开通率开展自查整改的基础上，组织对全省1,751个服务点进行抽查，促进服务点规范运行，进一步巩固服务点建设成果。在开展集中式、普及式支付结算宣传的同时，利用广播电台、报刊、网络等渠道开展立体式宣传，不断提升宣传效果。

截至2016年末，山东省广覆盖、低成本、多层次、可持续的农村支付服务体系进一步完善，全省农村地区金融基础设施布放量达85.6万台，每万人拥有金融基础设施达108台；银行卡发卡量1.8亿张，人均持卡量达2.3张；全省设立助农取款服务点14.3万个，共办理取款、汇款、缴费等各类业务3,761.5万笔，金额269.7亿元，同比分别增长23.41%和76.30%。

四、规范ACS业务管理

ACS是当前人民银行对外履职的重要核心金融基础设施，规范中央银行会计核算管理，确保系统安全稳定运行，迫切需要健全的业务管理体系。人民银行分支行因地制宜，在这方面做了大量工作，ACS业务规范化水平不断提高。

（一）人民银行西安分行ACS标准化管理体系建设初显成效

建设背景。ACS上线运行后，人民银行所有营业网点依据同一标准、同一处理方式办理会计核算业务，所有营业网点的业务种类趋同，区域差异缩小，为ACS标准化管理体系建设创造了条件。人民银行基层行会计核算业务看似简单，但业务真实性、凭证合规性、账务准确性对基层会计核算管理和业务人员综合素质提出了新的要求，亟需建立标准统一的业务管理体系。2016年，陕西省内各地市中心支行支付结算部门均已成立，独立行使支付结算监管职能，ACS标准化管理体系建设成为了人民银行基层行强化内控管理、防范资金风险、提升履职效能的着力点和突破口。人民银行西安分行结合辖内实际，因地制宜，积极探索建设适用于省、市、县三级的ACS标准化管理体系，全面优化对外服务环境，不断提升人民银行基层行分支机构对外履职效能。

建设内容。在窗口服务方面。结合ACS窗口服务实际情况，精准定位服务目标和任务，采取统一、定性、定量、固定的刻度化标准，对服务过程中涉及的环境、态度、质量、监督、管理等5方面内容，提出27项具体标准。如对办公区域设置、空间布局、人员着装、文明用语、责任追究、管理考核等方面均给予详细规定，全面优化人民银行基层行对外服务的窗口形象。在制度建设方面，建立健全科学的业务制度规范体系，整理、汇总人民银行总行、西安分行及本单位相关规章制度，及时对ACS相关制度办法进行修订、补充或删减，按照不同类别、层级整理编集，保障每项业务均有规可依，并在清晰、透明的制度框架下运作。在业务管理方面，通过制定一系列ACS运行管理制度，强化运行管理、业务监控、业务检查，提升会计核算业务管理水平和质量。建立并严格执行陕西省ACS管理考核办法、业务检查办法、标准化管理评价办法、业务监督管理办法、预留印鉴管理暂行办法等多项业务管理制度。在岗位职责方面，严格遵守岗位相互制约、协调配合、不相容岗位相互分离的设置原则，保障各项工作有序开展，建立A、B岗位制度，每一个工作岗位设置A岗和B岗，确保在岗位人员变动时，ACS业务处理的连续性；建立ACS岗位配置明细表，详细说明岗位职责和受理的业务范围，便于人员角色变动后及时调整，有利于新上岗人员及时适应新的岗位职责要求。在业务操作方面，依据总行相关制度要求，对业务及监督操作流程进行全面梳理、细化和优化，按照业务种类制定操作标准，每类业务操作标准包含概述、前提条件、所用凭证、填制规范、处理流程、操作内容以及相关要求等，有利于业务人员规范化、标准化进行业务操作。在应急管理方面，依据总行ACS业务连续性方案，要求各单位逐条细化，制定实施细则，明确应急处置的组织机构、报告及处置程序、应急预案启动、业务应急处置等，提出应急演练要求，规范演练资料的形成和保管。

取得成效。自ACS标准化管理体系建设以来，人民银行西安分行共收集21项现行制度规定，新建9项业务管理制度，细化13项岗位职责，编制51类业务操作流程，形成《陕西省ACS标准化管理体系建设参考标准》和《中央银行会计核算数据集中系统标准化管理体系电子书》等，内置于业务终端，便于业务人员随时调用查阅。组织开展涉及所有应急处理模式的ACS应急演练，演练的覆盖范围达到100%。举办形式多样的业务培训、业务竞赛等活动，使每一个ACS业务人员都能够接受到专项培训，持续提升业务人员综合素质。截至2016年底，陕西省ACS标准化管理体系已初步建成，陕西辖内22个ACS网点已完成标准化管理体系建设，占到全省网点总数的30%。在ACS标准化管理体系建设工作的推动下，陕西省辖内ACS业务成功率一直保持在99.5%以上，业务成功率稳步提升，部分营业网点还保持着零差错的纪录。尤其是在县支行开展ACS标准化管理体系建设以来，全面优化了人民银行基层行的服务环境，提升了对外履职效能，树立了人民银行基层行严谨、高效的良好社会形象，得到社会各界及金融机构的一致好评。

（二）人民银行成都分行积极推动ACS非现场监管工作

2016年，随着ACS稳定运行，以及相关子系统的逐渐推广，ACS已彻底颠覆原有的核算系统和核算管理方式，其集中化、信息化功能为会计核算非现场监管提供了极大的空间。人民银行成都分行为适应新的监管形势和要求，积极思考ACS管理模式的创新和优化，大力推动ACS非现场监管工作。

建立监管指标体系，实施分类量化考核。根据非现场监管的要求和目标，探索制定全面的监管指标体系。一是以人民银行总行2016年初下发的“ACS考核指标”为基础，对考核指标的每一个细项进行分类整理，形成“非现场监管”和“现场监管”两个部分，再结合四川省内属地化管理制度，分别形成“非现场监管指标”和“现场检查提纲”。其中，“非现场监管指标”与ACS系统功能充分结合，建立起涵盖3个方面7个监管项目、26条具体考核事项的指标体系，实现指标体系的精准化、科学化。二是开展指标体系验证工作，征求辖内ACS核算主体对指标体系的意见建议，组织开展实环境验证工作，确保指标体系的完整性和可行性。三是指标体系采用量化打分方式，并采取自评估和核查相结合的形式，能够直观反映被监管主体ACS业务情况，同时能对各地的ACS管理起到激励和引导作用。

明确实施步骤，试点先行，逐步推广。人民银行成都分行采取“先局部试点，再全面铺开”的方式推广ACS非现场监管工作。首先选取7家ACS核算主体，开展为期半年的试点工作，事前开展试点培训，事中实时跟进试点开展情况并不断根据试点情况对指标进行调整，事后对试点效果进行综合评估，并根据评估结论完善指标体系；然后在辖内各分支机构全面推广，组织开展经验交流，指导各行正确开展ACS非现场监管工作。

立体式管理，多种监管手段相辅相成。通过ACS非现场监管的推广，建立起多种监管手段相结合的立体式ACS管理体系。将常态化的非现场监管与专项性的现场检查有效结合，既全面覆盖总行下发的ACS考核指标，又结合属地化管理制度，再加上以多种形式开展的ACS业务竞赛活动，形成以ACS业务竞赛活动为激励手段，以非现场监管和现场检查为考核手段的全方位立体式ACS管理体系。

推行ACS非现场监管以来，ACS管理成效日益显现。在业务水平提升方面，以非现场监管为主要考核手段，结合重点业务提醒、案例库推广等辅助措施，形成良好的业务管理氛围。据统计，2016年1~12月，四川省内ACS业务总体成功率为99.76%，且四川省内21家ACS核算主体业务处理成功率均在99%以上，各行的会计核算业务水平均得到显著提升。

在风险防控能力提高方面，将对各分支机构的日常监督管理手段进行归纳整理，分类整合进ACS非现场监管体系，实行规范化管理，有效降低发生系统风险的几率，杜绝业务风险，提高业务合规性，确保资金安全和系统高效运行。

在监管效率提升方面，相较于现场检查，实施ACS非现场监管可以投入较少的人力，对时间限制小，监管的频度更高、范围更广、内容更细；由于非现场监管的便利，现场检查的范围缩小，在设备运行管理、核算人员管理、重要物品管理、凭证装订和保管等内控管理方面，现场检查的目的更为明确，内容更为简洁。经过实践，对一个中等业务量ACS网点的现场检查可以在一天之内完成，有利于节约监管时间和成本。非现场监管和现场检查的有机结合，使得ACS管理效率进一步提高。

（三）中国工商银行成功实施ACS直连系统建设工程

自2015年起，人民银行印发《关于做好银行业金融机构由间连方式改为直连方式接入中央银行会计核算数据集中系统综合前置子系统相关工作的通知》（银办发〔2015〕110号），出台一系列鼓励金融机构直连接入中央银行会计核算数据集中系统（ACS）的举措，打通商业银行与人民银行总对总一点接入的通道。在人民银行指导下，工商银行抓住人民银行ACS直连建设的有利时机，分两步走积极开展工商银行系统与ACS直连建设工作。2015年依托ACS提供的资金归集功能和直连接口，全面实施了同城跨行业务资金清算模式改革，将各地分支机构开立在人民银行分支行的1,357个备付金账户资金全部归集至总行，实现工商银行总行层面的统一清算和集中管理；在资金归集的基础上，2016年实施工商银行系统与ACS全面直连建设项目，进一步扩大系统直连业务范围，在同业间率先实现ACS缴存款、收发电子回单、账务核对、流动性管理等业务的自动化、直通式处理，大幅提升工商银行与人民银行ACS业务往来效率和质量。

资金清算集约化管理程度显著提升。在人民银行支持下，工商银行分4个批次完成1,357个存放人民银行分支行的备付金账户零余额变更手续处理，并逐一在ACS中进行账户余额资金归集，完成归集资金540亿元。资金归集实施后，工商银行日均减少备付金存款150亿~200亿元，全行资金利用效率显著提高。改革后，工商银行总行清算账户作为工商银行唯一的对外支付清算闸口，可以更好地发挥商业银行“一级法人”统一资金池的作用，对全行同城跨行支付业务开展实时监测和多维度汇总统计，灵活调度和运用资金头寸，更好地把控区域资金流量。工商银行通过科学的管理手段和数据分析，增强全行人民币资金流动的预测和把控能力，有效应对各地同城跨行支付系统清算规模增长带来的支付风险，切实做到维护支付清算纪律，流动性管理水平得到全面提升。

业务流程更加精简。ACS的实时资金归集清算功能为商业银行提供了自动化的资金清算渠道，商业银行取消了传统人工“跑单”上存备付金的环节，业务处理更加快捷，手工操作风险得到有效控制。资金归集前，工商银行总行每日上午需根据资金预测情况将头寸下划至各分行，并在下午4时后再由各分行通过人工跑单方式将多余备付金调回。资金归集完成后，工商银行资金统一通过总行清算账户进行清算，依托ACS电子回单功能在总分支机构间构建自动化的账务核算流程，系统自动定位核算网点、核算金额，并逐级完成账务核算，确保业务发生时人民银行与商业银行账户、工商银行行内总分行账户之间的账务同步，业务核算和处理更加安全高效。

依托ACS直连接口，实现了人民银行业务数据与商业银行数据的同步处理，商业银行将以往通过人民银行ACS综合前置客户端手工办理的人民币一般性缴存款、外币一般性缴存款、财政性缴存款等业务统一整合到行内应用系统中，实现了缴存款科目余额提取和汇总、缴存金额计算、报表制作和申报、回单接收和记账的“一站式”处理，最大限度地减少人工干预环节，统一各地现金存取、票据交换、同城汇划业务的核算方式、处理流程、合规审核、风险防控机制，业务标准化程度大幅提升。

业务核算更加高效。工商银行依托系统直连后数据同步的优势，对同城业务核算机制进行了全面优化。针对资金归集清算后总行资金清算账户和各地分支机构零余额账户核算方式的变化，建立起人民银行与工商银行、工商银行总行与分行之间的层次清晰、一一对应的账户结构树。以账户结构树为索引，实现了人民银行与工商银行、工商银行总行与分行账户核算明细精准匹配和同步记载，通过系统自动甄别业务核算差错并实时预警，提升差错识别和快速响应能力。建立“明细+余额”的全面自动化对账流程，重点加强了“一点清算”模式下总行唯一资金清算账户的账务核对管理。日间以直连ACS实时接收的电子回单为依据开展与人民银行的业务核对，实时监控业务发生情况；下一工作日依托人民银行发送的账务数据，在系统中发起对账流程，完成前一工作日余额核对并向人民银行与工商银行反馈对账结果，真正形成了风险可控的账务核对处理机制。

业务管理效率显著提升。直连模式下，商业银行各级机构与当地人民银行之间的零余额账户、财政性缴存款账户、再贴现账户及政策性专户等2,500余个账户的业务往来实现同步处理和数据共享。各类业务数据实现统一记载和集中展现，改变了客户端模式下商业银行仅能横向查询ACS业务数据，无法实现工商银行总行对各分行同城业务的纵向数据查询问题，提高了工商银行总行业务统筹管理水平和资金敞口估算及头寸匡算的精准度。在全面自动化对账流程保障下，各级机构、各类账户均能到达人民银行每日12:00前完成余额对账的时效性管理要求。各类账户的开立、变更及注销实现了线上审批与管理，实现人民银行与工商银行、工商银行端与商业银行端ACS账户状态实时校验核对，有效降低商业银行各级机构ACS账户日常管理压力。各地同城业务整合到新平台后，多年来同城业务属地化分散管理的局面得以改变，标准化管理有助于商业银行形成规模优势，进一步提升业务处理效率。

工商银行ACS直连建设项目的成功实施，得益于人民银行对金融机构强有力的政策支持和业务支持。工商银行作为国内规模最大的商业银行，率先实现了与人民银行ACS系统的“一点直连”和资金的“一点清算”，在业界起到了积极的示范效应，为其他商业银行开展直连系统建设提供了可借鉴的成功经验。

五、鼓励支付业务创新

（一）中国银联大力推动“云闪付”业务发展

多年来，中国银联把产品创新作为服务金融创新、服务民生的重点之一，在银联标准卡产品、移动互联网产品、增值及数据类产品等方面不断加大产品创新力度。2015年12月，顺应移动互联网时代支付产业发展潮流和社会大众多元化支付需求，中国银联联合产业各方推出“云闪付”移动支付品牌，实现移动支付安全性与便利性的最佳结合，代表了未来移动支付主要发展方向之一。目前“云闪付”已形成包括NFC移动支付和二维码支付两大类型的产品体系，市场规模不断扩大。

NFC移动支付。NFC移动支付作为“云闪付”的重要组成部分，以“空中发卡、非接闪付、网上支付”的全新理念，为消费者提供了便捷体验与金融安全保障。NFC移动支付可细分为NFC-HCE（主机模拟卡片）模式和NFC全手机模式两大类产品。一是NFC-HCE模式，该模式提供了一种基于HCE与Token（支付标记）技术，将交易密钥等关键信息放在后台（云端）的新型移动支付方式，持卡人仅需一部具备NFC功能的手机（操作系统为安卓4.4.2以上版本），便可直接在手机银行APP中生成一张银联卡的“替身卡”，即云闪付卡。在线下端，用户的支付行为与使用金融IC卡的“闪付”联机交易相同，手机端参与的操作在500ms内即可完成。在线上端，基于云端支付平台，通过移动互联网商户线上收单与本地HCE手机客户端交互，完成云端支付卡的线上有卡交易，实现线上线下支付一体化。截至2016年底，云闪付HCE产品实现发卡668.2张，成功交易笔数2,918.8万笔，成功交易金额4.3亿元；已有包括工商银行、农业银行、中国银行、建设银行、招商银行等共计93家银行正式开通“云闪付”业务，累计发卡22万张。二是 NFC全手机模式，该模式使用银联技术标准，将实体银行卡空中加载到移动设备安全芯片中形成云闪付卡，可通过NFC、指纹识别以及手机钱包实现安全可靠的近场支付服务，也可通过指纹识别和手机钱包实现远程支付。2016年，银联先后联合商业银行、苹果公司、三星公司、华为公司和小米公司推出了Apple Pay、Samsung Pay、Huawei Pay及Mi Pay支付产品。截至2016年底，Apple Pay在全国范围内发卡1,594.9万张，发生交易15,247.8万笔，交易金额204.3亿元；Samsung Pay在全国范围内发卡114.8万张，发生交易595.5万笔，交易金额8.6亿元；华为 Pay在全国范围内发卡13.9万张，发生交易170.4万笔，交易金额4,000万元；小米 Pay在全国范围内发卡28.9万张，发生交易196.8万笔，交易金额7,000万元。

二维码支付。2016年12月，中国银联发布“银联二维码支付标准”，主要包括《中国银联二维码支付安全规范》和《中国银联二维码支付应用规范》两个规范。其中，前者从安全方面对二维码受理设备、手机客户端、后台系统等提出了具体安全要求，确保支付过程中账户信息及支付资金的安全性，对下一步银联及银行设计和开发二维码产品提供了安全相关的标准依据；后者定义了二维码支付的应用场景和基于数字签名的安全机制，提出了适用于金融支付的二维码应用数据元，对今后银联、银行设计和开发二维码产品中的二维码编码方案提供可参照的标准依据。二维码支付产品作为现有非接支付类产品的补充，将是“云闪付”产品系列之一，主要特点有：一是遵循现有银行卡支付的四方模式，以支付安全为底线，确保持卡人账户、资金等关键要素的安全。银联二维码支付与实体银行卡支付的差异仅在于支付信息交互方式的变化，其后台账户仍基于实体银行卡账户。二是采用Token技术，确保支付安全。银联二维码支付通过制定统一的技术安全机制，对账户敏感信息进行保护，确保账户信息在存储、处理和传输过程中的安全性，防止发生账户信息泄露的风险。三是在相同的二维码支付场景采用统一的技术方案和模式，实现不同机构间业务互联互通，确保用户使用体验的一致性。四是预留技术扩展性，未来可通过扩展实现对二维码支付相关国际标准的兼容，确保今后境内和境外二维码支付业务的跨境互联互通。

受理市场建设。2016年，中国银联大力推进“云闪付”受理环境建设，在扩大线上、线下商圈的同时，开展了一系列大型主题营销活动。在商圈建设方面，线下商圈以商超便利、轻餐饮等小额高频场景为主要方向积极推广云闪付业务，紧抓各场景的龙头商户。截至2016年底，已与大润发、家乐福、星巴克、麦当劳、哈根达斯、全家等105家全国性品牌连锁商户建立总对总合作，推动完成云闪付及双免业务改造工作。线上商圈拓展方面，截至2016年底，累计拓展云闪付线上商户9,782家，云闪付商户已覆盖餐饮、旅游、航空、综合电商、文化教育娱乐等各行各业。在营销推广方面，2016年持续开展云闪付业务宣传和营销推广，通过银联系列大型主题营销活动，穿插与线上TOP商户开展的一对一专项营销，以及商圈类营销，不断提升云闪付交易规模。联合知名连锁快消品牌持续性开展形式多样的云闪付营销活动。总分公司联合推动有影响力的区域性优质商户，结合超市、便利店、自助售货机、出租车等典型场景，广泛开展持卡人云闪付营销和商户侧激励，培养持卡人和收银员的云闪付日常使用习惯；与多家线上TOP商户开展云闪付专项营销，参与商户覆盖餐饮、旅游、航空、百货商超、娱乐等行业。

（二）华夏银行大力推广电子芯片凭证

创新风险防控手段，提升支付结算功能，一直是华夏银行风险案件防控工作努力的方向。近年来，华夏银行探索将电子芯片嫁接到单位定期存款开户证实书、储蓄存单、印鉴卡等业务凭证中，借助射频技术进行识别，提升支付票证的防伪功能，有效避免伪造、变造业务凭证引发的风险。

电子芯片凭证功能优势。一是安全性。电子芯片凭证是纸质凭证中植入微型电子芯片而成。植入电子芯片的凭证因其每张凭证特有的、独一无二的ID码，在客户办理资金支取等业务时，通过读写器能够迅速识别“凭证身份”，有效控制风险，确保客户资金安全。二是便捷性。电子芯片通过射频技术识别读取。通过射频技术识别电子芯片中符合国际标准的、唯一的、不可更改和复制的代码（ID码），能够实现数据的唯一性，并能准确、快速地进行验证。射频技术的运用使银行柜员无须再通过“人防”方式，长时间人工暗记防伪点比对，只需将凭证放置在芯片读写器上扫描，即可在2秒之内迅速准确读取客户信息。三是操作性。电子芯片凭证适用操作较为简单，仅需将植入电子芯片的凭证放置于读卡器扫描，由银行柜员进行票证、系统、电子芯片三方比对，即可切实有效地防范凭证造假风险，可操作性较强。

电子芯片凭证推广应用。一是梳理现有凭证风险，选定新技术实施对象。在银行运用电子芯片凭证属于新兴业务，华夏银行遵循稳健原则和循序渐进原则，对现有43种重要空白凭证逐一进行梳理，决定在伪造、变造风险较大的单位定期存款开户证实书、储蓄存单、印鉴卡上实施该项新技术。

二是稳步开展推广工作，逐步扩大使用范围。推广初期，金额在200万元及以上的单位定期存款开户证实书、金额在30万元及以上的个人大额储蓄存单和新增印鉴卡加注电子芯片。在推广过程中，定期总结芯片凭证业务开展情况，补充完善电子芯片凭证的操作流程，分析电子芯片凭证使用效果。在业务流程完善、使用效果显著的基础上，进一步加大电子芯片凭证使用范围，单位定期存款开户证实书加注电子芯片的金额由200万元调整为50万元及以上，个人大额储蓄存单加注电子芯片的金额由30万元调整为10万元及以上，存量印鉴卡全部置换为电子芯片印鉴卡。

电子芯片凭证应用效果。一是在业务系统中实现对凭证全生命周期管理。通过将电子芯片凭证纳入核心系统处理，并借助芯片植入在核心系统实现凭证全生命周期的管理。以电子芯片印鉴卡为例，核心系统建立印鉴卡登记簿，用于印鉴卡的使用管理，印鉴卡设立“领用”、“开卡”、“变更”、“销卡”和“作废”五种状态，用于印鉴卡的业务操作，柜员为客户办理开户业务，需将客户信息录入印鉴卡登记簿，写入印鉴卡芯片，由系统自动对应印鉴卡状态；柜员为客户办理销户、变更印鉴业务，需读取印鉴卡芯片中客户信息，由系统自动校验客户信息、印鉴卡状态，有效控制印鉴卡在整个使用过程中的风险。

二是重要业务凭证伪造、变造风险得到有效控制。当客户办理定期存款业务或开立单位结算账户时，柜员在业务系统中选择芯片凭证。操作开户交易时，通过射频电子芯片读写器扫描电子芯片，业务系统立即弹出对话框，将业务系统中记载的此笔交易信息全部写入电子芯片，系统回显写入内容（客户名称、账号、交易金额、凭证号码、凭证状态等）。写入内容作为此凭证独有的防伪特征、唯一标识码，也作为此凭证独一无二的“身份证”。当客户在华夏银行办理电子芯片凭证支取、质押、销户等业务时，柜员通过射频电子芯片读写器扫描电子芯片，业务系统中立即弹出对话框，读出电子芯片记载内容，系统回显客户信息。柜员将电子芯片读取内容与业务系统及凭证票面信息进行三方比对，快速读取凭证唯一“身份证”，有效鉴别凭证真伪。

三是业务处理效率显著提升。以印鉴卡为例，使用电子芯片印鉴卡后，将原先三联的印鉴卡变更为单联印鉴卡，并在核心系统建立了印鉴卡电子登记簿，取消手工登记簿，大大节约客户填写印鉴卡、加盖印鉴、柜员手工登记登记簿的时间。根据推广使用后的跟踪测算，使用芯片印鉴卡办理开户业务可节约近10分钟的客户填单及业务等待时间。经过四年的运行，射频电子芯片技术在凭证防伪方面的运用得到较为充分的验证。该项技术运行平稳，操作便捷，能够实现有效风险控制，社会反映良好，得到客户普遍认可。

第四部分
附录

- 2016年中国支付体系发展大事记
- 2016年中国支付体系发展核心指标
- 2016年主要业务数据报表
- 非银行支付机构名录

附录1　2016年中国支付体系发展大事记

1月5日，中国人民银行依法注销上海畅购企业服务有限公司《支付业务许可证》。

2月18日，中国银联宣布，即日起银联云闪付正式开通支持Apple Pay服务。

3月11日，中国人民银行发布《关于规范在支票上使用支付密码有关事项的通知》，自2016年6月1日起施行。

3月15日，中国人民银行发布《关于银行卡收单外包业务抽查情况的通报》，通报检查情况和发现问题，明确处置措施。

3月17日，中国支付清算协会成立非银行支付机构网络支付清算平台建设工作组，负责协调非银行支付机构网络支付清算平台建设和运营实体筹建等工作。

3月18日，发展改革委、中国人民银行联合印发《关于完善银行卡刷卡手续费定价机制的通知》，实施取消商户分类、“借贷分离”的定价机制，降低刷卡手续费率。

3月18日，中国人民银行、工业和信息化部、公安部、国家工商总局联合下发《关于建立电信网络新型违法犯罪涉案账户紧急止付和快速冻结机制的通知》，提高公安机关冻结诈骗资金效率，切实保护社会公众财产安全。

3月23日，中国人民银行下发《关于启用中央银行会计核算数据集中系统新版专用凭证的通知》，决定分期启用新版ACS专用凭证（2.0版凭证）。

3月28日，中国人民银行发布2015年农村地区支付业务发展总体情况。

3月29日，中国人民银行和民政部联合发布《关于规范全国性社会组织开立临时存款账户有关事项的通知》，规范全国性社会团体、基金会和民办非企业单位临时存款账户开立事宜。

3月29日，中国银联联合多家商业银行与三星电子共同宣布，即日起搭载银联云闪付的Samsung Pay服务正式上线。

4月1日，中国支付清算协会发布《中国支付清算协会行业风险信息共享管理办法（暂行）》，加强信息共享和风险联防，维护会员单位和客户合法权益。

4月5日，中国人民银行发布2015年第四季度、2015年全年支付体系运行总体情况。

4月7日，中国人民银行发布《支付结算违法违规行为举报奖励办法》，建立支付结算违法违规行为举报奖励制度。

4月13日，中国人民银行、中央宣传部、中央维稳办等14部委联合印发《非银行支付机构风险专项整治工作实施方案》，开展支付机构客户备付金风险和跨机构清算业务整治和无证经营支付业务整治。

4月15日，中国人民银行发布《关于信用卡业务有关事项的通知》，完善信用卡业务市场化机制，提高信用卡服务水平。

4月19日，中国支付清算协会印发《非银行支付机构自律管理评价实施办法（试行）》，自律管理评价结果报送中国人民银行，纳入非银行支付机构分类评级工作。

4月25日，中国人民银行下发《关于在大、小额支付系统中停止使用第一代支付系统报文标准的通知》，对停止使用第一代支付系统报文标准办理业务、妥善处置支付系统密押密钥设备、撤销国库会计核算系统行号等工作进行部署。

4月26日，中国人民银行和银监会联合发布《关于加强票据业务监管 促进票据市场健康发展的通知》，部署票据风险大排查，全面强化票据业务管理。

4月27日，中国人民银行和银监会联合发布《国内信用证结算办法》，于2016年10月8日起施行。

4月28日，中国人民银行发布《关于修订支付系统相关管理制度的通知》，对大小额支付系统业务处理办法和处理手续等6项制度进行完善，适应支付系统业务发展。

5月9日，中国银联发布《中国银行卡产业发展报告（2016）》。

5月9日，上海清算所发布《银行间市场清算所股份有限公司中国（上海）自由贸易试验区跨境债券业务登记托管、清算结算实施细则》、《银行间市场清算所股份有限公司上海自贸区跨境债券业务登记托管、清算结算业务指南》，标志着上海清算所即日起可正式为中国（上海）自由贸易试验区跨境人民币债券业务提供登记托管、清算结算服务。

5月25日，中国人民银行下发《关于进一步完善存款准备金平均法考核的通知》，自2016年7月15日起调整存款准备金平均法考核的有关规定。

5月28日至6月10日，组织开展人民银行支付系统应急切换演练，提高应急处置能力。

5月30日，ACS信息管理子系统在人民银行地市级中心支行以上分支机构上线运行。

5月31日，中国人民银行和公安部联合发布《关于做好电信网络新型违法犯罪交易风险事件管理平台上线工作的通知》，决定自2016年6月1日起在全国推广上线电信网络新型违法犯罪交易风险事件管理平台。

6月7日，中国人民银行会同银监会发布《银行卡清算机构管理办法》，依法有序推进银行卡清算市场开放，规范银行卡清算机构管理，促进银行卡清算市场健康发展。

6月13日，中国人民银行下发《关于进一步加强银行卡风险管理的通知》，进一步加强银行卡信息的安全管理。

6月14日，中国支付清算协会印发《个人信息保护技术指引》、《非银行支付机构信息科技风险管理指引》和《非银行支付机构标准体系》，指导协会会员单位强化信息科技管理，加强个人信息保护，推进支付清算行业标准化工作。

6月17日，中国支付清算协会发布《非银行支付机构网络支付业务自律规范》，加强行业自律管理，规范支付机构网络支付业务，维护市场公平有序的竞争秩序。

6月17日，中国支付清算协会印发《支付结算违法违规行为举报奖励办法实施细则》，并据此成立支付结算违法违规行为举报中心，负责实施支付结算违法违规行为举报受理、调查、处理和奖励等工作。

6日25日，中国人民银行与俄罗斯中央银行签署了在俄罗斯建立人民币清算安排的合作备忘录。

7月1日，中国支付清算协会支付结算违法违规行为网络举报平台正式上线。

7月13日，中国人民银行发布《银行卡清算业务设施技术要求》行业标准。

7月22日，广东自贸区在全国率先实现香港电子支票的跨境托收。

7月28日，中国人民银行发布《全国集中银行账户管理系统接入接口规范——个人银行账户部分》。

8月1日，由财政部、中国人民银行联合试点，中国银联联合商业银行共同推出的单位公务卡在全国首发。

8月11日，中国人民银行对首批27家支付机构《支付业务许可证》续展申请做出决定。

8月18日，中国人民银行下发《关于开展关键信息基础设施网络安全检查的通知》，部署关键信息基础设施网络安全检查工作。

8月27日，中国人民银行下发《关于规范和促进电子商业汇票业务发展的通知》，推动电子商业汇票普及应用，加快票据市场电子化进程。

8月29日，中国人民银行发布12家支付机构《支付业务许可证》续展决定。

8月31日，中国银联联合华为公司与20余家商业银行举行合作发布会，即日起银联云闪付将全面支持Huawei Pay。

9月2日，上海清算所完成我国首单特别提款权（SDR）计价债券——世界银行（国际复兴开发银行）2016年第一期特别提款权计价债券的登记确权。

9月6日，中国人民银行发布《银行卡销售点（POS）终端技术规范》、《银行卡自动柜员机（ATM）终端技术规范》、《银行卡受理终端安全规范（第1部分至第5部分）》等三项行业标准。

9月8日，中国人民银行发布2016年第二季度支付体系运行总体情况。

9月12日，中国人民银行、工业和信息化部、公安部、工商总局、银监会、国家互联网信息办公室联合印发《关于开展联合整治非法买卖银行卡信息专项行动的通知》，决定于2016年9月至2017年4月在全国范围内开展联合整治非法买卖银行卡信息专项行动。

9月18日，中国人民银行下发《关于开展银行卡信息泄露风险专项排查工作的通知》，全面摸底支付业务系统、风控措施、管理制度等方面存在的支付敏感信息和资金安全隐患。

9月23日，最高人民法院、最高人民检察院、公安部、工业和信息化部、中国人民银行和银监会联合发布《关于防范和打击电信网络诈骗犯罪的通告》。

9月23日，中国人民银行决定授权中国工商银行（莫斯科）股份有限公司担任俄罗斯人民币业务清算行。

9月29日，中国人民银行召开加强支付结算管理、防范电信网络新型违法犯罪全国电视电话会议，贯彻落实党中央、国务院打击治理电信网络新型违法犯罪工作要求，部署支付结算领域防范电信网络新型违法犯罪工作。

9月30日，中国人民银行下发《关于加强支付结算管理 防范电信网络新型违法犯罪有关事项的通知》，从加强账户实名制、阻断电信网络诈骗资金转移主要通道等方面采取20项具体措施，筑牢金融业支付结算安全防线。

9月30日，中国支付清算协会支付清算综合服务平台的行业风险信息共享系统完成优化升级，银行卡收单外包机构登记及风险信息共享系统、风险事件协查管理系统正式上线。

10月12日，中国人民银行发布《关于落实〈支付结算违法违规行为举报奖励办法〉

的指导意见》，规范支付服务市场秩序，鼓励举报支付结算违法违规行为。

10月13日，中国人民银行发布《关于做好2016年中央银行会计核算数据集中系统第二次升级换版工作的通知》和《关于做好2016年中央银行会计核算数据集中系统综合前置子系统升级换版工作的通知》，进一步优化ACS及综合前置子系统，满足新增业务需求。

10月20日，中国人民银行发布《中国人民银行关于中国支付清算协会组织建设非银行支付机构网络支付清算平台的批复》，同意中国支付清算协会按照市场化方式组建支付机构网络支付清算平台，处理支付机构发起的涉及银行账户的网络支付业务。

10月20日，中国人民银行发布《关于做好无证经营支付业务清理处置工作有关事项的通知》，部署全面开展清理处置工作和支付结算业务专项检查，确保专项整治工作取得实效。

10月26日，中国人民银行印发《网络支付报文结构及要素技术规范（V1.0）》，加强支付机构与商业银行合作开展银行账户付款、收款业务接口报文的规范管理，确保交易信息的真实性、完整性、可追溯性以及在支付全流程中的一致性。

10月31日，中国人民银行下发《关于建立加强支付结算管理　防范电信网络新型违法犯罪工作情况报告制度的通知》，实施定期报告，掌握工作进展，强化任务落实。

10月31日，中国人民银行下发《关于在中央银行会计核算数据集中系统中启用国库计息自动转账功能的通知》。12月起，中国人民银行在ACS中启用国库计息自动转账功能。

11月1日，中国人民银行发布《关于做好中央银行会计核算数据集中系统档案管理子系统全国推广上线工作的通知》，部署ACS档案管理子系统于2016年11月21日在人民银行地市级中心支行以上分支机构上线运行。

11月1日，中国人民银行下发《关于做好票据交易平台接入准备工作的通知》，票据交易平台拟于2016年12月8日试运行。

11月9日，中国人民银行发布《中国金融移动支付　支付标记化技术规范》，各商业银行、支付机构、银行卡清算机构自2016年12月1日起全面应用支付标记化技术，从源头切实防范支付安全风险。

11月21日，中国人民银行下发《关于做好加强支付结算管理　防范电信网络新型违法犯罪近期宣传工作的通知》，引导正确的舆论导向，营造正向的舆论环境。

11月25日，中国人民银行下发《关于落实个人银行账户分类管理制度的通知》，全面推进个人银行账户分类管理制度落实。

11月27日，中国证券登记结算有限责任公司发布《关于做好深港通业务上线相关工作的通知》，“深港通”下的股票交易将于2016年12月5日开始。

12月1日，中国人民银行发布2016年第三季度支付体系运行总体情况。

12月5日，中国人民银行发布《票据交易管理办法》,明确通过票据交易所处理的票据业务流程，有利于规范票据市场行为，防范票据业务风险。

12月7日，中国人民银行下发《关于非银行支付机构非现场监管系统上线运行的通知》，部署系统接入和数据报送等具体工作。

12月8日，上海票据交易所正式开业，中国票据市场发展迈入新阶段。

12月9日，中国人民银行决定授权中国农业银行迪拜分行担任阿联酋人民币业务清算行。

12月9日，中国人民银行会同互联网金融风险专项整治工作领导小组成员单位联合召开互联网金融风险专项整治清理整顿经验交流电视电话会议。

12月12日，中国银联正式发布银联二维码支付标准，并同时宣布银联二维码支付标准正式启用。

12月20日，中国人民银行发布天翼电子商务有限公司等53家支付机构《支付业务许可证》续展决定。

12月22日，中国人民银行、发展改革委、教育部、公安部、财政部、商务部、税务总局、工商总局、质检总局、银监会、证监会、保监会、外汇局、最高人民法院联合印发《关于促进银行卡清算市场健康发展的意见》，进一步完善银行卡清算服务市场化机制，促进银行卡清算市场健康、持续发展，保障国家金融安全。

12月26日，中国人民银行发布《关于进一步规范空头支票行政处罚工作有关事项的通知》，自2017年1月1日起施行。

12月31日，中国人民银行顺利组织完成2016年支付系统和ACS年终决算工作。

附录2　2016年中国支付体系发展核心指标

项目			单位	数值	增长率（%）
M_0与GDP		M_0	万亿元	6.83	8.07
		M_0/GDP	%	9.18	–1.73
银行结算账户	个人账户	账户总量	亿户	83.03	13.35
		人均拥有账户数①	户	6.06	13.00
	单位账户	账户总量	万户	4,939.47	11.27
		其中：基本存款账户	万户	3,282.67	15.77
非现金支付工具		交易笔数	亿笔	1,251.11	32.64
		其中：票据	亿笔	2.93	–29.64
		银行卡	亿笔	1,154.74	35.49
		贷记转账等其他结算业务	亿笔	93.44	7.70
		交易金额	万亿元	3,687.24	6.91
		其中：票据	万亿元	187.79	–21.17
		银行卡	万亿元	741.81	10.75
		贷记转账等其他结算业务	万亿元	2,757.63	8.53
		交易金额/GDP	倍	49.55	–2.78
境内银行卡（发卡及受理）		银行卡在用发卡数量	亿张	61.25	12.54
		其中：借记卡	亿张	56.60	12.96
		信用卡及借贷合一卡	亿张	4.65	7.60
		人均持卡量	张	4.47	11.83
		联网商户数量	万户	2,067.20	23.78
		POS数量	万台	2,453.50	7.51
		ATM数量	万台	92.42	6.63
		银行卡期末应偿信贷总额②	万亿元	4.06	23.63
		银行卡消费额（剔除房地产、汽车销售及批发类交易）占全年社会消费品零售总额的比重	%	48.47	1.06

① 人均拥有账户数按2016年账户总量比2015年全国常住人口数量计算。

② 2016年，银行卡期末应偿信贷总额统计口径从原来信用卡调整为信用卡和借贷合一卡。

续表

项目			单位	数值	增长率（%）
支付系统	人民币支付系统	交易笔数	亿笔	592.85	26.28
		其中：大额支付系统	亿笔	8.26	4.67
		小额支付系统	亿笔	23.48	27.95
		交易金额	万亿元	5,109.04	16.71
		其中：大额支付系统	万亿元	3,616.30	22.50
		小额支付系统	万亿元	30.91	23.95
		交易金额/GDP	倍	68.66	6.13
		大额支付系统直接参与者	个	305	13.81
	境内外币支付系统	交易笔数	万笔	198.58	-4.47
		交易金额（折合美元）	亿美元	8,199.01	-9.52
		系统直接参与者	个	51	8.51
证券结算系统	银行间债券市场	发行量	万亿元	19.49	23.75
		托管量	万亿元	51.86	22.46
		结算量	万亿元	731.02	33.30
		兑付金额	万亿元	21.48	89.92
	交易所证券市场	过户笔数	亿笔	131.90	-36.55
		过户金额	万亿元	1,180.47	14.20
		结算总额	万亿元	1,220.01	7.32
		结算净额	万亿元	40.25	-31.62

注：主要指标释义

1. M_0/GDP的增长率为本年数减上年数；

2. 累计发卡数量：不包括睡眠卡（指一年以上未发生业务且余额10元以下的借记卡）；

3. 银行卡境外相关数据均特指银联卡；

4. 人民币支付系统：包括中国人民银行大、小额支付系统，全国支票影像交换系统，网上支付跨行清算系统，同城票据交换系统，人民币跨境支付系统（一期），银行业金融机构行内支付系统，中国银联银行卡跨行交易清算系统，城市商业银行汇票处理系统和支付清算系统，农信银支付清算系统。

附录3　2016年主要业务数据报表

表1-1　人民币单位银行结算账户数量分地区

单位：万户

地区	数量
北京市	215.98
天津市	86.97
河北省	185.16
山西省	90.31
内蒙古自治区	75.58
辽宁省	156.87
吉林省	74.33
黑龙江省	93.74
上海市	331.13
江苏省	484.74
浙江省	393.12
安徽省	150.12
福建省	171.91
江西省	94.00
山东省	344.98
河南省	211.19
湖北省	154.69
湖南省	113.89
广东省	415.77
广西壮族自治区	106.82
海南省	38.35
重庆市	99.15
四川省	165.17
贵州省	82.19
云南省	104.26
西藏自治区	6.65
陕西省	118.33
甘肃省	62.70
青海省	18.31
宁夏回族自治区	31.09
新疆维吾尔自治区	63.29
深圳市	198.67
合计	4,939.47

表1-2 人民币单位银行结算账户数量分行别

行别	排名
中国工商银行	1
中国建设银行	2
中国农业银行	3
农村信用社	4
城市商业银行	5
中国银行	6
农村商业银行	7
招商银行	8
交通银行	9
中国民生银行	10
上海浦东发展银行	11
兴业银行	12
中信银行	13
中国邮政储蓄银行	14
平安银行	15
华夏银行	16
中国光大银行	17
广发银行	18
中国农业发展银行	19
外资银行	20
恒丰银行	21
浙商银行	22
农村合作银行	23
国家开发银行	24
渤海银行	25
城市信用社	26
中国进出口银行	27

表1-3　基本存款账户数量分地区

单位：万户

地区	数量
北京市	158.62
天津市	54.46
河北省	130.42
山西省	64.00
内蒙古自治区	50.95
辽宁省	112.64
吉林省	56.98
黑龙江省	69.53
上海市	192.40
江苏省	314.29
浙江省	255.21
安徽省	99.68
福建省	114.71
江西省	58.00
山东省	209.25
河南省	138.93
湖北省	100.36
湖南省	75.29
广东省	287.57
广西壮族自治区	74.30
海南省	28.11
重庆市	70.77
四川省	116.45
贵州省	52.20
云南省	67.83
西藏自治区	5.17
陕西省	76.18
甘肃省	38.57
青海省	12.10
宁夏回族自治区	19.94
新疆维吾尔自治区	42.57
深圳市	135.23
合计	3,282.67

表1-4　基本存款账户数量分行别

行别	排名
中国工商银行	1
中国建设银行	2
中国农业银行	3
农村信用社	4
城市商业银行	5
中国银行	6
农村商业银行	7
招商银行	8
交通银行	9
中国民生银行	10
上海浦东发展银行	11
中国邮政储蓄银行	12
兴业银行	13
中信银行	14
平安银行	15
华夏银行	16
中国光大银行	17
广发银行	18
中国农业发展银行	19
农村合作银行	20
外资银行	21
恒丰银行	22
浙商银行	23
城市信用社	24
渤海银行	25
国家开发银行	26
中国进出口银行	27

表1-5　基本存款账户数量分产业

单位：万户

行业分类	数量
A. 农、林、牧、渔业	203.57
B. 采掘业	14.55
C. 制造业	336.88
D. 电力、燃气及水的生产和供应业	18.21
E. 建筑业	117.99
F. 交通运输、仓储和邮政业	64.21
G. 信息传输、计算机服务和软件业	125.13
H. 批发和零售业	1,229.13
I. 住宿和餐饮业	76.33
J. 金融业	15.45
K. 房地产业	45.71
L. 租赁和商务服务业	185.87
M. 科学研究、技术服务和地质勘查业	47.64
N. 水利、环境和公共设施管理业	17.72
O. 居民服务和其他服务业	306.01
P. 教育	37.67
Q. 卫生、社会保障和社会福利业	30.22
R. 文化、教育和娱乐业	59.78
S. 公共管理与社会组织	85.99
T. 其他行业	264.62
合计	3,282.67

表2　票据业务量分地区

单位：万笔、亿元

	票据		商业汇票		电子商业汇票承兑	
	业务笔数	交易金额	业务笔数	交易金额	业务笔数	交易金额
北京市	1,908.74	153,057.74	29.5	8,408.68	14.18	5,671.3
天津市	702.96	44,043.67	23.9	7,759.13	2.88	2,282.23
河北省	790.92	48,185.39	46.75	7,309.51	8.7	3,339.87
山西省	445.8	36,456.86	29.26	3,698.99	3.03	1,543.47

续表

	票据		商业汇票		电子商业汇票承兑	
	业务笔数	交易金额	业务笔数	交易金额	业务笔数	交易金额
内蒙古自治区	558.94	28,431.22	14.15	2,427.66	1.14	869.01
辽宁省	1,517.80	61,121.92	46.09	9,928.39	8.56	4,051.63
吉林省	425.94	21,748.23	10.65	2,751.76	2.39	896.6
黑龙江省	595.81	32,549.06	9.22	2,019.39	1.33	313.26
上海市	1,082.83	48,565.33	44.27	13,082.39	14.83	5,615.34
江苏省	2,919.45	266,210.76	365.03	22,758.02	15.01	9,640.23
浙江省	2,504.00	141,961.70	287.45	15,564.42	18.2	6,996.32
安徽省	929.09	70,508.83	52.66	4,323.35	11.09	1,702.85
福建省	785.6	56,825.15	29.57	4,272.07	15.44	3,948.2
江西省	413.58	37,054.03	20.34	2,370.03	2.28	942.21
山东省	1,828.96	112,468.38	209.81	20,679.59	24.22	9051.8
河南省	736.37	62,498.46	85.93	8,893.34	8.32	3,756.06
湖北省	825.65	63,036.82	63.49	7,041.14	13.04	3,035.48
湖南省	664.22	46,391.54	24.79	3,103.50	5.25	1,123.98
广东省	2,610.50	145,990.01	73.17	10,647.29	30.95	6,158.45
海南省	142.23	11660.76	1.45	808.83	0.81	333.3
广西壮族自治区	460.49	23815.65	14.54	2694.48	3.84	980.83
重庆市	656.99	58,658.17	38.67	5,533.73	4.91	2,086.76
四川省	1,408.43	63,573.85	26.39	4,526.25	4.75	3,157.38
贵州省	573.28	45,841.80	11.99	2,056.80	0.49	348.42
云南省	864.74	38,542.98	6.24	1,679.19	0.85	778.37
西藏自治区	101.68	3,901.67	0.16	126.27	0.07	25.4
陕西省	573.88	32,932.24	25.63	3,290.81	5.53	1,607.76
甘肃省	519.15	18,908.57	8.25	2,078.77	1.18	624.64
青海省	127.71	6,350.94	1.87	484.37	0.11	51.79
宁夏回族自治区	217.31	9,437.01	5.54	827.51	0.94	207.81
新疆维吾尔自治区	895.76	22,437.55	14.27	2,205.20	1.71	547.9
深圳市	552.22	64,770.30	35.42	6,148.05	11.69	4,129.59
合计	29,341.05	1,877,936.62	1,656.45	189,498.91	237.75	85,818.25

表3-1 银行卡在用发卡数量分地区

单位：万张

地区	银行卡在用发卡数量	其中：信用卡
北京市	18,952.05	2,934.31
天津市	10,555.06	778.11
河北省	27,730.53	1,489.07
山西省	14,707.96	891.55
内蒙古自治区	10,973.86	747.02
辽宁省	21,314.97	1,336.93
吉林省	9,702.00	535.49
黑龙江省	13,296.95	685.56
上海市	17,647.36	2,394.61
江苏省	43,897.08	2,841.23
浙江省	34,671.02	3,378.76
安徽省	21,136.43	878.63
福建省	21,151.62	2,016.66
江西省	14,441.24	625.55
山东省	45,732.79	3,008.24
河南省	35,656.11	1,782.67
湖北省	25,016.17	1,341.66
湖南省	23,352.94	1,006.79
广东省	54,707.29	3,967.92
广西壮族自治区	15,164.04	736.98
海南省	3,949.02	208.48
重庆市	14,030.18	829.54
四川省	29,470.40	1,408.94
贵州省	11,364.70	420.41
云南省	13,098.07	811.73
西藏自治区	488.61	11.33
陕西省	16,478.95	930.46
甘肃省	9,515.35	400.41
青海省	2,066.13	81.94
宁夏回族自治区	2,876.72	180.44
新疆维吾尔自治区	8,826.84	398.39
深圳市	20,491.35	2,981.93
合计	612,463.80	42,041.72

表3-2 银行卡在用发卡数量分行别

行别	排名
中国农业银行	1
中国建设银行	2
中国邮政储蓄银行	3
中国工商银行	4
农村商业银行	5
中国银行	6
农村信用社	7
城市商业银行	8
交通银行	9
招商银行	10
平安银行	11
光大银行	12
中信银行	13
浦发银行	14
民生银行	15
兴业银行	16
广发银行	17
华夏银行	18
农村合作银行	19
村镇银行	20
浙商银行	21
渤海银行	22
外资银行	23
恒丰银行	24

表3-3 银行卡业务量分地区

单位：万笔、亿元

地区	业务笔数	业务金额
北京市	481,366.57	319,254.26
天津市	153,508.02	99,645.33
河北省	461,703.79	425,940.46
山西省	223,572.55	119,801.95
内蒙古自治区	172,630.40	102,902.61

续表

地区	业务笔数	业务金额
辽宁省	368,563.42	227,228.37
吉林省	176,087.86	100,550.15
黑龙江省	204,802.90	119,329.54
上海市	493,499.04	423,395.62
江苏省	840,031.87	597,520.05
浙江省	885,943.08	787,238.65
安徽省	305,830.13	206,873.89
福建省	550,474.28	372,327.10
江西省	222,676.16	136,412.04
山东省	763,763.14	484,459.64
河南省	500,647.87	359,800.83
湖北省	425,615.45	239,982.30
湖南省	389,343.56	172,926.02
广东省	1,200,253.39	642,046.36
广西壮族自治区	294,238.58	138,967.09
海南省	82,449.37	35,525.95
重庆市	232,019.95	107,029.16
四川省	584,233.68	245,996.98
贵州省	186,034.34	78,280.32
云南省	240,149.13	116,867.52
西藏自治区	14,090.57	6,859.85
陕西省	276,437.39	131,988.98
甘肃省	136,088.13	69,419.35
青海省	32,869.82	17,312.85
宁夏回族自治区	57,267.89	31,220.82
新疆维吾尔自治区	151,960.16	80,500.85
深圳市	439,208.35	420,517.73
合计	11,547,360.83	7,418,122.61

表4 贷记转账业务量分地区

单位：万笔、亿元

地区	笔数	金额
北京市	38,733.60	6,246,415.00
天津市	11,132.97	331,507.04
河北省	19,035.97	417,337.70
山西省	8,838.98	239,110.24
内蒙古自治区	7,158.78	182,171.58
辽宁省	17,111.29	567,568.75
吉林省	6,450.46	357,611.53
黑龙江省	9,995.05	217,739.76
上海市	73,642.89	3,866,039.28
江苏省	43,479.67	1,697,277.50
浙江省	117,733.45	2,107,922.32
安徽省	21,821.61	359,003.88
福建省	34,663.99	1,386,760.42
江西省	11,869.47	242,437.39
山东省	60,190.71	1,033,141.73
河南省	23,137.90	372,631.74
湖北省	21,111.16	393,811.22
湖南省	17,788.28	304,389.10
广东省	54,843.96	1,877,387.25
广西壮族自治区	13,076.69	143,837.61
海南省	2,893.74	100,563.97
重庆市	26,575.48	371,898.44
四川省	20,878.11	490,514.93
贵州省	8,258.26	143,942.86
云南省	9,690.05	190,437.44
西藏自治区	431.78	13,853.48
陕西省	13,352.69	260,925.76
甘肃省	6,237.66	145,413.24
青海省	1,449.51	32,587.41
宁夏回族自治区	3,010.75	37,917.44
新疆维吾尔自治区	5,867.37	133,930.06
深圳市	79,563.87	2,485,701.39
合计	790,026.13	26,751,787.46

表5-1　大额实时支付系统业务量分地区

单位：万笔、亿元

地区	笔数	金额
北京市	5,190.06	12,771,533.75
天津市	1,239.97	426,040.66
河北省	2,988.30	560,085.44
山西省	1,356.66	227,469.17
内蒙古自治区	1,131.70	304,422.52
辽宁省	2,001.73	680,134.16
吉林省	915.93	410,945.43
黑龙江省	1,028.22	233,473.89
上海市	5,095.10	6,221,453.17
江苏省	7,508.23	1,542,062.82
浙江省	7,680.95	1,686,751.21
安徽省	2,959.60	423,112.01
福建省	3,532.04	1,112,941.09
江西省	2,012.81	282,424.33
山东省	5,770.06	1,082,309.78
河南省	2,991.57	498,121.69
湖北省	2,207.13	396,523.69
湖南省	2,138.18	374,343.19
广东省	8,540.74	2,150,358.36
广西壮族自治区	1,253.15	173,673.87
海南省	362.75	81,626.82
重庆市	1,256.22	394,428.91
四川省	2,724.72	814,092.34
贵州省	1,161.64	212,166.46
云南省	1,153.72	187,196.52
西藏自治区	64.52	15,397.22
陕西省	1,458.82	320,487.09
甘肃省	829.40	168,879.88
青海省	193.36	33,217.03
宁夏回族自治区	365.73	63,362.84
新疆维吾尔自治区	797.72	166,113.21
深圳市	4,656.25	2,147,835.55
合计	82,566.96	36,162,984.12

表5-2　大额实时支付系统业务量分行别

行别	排名
中国工商银行	1
中国农业银行	2
中国建设银行	3
城市商业银行	4
中国银行	5
农村信用社	6
招商银行	7
农村商业银行	8
中国民生银行	9
交通银行	10
中信银行	11
中国邮政储蓄银行	12
平安银行	13
兴业银行	14
上海浦东发展银行	15
中国光大银行	16
外资银行	17
华夏银行	18
村镇银行	19
广发银行	20
中国农业发展银行	21
浙商银行	22
恒丰银行	23
渤海银行	24
国家开发银行	25
农村合作银行	26
中国进出口银行	27
城市信用社	28

表5-3　小额批量支付系统业务量分地区

单位：万笔、亿元

地区	笔数	金额
北京市	12,771.81	20,321.23
天津市	3,928.27	5,155.32
河北省	9,556.12	11,334.84
山西省	4,945.76	4,700.36
内蒙古自治区	3,123.57	3,391.42
辽宁省	4,987.05	5,180.95
吉林省	1,757.05	2,023.02
黑龙江省	2,586.46	2,607.55
上海市	21,949.07	37,007.39
江苏省	13,828.45	23,068.23
浙江省	20,156.43	37,993.06
安徽省	5,619.90	5,919.28
福建省	15,030.62	16,745.54
江西省	3,978.33	4,715.25
山东省	15,130.64	17,163.78
河南省	8,988.86	10,210.36
湖北省	6,793.49	7,092.79
湖南省	7,303.93	8,496.08
广东省	24,415.64	28,938.41
广西壮族自治区	4,250.52	4,135.38
海南省	1,100.83	1,207.88
重庆市	3,747.88	3,939.09
四川省	7,573.03	7,402.17
贵州省	2,841.76	3,390.39
云南省	3,534.56	3,654.93
西藏自治区	191.76	247.55
陕西省	5,184.03	6,161.08
甘肃省	2,461.71	2,772.28
青海省	533.68	550.68
宁夏回族自治区	1,069.16	1,241.79
新疆维吾尔自治区	2,270.68	6,411.03
深圳市	13,219.06	15,952.11
合计	234,830.13	309,131.23

表5-4　小额批量支付系统业务量分行别

行别	排名
中国建设银行	1
中国农业银行	2
中国工商银行	3
中国银行	4
农村信用社	5
城市商业银行	6
招商银行	7
中国邮政储蓄银行	8
农村商业银行	9
交通银行	10
中国民生银行	11
平安银行	12
兴业银行	13
中信银行	14
中国光大银行	15
上海浦东发展银行	16
外资银行	17
广发银行	18
村镇银行	19
华夏银行	20
浙商银行	21
中国农业发展银行	22
恒丰银行	23
渤海银行	24
农村合作银行	25
国家开发银行	26
中国进出口银行	27
城市信用社	28

表5-5　网上支付跨行清算系统业务量分行别

行别	排名
中国工商银行	1
中国建设银行	2
招商银行	3
中国农业银行	4
城市商业银行	5
中国民生银行	6
中国银行	7
农村信用社	8
交通银行	9
中国邮政储蓄银行	10
平安银行	11
中国光大银行	12
中信银行	13
兴业银行	14
上海浦东发展银行	15
广发银行	16
农村商业银行	17
华夏银行	18
恒丰银行	19
渤海银行	20
浙商银行	21
外资银行	22

表5-6　同城票据清算系统业务量分地区

单位：万笔、亿元

地区	笔数	金额
北京市	1,488.57	43,564.29
天津市	565.16	18,411.05
河北省	159.84	4,754.87
山西省	27.73	2,499.61

续表

地区	笔数	金额
内蒙古自治区	49.56	889.77
辽宁省	1,382.48	26,367.99
吉林省	114.75	3,229.73
黑龙江省	322.83	8,493.32
上海市	10,602.75	737,006.44
江苏省	2,705.28	159,501.26
浙江省	7,483.50	70,805.12
安徽省	73.25	4,703.52
福建省	214.54	4,623.83
江西省	528.47	13,648.85
山东省	796.49	30,886.04
河南省	242.61	5,740.04
湖北省	357.53	14,004.19
湖南省	81.29	4,116.09
广东省	4,943.68	40,308.78
广西壮族自治区	329.57	8,362.64
海南省	—	—
重庆市	136.09	4,906.12
四川省	147.70	6,744.57
贵州省	—	—
云南省	402.53	16,598.24
西藏自治区	—	—
陕西省	216.83	8,761.80
甘肃省	108.97	3,763.87
青海省	67.33	2,428.53
宁夏回族自治区	—	—
新疆维吾尔自治区	23.17	1,680.09
深圳市	3,674.07	61,248.89
合计	37,246.56	1,308,049.55

表5-7 城市商业银行资金清算中心业务量分地区

单位：万笔、亿元

地区	笔数	金额
北京市	8.06	65.44
天津市	0.01	0.08
河北省	0.01	0.06
山西省	0.01	0.12
内蒙古自治区	0.01	0.02
辽宁省	7.98	418.45
吉林省	0.02	0.14
黑龙江省	0.04	0.76
上海市	6.69	338.71
江苏省	29.1	959.11
浙江省	815.06	5,347.72
安徽省	0.02	0.01
福建省	1.17	10.83
江西省	0.03	0.04
山东省	0.01	0.01
河南省	2.7	224.53
湖北省	0.11	3.77
湖南省	0	0
广东省	0.06	0.08
海南省	0	0
广西壮族自治区	0	0
重庆市	1.33	82.37
四川省	0.87	142.83
贵州省	2.97	105.58
云南省	0	0.01
西藏自治区	0	0
陕西省	2.82	150.86
甘肃省	0	0
青海省	0.02	0.02
宁夏回族自治区	1.01	80.57
新疆维吾尔自治区	1.91	7.07
深圳市	0.71	23.83
合计	882.73	7,963.02

注：计算过程存在四舍五入，部分省份金额约为零，笔数约为零。

表5-8 农信银支付清算系统业务量分地区

单位：万笔、亿元

地区	笔数	金额
北京市	3,387.74	483.27
天津市	896.35	245.58
河北省	16,012.26	5,044.03
山西省	3,544.69	673.43
内蒙古自治区	4,049.07	1,021.35
辽宁省	1,724.74	400.89
吉林省	4,448.30	781.77
黑龙江省	2,724.84	535.42
上海市	241.7	679.82
江苏省	7,975.80	2,250.39
浙江省	6,435.89	3,992.17
安徽省	1,620.04	845.01
福建省	2,900.89	3,535.72
江西省	5,051.16	1,251.86
山东省	2,515.26	3,242.51
河南省	16,785.70	8,313.98
湖北省	12,500.65	5,432.03
湖南省	8,393.04	1,703.40
广东省	13,229.83	2,555.33
海南省	1,463.62	226.23
广西壮族自治区	12,478.55	1,896.14
重庆市	1,548.89	772.14
四川省	8,080.86	1,761.68
贵州省	14,159.67	1,835.03
云南省	1,934.13	706.72
西藏自治区	—	—
陕西省	6,293.11	683.41
甘肃省	4,669.48	775.6
青海省	77.99	71.64
宁夏回族自治区	833.08	393.71
新疆维吾尔自治区	1,159.67	1,629.54
深圳市	961.59	564.13
合计	168,098.59	54,303.93

表6-1 证券登记结算公司登记存管业务一览表

登记存管证券类别	数量
A股	3,050
B股	100
国债	228
地方债	589
政策性金融债	2
企业债	2,036
公司债	2,806
可转债	17
分离式可转债	—
中小企业私募债	1,316
封闭式基金	28
ETF	146
LOF	595
实时申赎货币基金	9
资产证券化产品	2,132
合计	13,054

表6-2 银行间市场清算所固定收益产品业务数据表

单位：亿元

	本年只数/笔数	本年面额
本币债券发行量	20,866	183,455.61
外币债券发行量（折合人民币）	2	55.80
债券兑付量	15,342	142,846.24
现券清算量	399,640	414,305.57
回购清算量	1,207,243	1,081,356.09
质押式回购	1,104,694	990,808.53
买断式回购	102,549	90,547.56
远期清算量	0	0.00

附录4 非银行支付机构名录

序号	机构名称	核准日期
1	支付宝（中国）网络技术有限公司	2016年5月3日
2	银联商务有限公司	2016年5月3日
3	资和信电子支付有限公司	2016年5月3日
4	财付通支付科技有限公司	2016年5月3日
5	通联支付网络服务股份有限公司	2016年5月3日
6	开联通支付服务有限公司	2016年5月3日
7	易宝支付有限公司	2016年5月3日
8	快钱支付清算信息有限公司	2016年5月3日
9	上海汇付数据服务有限公司	2016年5月3日
10	上海盛付通电子支付服务有限公司	2016年5月3日
11	北京钱袋宝支付技术有限公司	2016年5月3日
12	东方电子支付有限公司	2016年5月3日
13	深圳市快付通金融网络科技服务有限公司	2016年5月3日
14	广州银联网络支付有限公司	2016年5月3日
15	北京数字王府井科技有限公司	2016年5月3日
16	北京银联商务有限公司	2016年5月3日
17	杉德电子商务服务有限公司①	2014年11月2日
18	裕福支付有限公司	2016年5月3日
19	易生支付有限公司	2016年5月3日
20	银盛支付服务股份有限公司	2016年5月3日
21	迅付信息科技有限公司	2016年5月3日
22	网银在线（北京）科技有限公司	2016年5月3日
23	海南新生信息技术有限公司	2016年5月3日
24	平安付电子支付有限公司	2016年5月3日
25	拉卡拉支付股份有限公司	2016年5月3日
26	上海付费通信息服务有限公司	2016年5月3日

① 支付业务被上海杉德支付网络服务发展有限公司合并。

续表

序号	机构名称	核准日期
27	平安付科技服务有限公司	2016年5月3日
28	上海银联电子支付服务有限公司	2016年8月29日
29	连连银通电子支付有限公司	2016年8月29日
30	联动优势电子商务有限公司	2016年8月29日
31	成都摩宝网络科技有限公司	2016年8月29日
32	捷付睿通股份有限公司	2016年8月29日
33	证联支付有限责任公司	2016年8月29日
34	得仕股份有限公司	2016年8月29日
35	山东鲁商一卡通支付有限公司	2016年8月29日
36	中网支付服务股份有限公司	2016年8月29日
37	四川商通实业有限公司	2016年8月29日
38	南京市市民卡有限公司	2016年8月29日
39	上海富友金融网络技术有限公司①	2011年8月29日
40	天翼电子商务有限公司	2016年12月22日
41	联通支付有限公司	2016年12月22日
42	中移电子商务有限公司	2016年12月22日
43	上海点佰趣信息科技有限公司	2016年12月22日
44	天津城市一卡通有限公司	2016年12月22日
45	江苏瑞祥商务有限公司	2016年12月22日
46	武汉市金源信企业服务信息系统有限公司	2016年12月22日
47	广东银结通电子支付结算有限公司	2016年12月22日
48	现代金融控股（成都）有限公司	2016年12月22日
49	国付宝信息科技有限公司	2016年12月22日
50	重庆易极付科技有限公司	2016年12月22日
51	河北一卡通电子支付服务有限公司	2016年12月22日
52	山西万卡德商务有限公司	2016年12月22日
53	哈尔滨华通支付网络科技有限公司	2016年12月22日
54	商盟商务服务有限公司	2016年12月22日

① 支付业务被上海富友支付服务有限公司合并。

续表

序号	机构名称	核准日期
55	安徽华夏通支付有限公司	2016年12月22日
56	河南汇银丰信息技术有限公司	2016年12月22日
57	贵州汇联通电子商务服务有限公司	2016年12月22日
58	大连中鼎资讯有限公司	2016年12月22日
59	宁波银联商务有限公司	2016年12月22日
60	厦门易通卡运营有限责任公司	2016年12月22日
61	重庆市钱宝科技服务有限公司	2016年12月22日
62	上海电银信息技术有限公司	2016年12月22日
63	易联支付有限公司	2016年12月22日
64	北京海科融通支付服务股份有限公司	2016年12月22日
65	中联信（福建）支付服务有限公司	2016年12月22日
66	深圳市腾付通电子支付科技有限公司	2016年12月22日
67	东方付通信息技术有限公司	2016年12月22日
68	易智付科技（北京）有限公司	2016年12月22日
69	顺丰恒通支付有限公司	2016年12月22日
70	上海华势信息科技有限公司①	2011年12月22日
71	易票联支付有限公司	2016年12月22日
72	资和信网络支付有限公司②	2013年7月22日
73	深圳市深银联易办事金融服务有限公司	2016年12月22日
74	上海银生宝电子支付服务有限公司	2016年12月22日
75	深圳市银联金融网络有限公司	2016年12月22日
76	宝付网络科技（上海）有限公司	2016年12月22日
77	上海德颐网络技术有限公司	2016年12月22日
78	中金支付有限公司	2016年12月22日
79	上海富友支付服务有限公司	2016年8月29日
80	安易联融电子商务有限公司	2016年12月22日
81	北京爱农驿站科技服务有限公司	2016年12月22日

① 支付业务被易生支付有限公司合并。

② 支付业务被资和信电子支付有限公司合并。

续表

序号	机构名称	核准日期
82	上海付费通企业服务有限公司①	2013年5月21日
83	北京首采联合电子商务有限责任公司	2016年12月22日
84	北京中欣银宝通支付服务有限公司	2016年12月22日
85	上海都市旅游卡发展有限公司	2016年12月22日
86	北京市政交通一卡通有限公司	2016年12月22日
87	通联商务服务有限公司②	2014年11月2日
88	北京雅酷时空信息交换技术有限公司	2016年12月22日
89	北京中投科信电子商务有限责任公司	2016年12月22日
90	上海商联信电子支付服务有限公司	2016年12月22日
91	安付宝商务有限公司	2016年12月22日
92	上海便利通电子商务有限公司	2016年12月22日
93	上海纽斯达科技有限公司	2016年12月22日
94	锦江国际商务有限公司	2016年12月22日
95	上海申城通商务有限公司	2016年12月22日
96	上海大众交通商务有限公司	2016年12月22日
97	上海杉德支付网络服务发展有限公司	2016年5月3日
98	卡友支付服务有限公司	2013年9月30日
99	汇潮支付有限公司	2015年4月30日
100	上海瀚银信息技术有限公司	2014年11月2日
101	银视通信息科技有限公司	2012年6月27日
102	上海东方汇融信息技术服务有限公司	2012年6月27日
103	天津融宝支付网络有限公司	2015年2月11日
104	南京苏宁易付宝网络科技有限公司	2012年6月27日
105	双乾网络支付有限公司	2016年4月22日
106	山东省电子商务综合运营管理有限公司	2012年6月27日
107	深圳市神州通付科技有限公司	2015年8月12日
108	嘉联支付有限公司	2015年8月12日

① 支付业务被上海付费通信息服务有限公司合并。

② 支付业务被通联支付网络服务股份有限公司合并。

续表

序号	机构名称	核准日期
109	智付电子支付有限公司	2015年3月31日
110	北京一九付支付科技有限公司	2013年5月21日
111	北京数码视讯支付技术有限公司	2014年4月16日
112	汇元银通（北京）在线支付技术有限公司	2013年9月30日
113	随行付支付有限公司	2013年9月30日
114	网易宝有限公司	2016年8月5日
115	浙江贝付科技有限公司	2012年6月27日
116	浙江航天电子信息产业有限公司	2015年12月10日
117	浙江甬易电子支付有限公司	2015年12月10日
118	福建国通星驿网络科技有限公司	2015年8月12日
119	鹰皇金佰仕网络技术有限公司	2012年6月27日
120	广西恒大万通支付有限公司	2016年12月16日
121	新疆润物网络有限公司	2012年6月27日
122	江苏省电子商务服务中心有限责任公司	2015年4月30日
123	山东网上有名网络科技有限公司	2015年8月12日
124	上海申鑫电子支付股份有限公司	2016年12月16日
125	上海亿付数字技术有限公司	2012年6月27日
126	上海新华传媒电子商务有限公司	2015年8月12日
127	上海商业高新技术发展有限公司	2014年1月16日
128	上海乐易信息技术有限公司	2012年6月27日
129	上海金诚通电子支付服务有限公司	2013年7月22日
130	中钢银通信息技术服务有限公司	2014年7月10日
131	上海大千商务服务有限公司	2014年11月2日
132	上海润通实业投资有限公司	2012年6月27日
133	普天银通支付有限公司	2015年8月12日
134	上海巾帼三六五企业服务有限公司	2012年6月27日
135	上海瑞得企业服务有限公司	2012年6月27日
136	江苏爱心消费支付服务有限公司	2013年9月30日
137	江苏大众书局商务服务有限公司	2012年6月27日
138	南京万商商务服务有限公司	2016年1月28日

续表

序号	机构名称	核准日期
139	江苏鸿兴达邮政商务资讯有限公司	2016年8月5日
140	江苏旅通商务有限公司	2016年1月28日
141	无锡市民卡有限公司	2016年8月5日
142	苏州市民卡有限公司	2014年7月8日
143	山东城联一卡通支付有限责任公司	2013年7月22日
144	成都天府通金融服务股份有限公司	2015年2月11日
145	汇通宝支付有限责任公司	2013年5月21日
146	中付支付科技有限公司	2016年8月5日
147	深圳市商连商用电子技术有限公司	2016年12月16日
148	西安银信商通电子支付有限公司	2014年7月8日
149	陕西易通商联网络支付科技有限公司	2014年4月16日
150	陕西邮政西邮寄电子支付有限责任公司	2016年12月16日
151	北京恒信通电信服务有限公司	2016年8月5日
152	北京和融通支付科技有限公司	2015年8月12日
153	商银信支付服务有限责任公司	2015年3月31日
154	北京市银博盛世电子商务有限公司	2015年2月11日
155	北京银通支付有限公司	2015年12月10日
156	北京交广科技发展有限公司	2012年6月27日
157	北京华瑞富达科技有限公司	2014年7月8日
158	北京高汇通商业管理有限公司	2015年12月10日
159	北京润京搜索投资有限公司	2012年6月27日
160	银信联（北京）支付有限公司	2015年12月10日
161	北京中诚信和支付有限公司	2015年12月10日
162	北京广聚福支付有限公司	2014年11月2日
163	北京商银科技有限公司	2012年6月27日
164	国旅（北京）信息科技有限公司	2015年12月10日
165	重庆城市通卡支付有限责任公司	2014年7月8日
166	重庆市公众城市一卡通有限责任公司	2012年6月27日
167	重庆千礼科技有限公司	2014年4月16日
168	御嘉支付有限公司	2014年4月16日

续表

序号	机构名称	核准日期
169	山西易联支付数据处理有限公司	2016年1月28日
170	山西兰花商务支付有限公司	2014年4月16日
171	吉林省通卡支付股份有限公司	2013年9月30日
172	哈尔滨金联信支付科技有限公司	2014年4月16日
173	浙江盛炬支付技术有限公司①	2014年1月16日
174	舟山市明生商盟科技服务有限公司	2012年6月27日
175	浙江银付通信息科技有限公司	2012年6月27日
176	福建一卡通网络有限责任公司	2016年4月22日
177	福建省掌财通支付服务有限公司	2014年7月8日
178	福建省瑞特商业支付有限公司	2016年1月28日
179	厦门象屿支付有限公司	2014年4月16日
180	安徽省万事通金卡通科技信息服务有限公司	2012年6月27日
181	安徽圣德天开信息科技有限公司	2015年8月12日
182	安徽瑞祥资讯服务有限公司	2012年6月27日
183	江西缴费通信息技术股份有限公司	2016年1月28日
184	湖南星广传媒有限公司	2012年6月27日
185	长沙商联电子商务有限公司	2014年1月16日
186	广西支付通商务服务有限公司	2014年11月2日
187	海南海岛一卡通支付网络有限公司②	2014年1月16日
188	昆明卡互卡支付科技有限公司	2014年7月8日
189	乐富支付有限公司	2016年12月16日
190	云南本元支付管理有限公司	2014年7月10日
191	兰州易家万通企业服务有限公司	2012年6月27日
192	青岛百森通支付有限公司	2013年7月22日
193	青岛百达通支付服务有限公司	2016年12月16日
194	广东汇卡商务服务有限公司	2013年1月6日

① 支付业务被海南新生信息技术有限公司合并。

② 支付业务被国付宝信息科技有限公司合并。

续表

序号	机构名称	核准日期
195	湖南财信金通电子商务有限责任公司	2013年1月6日
196	上海千悦企业管理有限公司	2013年1月6日
197	中汇电子支付有限公司	2016年1月5日
198	辽宁新天数字科技有限公司	2015年2月11日
199	江苏飞银商务智能科技有限公司	2013年1月6日
200	山东高速信联支付有限公司	2015年8月12日
201	中百电子支付服务有限公司	2013年9月30日
202	成都支付通新信息技术服务有限公司	2013年1月6日
203	陕西煤炭交易中心有限公司	2015年12月10日
204	北京亚科技术开发有限责任公司	2013年9月30日
205	河北北人冀通支付服务有限公司	2014年7月8日
206	杭州市民卡有限公司	2016年4月22日
207	合肥新思维商业管理有限责任公司	2013年1月6日
208	郑州建业至尊商务服务有限公司	2013年1月6日
209	长沙星联商务服务有限公司	2013年1月6日
210	贵州贵金支付网络服务有限公司	2016年12月16日
211	山东银利企业服务有限公司	2013年1月6日
212	上海商旅通商务服务有限公司	2013年1月6日
213	江苏大贺会支付商务服务有限公司	2014年11月2日
214	江苏金禧智能卡管理有限公司	2015年2月11日
215	百联优力（北京）投资有限公司	2013年1月6日
216	恒盈通支付有限公司	2016年4月22日
217	北京全顺通商贸有限公司	2013年1月6日
218	中信恒达支付有限公司	2016年4月22日
219	温州之民信息服务有限公司①	2013年1月6日
220	厦门夏商电子商务有限公司	2013年7月6日
221	安徽皖垦商务投资服务有限公司	2013年7月6日

① 支付业务被上海点佰趣信息科技有限公司合并。

续表

序号	机构名称	核准日期
222	云南银通支付管理有限公司	2014年11月2日
223	北京百付宝科技有限公司	2013年7月6日
224	北京中汇金支付服务有限公司	2015年8月12日
225	艾登瑞德（中国）有限公司	2016年1月28日
226	山西金虎信息服务有限公司	2013年7月6日
227	北京国华汇银科技有限公司	2013年7月6日
228	北京繁星山谷信息技术有限公司	2013年7月6日
229	宁国百家汇投资管理有限公司	2013年7月6日
230	杭州通策会综合服务有限公司	2013年7月6日
231	上海索迪斯万通服务有限公司	2014年1月16日
232	榆林元亨商务管理有限责任公司	2013年7月6日
233	安徽长润支付商务有限公司	2013年7月6日
234	福建省银通商务服务有限公司	2015年2月11日
235	圣亚云鼎支付有限公司	2015年12月10日
236	广东信汇电子商务有限公司	2013年7月6日
237	易通支付有限公司①	2016年4月22日
238	捷易付科技有限公司	2016年8月5日
239	永超源支付科技有限公司	2014年11月2日
240	北京新浪支付科技有限公司	2016年12月16日
241	湖南银河金谷商务服务有限公司	2013年7月6日
242	武汉城市一卡通有限公司	2013年7月6日
243	快捷通支付服务有限公司	2015年2月11日
244	先锋支付有限公司	2014年7月8日
245	汇明商务服务有限公司	2016年4月22日
246	湖北蓝天星支付有限公司	2016年12月16日
247	西安城市一卡通有限责任公司	2014年7月10日
248	新疆一卡通商务服务有限公司	2014年7月10日

① 支付业务被山东鲁商一卡通支付有限公司合并。

续表

序号	机构名称	核准日期
249	山东运达电子商务有限公司	2014年7月10日
250	深圳瑞银信信息技术有限公司	2016年8月5日
251	重庆联付通网络结算科技有限责任公司	2015年8月12日
252	武汉合众易宝科技有限公司	2014年7月10日
253	深圳市国采支付科技有限公司	2014年7月10日
254	广州商物通网络科技有限公司	2014年7月10日
255	广州市汇聚支付电子科技有限公司	2014年7月10日
256	广州合利宝支付科技有限公司	2014年7月10日
257	北海石基信息技术有限公司	2014年7月10日
258	乐刷科技有限公司	2015年4月30日
259	深圳市讯联智付网络有限公司	2016年12月16日
260	金运通网络支付股份有限公司	2016年8月5日
261	邦付宝支付科技有限公司	2015年12月10日
262	山东飞银智能科技有限公司	2014年7月10日
263	北京理房通支付科技有限公司	2015年12月10日
264	北京畅捷通支付技术有限公司	2014年7月10日
265	广东盛迪嘉电子商务股份有限公司	2014年7月10日
266	广东广物电子商务有限公司	2015年3月26日

Financial Service Report
of the People's Bank of China, No.1, 2017

2016 China Payment System Development Report

Payment and Settlement Department
of the People's Bank of China

CHINA FINANCIAL PUBLISHING HOUSE

Contribution

Team leader

Xie Zhong

Deputy team leader

Fan Shuangwen

Zhang Ye

Editor

Pan Song

Member of the team (in alphabetic order)

Cheng Shigang

Hu Bo

Tan Jinghui

Yan Fang

Yang Qing

Zhou Zhanbo

Zhang Weihua

Authors (in alphabetic order)

Cui Baoqiang

Ding Yan

Dong Jin

Gao Yangzong

Guo Jianjun

Lü Yuan

Pan Song

Sun Fangjiang

Preface

China Payment System Development Report (Report) is one of the Financial Service Reports of the People's Bank of China (PBC) and has been issued for 10 editions since 2006. The *Reports* elaborate the achievements of China payment system. They have great value for readers who are interested in and devoted to researching the development of China payment system, particularly the institutions and individuals participating in the system development, and thus have attracted wide attention. In addition, the *Reports* facilitate the international community to understand the development of China payment system and strengthen the communication on payment systems between China and other economies.

The *Report* is divided into four parts: Part I introduces the development and accomplishments of China payment system in 2016 in consolidation of legal basis, account management reform, the promotion of non-cash payment instruments, the development of payment and market infrastructures, oversight and supervision of the payment system, financial inclusion in payment area and outlook for the future development of the payment system. Part II describes the operation of China payment system in 2016 by analyzing a large number of data relating to bank settlement account, payment instruments, payment systems, securities settlement systems and central counterparties to demonstrate major features and trends of the payment system. Part III presents featured achievements made by PBC branches, bank institutions and clearing institutions in payment, clearing and settlement. Appendices in Part IV cover major events concerning payment system development in 2016, key indicators for payment system development and statements on key payment services. Here we provide the English version of Part I, II and IV (Appendix 3 excluded), and Special Topics.

The *Report* in 2016 highlights the oversight of the payment system and the operation analysis. The structure was slighted adjusted in the following ways: i) moving several items (*payment service providers*, *operation of financial market infrastructures* and *the development of non-cash payment instruments*) which were originally included in Part I to Part II; ii) incorporated the featured work of banking institutions and clearing institutions in Part III; iii) demonstrated several payment indicators in Part IV so as to keep in line with *Quarterly Report of Payment Services*.

We would like to extend our sincere gratitude to CSRC, relevant departments and branches of PBC, China Foreign Exchange Trading System, China National Clearing Center, China UnionPay Co., Ltd., Shanghai Clearing House Co., Ltd., Clearing Center for City Commercial Banks, Rural Credit Banks Funds Clearing Center, China Central Depository & Clearing Co., Ltd., China Securities Depository and Clearing Corporation Limited, Shanghai Futures Exchange, Zhengzhou Futures Exchange, Dalian Futures

Exchange and China Financial Futures Exchange that have generously provided materials for the *Report*, and also to China Financial Publishing House that makes efforts to edit it.

Given the author's theoretical and practical limitations, we highly appreciate suggestions and comments from institutions, experts, scholars and people of all circles.

Xie Zhong
Director General of Payment and Settlement Department of PBC
April 18, 2017

List of Abbreviations

ABS	Accounting Banking System
ACH	Automatic Clearing House
ACS	Accounting Data Centralized System
ASEAN	Association of Southeast Asian Nations
BEPS	Bulk Electronic Payment System
CBGS	Central Bond Generalized System
CBRC	China Banking Regulatory Commission
CCCCB	Clearing Center for City Commercial Banks
CCDC	China Central Depository & Clearing Co.,Ltd.
CCP	Central Counterparty
CCPC	City Clearing Processing Center
CDFCPS	China Domestic Foreign Currency Payment System
CFETS	China Foreign Exchange Trading System
CFFE	China Financial Futures Exchange
CIPS	Cross-border Interbank Payment System
CIS	Cheque Image System
CPMI	Committee on Payments and Market Infrastructures
CSD	Central Securities Depository
CSDC	China Securities Depository and Clearing Corporation
CSRC	China Securities Regulatory Commission
DCE	Dalian Commodity Exchange
DFCPS	Domestic Foreign Currency Payment System
DVP	Delivery Versus Payment
ECDS	Electronic Commercial Draft System
ETF	Exchange Traded Funds
EMEAP	Executive Meeting of East Asia Pacific
FOF	Fund of Fund
HVPS	High Value Payment System
IBPS	Internet Banking Payment System
LOF	Listed Open-Ended Fund
NPC	National Process Center

NPI	Non-bank Payment Institution
PBC	the People's Bank of China
PFMIs	Principles for Financial Market Infrastructures
QDII	Qualified Domestic Institutional Investor
RCBFCC	Rural Credit Banks Funds Clearing Center
SAIC	State Administration for Industry and Commerce
SEACEN	South East Asian Central Banks
SDR	Special Drawing Right
SHCH	Shanghai Clearing House
SSE	Shanghai Stock Exchange
ZCE	Zhengzhou Commodity Exchange

CONTENTS

Topics

Figures

Tables

Part I
The Achievements of China Payment System in 2016

- Legal Basis Further Consolidated
- The Account Reform Getting under Way
- Payment Regulatory Framework Founded
- The Campaigns to Combat Telecommunications and Internet Fraud Making Breakthroughs
- The Development of Payment and Market Infrastructures Promoted Steadily
- Payment Service Innovation Growing Rapidly and Healthily
- Financial Inclusion in Payment Area Keeping Intensified
- The Statistical Analysis of Payment Data Improved
- International Cooperation in Payment and Settlement Area Furthered
- Outlook for the Development of China Payment System

The year of 2016 witnessed the kick-off of the 13th Five-year Plan and the achievements of China payment system. As the organizer and overseer of the payment system and the developer and operator of the major payment and market infrastructures (PMIs) , the People's Bank of China (PBC) spared no efforts to improve the high-level design, strengthen payment supervision, promote the development of PMIs and to regulate the innovations.

1. Legal Basis Further Consolidated

In 2016, rules and procedures in respect of bank settlement accounts, payment instruments, payment systems and non-bank payment institutions (hereinafter referred to as NPIs) etc. were released, which furthered the legal basis for the payment system.

PBC along with CBRC promulgated *Administrative Measures on Bankcard Clearing Institutions*. For the purpose to implement *Decision on Implementing Access Management of Bankcard Clearing Institutions* and advance the open-up of bankcard clearing market lawfully and orderly, PBC along with CBRC promulgated *Administrative Measures on Bankcard Clearing Institutions* in June 2016. *The Measures* specify the access criteria of bankcard clearing institutions and elaborate the application documents and procedures, which helps to regulate the management over bankcard clearing institutions, develop a level-playing field, enhance domestic bankcard clearing services and thus to promote the sustainable and stable growth of China's bankcard industry.

PBC released *Administrative Measures on the Rating of Non-bank Payment Institutions*. In order to improve the supervision on NPIs, mitigate payment risks and to safeguard the legitimate rights of the clients, PBC released *Administrative Measures on the Rating of Non-bank Payment Institutions* in April 2016. The *Measures* sets the fundamental principles for the rating and relevant indicators. Adopting differentiated measures based on the ratings is beneficial to the adequate allocation of supervisory resources and the improvement of supervisory efficiency.

PBC and other relevant authorities issued *Opinions to Promote the Healthy Development of Bankcard Clearing Market*. In December 2016, PBC and 13 other authorities issued *Opinions to Promote the Healthy Development of Bankcard Clearing Market* to further implement the holistic plan for the intensification of economic mechanism reform. Under the principles of "market-orientation, innovative development, risk management, independent decision-making, going global and reciprocal development", the *Decision* emphasizes the policy support to facilitate the improvement of market-oriented mechanism, the industry supporting system and the international competitiveness of bankcard clearing institutions.

The pricing mechanism of bankcard merchant discount fees was reformed. In March 2016,

National Development and Reform Commission and PBC jointly released *Notice on Improving the Pricing Mechanism of Bankcard Merchant Discount Fees.* The *Notice* reiterates the adoption of market-orientation, adjusts the scope and means of government pricing, removes the mechanism of tiered pricing by merchant types and implements different rates for debit and credit cards respectively. As the *Notice* came into effect, the merchant discounts fees dropped obviously, which helped to further improve the business environment, encourage consumption and to promote trade circulation.

Column 1

Reform on the Pricing Mechanism of Bank Card Transaction Fees

As a type of non-cash payment instruments, bank cards are widely used in the consumption of today's commercial services, representing a key component of modern trade circulation. Bank card transaction fees mainly include issuing service fee charged by an issuer, acquiring service fee charged by an acquirer and network service fee charged by a bank card clearing institution. With steady growth in the number of bank cards issued in China and continued improvement in bank card acceptance, bank card transactions have scaled up year on year. By the end of 2016, the number of bank cards in use nationwide has exceeded 6.13 billion, which can be accepted at 20.67 million merchants with 24.54 million POS terminals. In 2016, consumption through bank cards in China reached 38.33 billion transactions involue and around CNY 56.50 trillion in value.

For the purpose of lowering the operating cost of merchants and promoting sustainable and healthy growth of the bank card industry in China, the National Development and Reform Commission (hereinafter referred to as NDRC) and the People's Bank of China (hereinafter referred to as PBC) jointly issued *Notice on Improving the Pricing Mechanism of Bank Card Transaction Fees* (Fagaijiage [2016] No. 557) on March 14, 2016, which took effect on September 6, 2016.

Steering towards deepening market-oriented reform, reducing costs and alleviating burdens, the policy adjustment involves fine-tuning the scope and way of government pricing management, abandoning tiered pricing for different industries, and introducing differentiated pricing mechanism for debit cards and credit cards. Firstly, lower the rate of issuing service fee. Instead of charging by merchant category, it is subject to government pricing guidance and cap management. The service fee charged on a debit card transaction is capped at 0.35% of the transaction amount, whereas the service fee charged on a credit card transaction may not exceed 0.45% of the transaction amount. Secondly, reduce the rate of network service fee. Subject to the government price guidance and upper limit management, it is levied upon both acquirers and issuers regardless of merchant category. The network service fee may not exceed 0.065% of the transaction amount, in which issuers and acquirers contribute an equal share (in other words, the fee charged on issuers and acquirers respectively shall be controlled within 0.0325% of the transaction amount) . Thirdly, Adjust the cap of issuing service fee and network service fee. The issuing service fee charged upon a debit card transaction may not exceed CNY 13, whereas the issuing service fee charged upon a credit card transaction is exempted from a cap. The network service fee charged upon a bank card transaction, whether credit or debit, is capped at CNY 6.5, meaning that no more than CNY 3.25 may fall upon the issuer and the acquirer per transaction. Fourthly, special waivers in issuing service fee and network service fee are available to certain types of merchants. Nonprofit medical institutions and similar organizations may enjoy full exemption from the pricing mechanism. Within the first two years since the pricing reform has rolled out, merchants closely linked to people's daily life such as supermarkets may enjoy waivers under the principle of general stability in rate level. Fifthly, the acquiring service fee is subject to market competition and a result of negotiation between an acquirer and a merchant.

Since the adoption of the new pricing mechanism, the volume of bank card transactions has remained stable as a whole. Meanwhile, merchant discount rate has dropped in average, resulting in sharp decline in misbehaviors such as abuse of MCC for lower rates. In that sense, the reform has achieved its aim and is well received among merchants, bank card business operators and related industry associations. Statistics show that the merchant discount rates for hotels, restaurants and the entertainment industry have decreased by 50%-55%, whereas the rate for shopping-malls has been down by 20%-30%. By the end of 2016, merchants have saved CNY 3.1 billion in discount rates.

The pricing reform is a reflection of the supply-side structural reform in China as well as the work task of "addressing overcapacity, de-stocking, deleveraging, reducing cost and beefing up infrastructure". In addition, it is fully in line with the spirit of *Opinions of the General Office of the State Council on Promoting the Healthy Development of Domestic Trade Circulation* (Guobanfa [2014] No.51), which highlights the need of lowering operating cost of merchants, improving merchants operating environment and stimulating consumption to boost domestic demands. It prompts bank card business operators to enhance management expertise and quality of service, which is conducive to the sustainable and healthy development of bank card industry in China.

PBC issued *Notice on Relevant Matters regarding Credit Card*. For the purpose to promote the marketization of credit card related business and to guide the market to grow in a healthier way, PBC issued *Notice on Relevant Matters regarding Credit Card* in April 2016. The *Notice* further consolidates relevant regulations regarding credit card business and raises requirements for the promotion of market-oriented rates and pricing rules, enhancement of payment services and protection of card holders. It aims to guide commercial banks to develop differentiated and customized credit card products and services and to promote innovation and healthy competition.

PBC and CBRC revised *Settlement Rules on Domestic Letter of Credit*. In April 2016, PBC and CBRC jointly released newly revised *Settlement Rules on Domestic Letter of Credit*. The new *Rules* strikes good balance between promotion of market growth and prevention of financial risks and recreates the business procedures and management standards for domestic L/C, which helps to address the financing and payment appeals of domestic enterprises and to promote business expansion and innovation of L/C.

PBC promulgated *Administrative Measures on Bill Transactions*. In order to regulate bill transactions, safeguard the legitimate rights of the stakeholders and to promote the healthy development of the bill market, PBC promulgated *Administrative Measures on Bill Transactions* in December 2016. *The Measures* stipulates the access criteria of the bill market, specifies the role and business scope of Shanghai Commercial Paper Exchange as the bill market infrastructure, illustrates the procedures and requirements for the registry, depository, trading and settlement of bills. The promulgation of the *Measures* is a milestone in the history of the bill industry, which indicates the rapid development of China's bill market.

PBC issued *Notice on Regulating and Promoting Electronic Commercial Drafts*. For the purpose to promote the use of electronic commercial drafts and thus to mitigate the risks brought about by paper commercial drafts, PBC issued *Notice on Regulating and Promoting Electronic Commercial Drafts* in August 2016. The *Notice* encourages the use of electronic commercial drafts in terms of expanding the ECDS coverage, improving the circulation environment, adopting user-friendly approaches, regulating the operations, performing evaluation and strengthening business oversight. The issuance of the *Notice* helps to accelerate the novation of paper commercial drafts and to advance the electronization in the bill market.

PBC released *Notice on the Matters to Further Regulating the Administrative Penalties on Blank Checks*. In order to consolidate the benchmark for the discretionary power of administrative penalties on blank checks and to reduce the administrative disputes triggered by the execution of administrative penalties, PBC released *Notice on the Matters to Further Regulating the Administrative Penalties on Blank Checks* in December 2016. The *Notice* stipulates stricter law enforcement rules and binds the use of discretionary powers by consolidating the benchmark for discretionary powers, regulating law enforcement procedures, improving internal supervision mechanism and intensifying punishment mechanism.

PBC revised relevant rules concerning payment systems. Considering the changes in business processing and operation with the go-live of CNAPS II, PBC issued *Notice on the Revision of*

Related Rules concerning Payment Systems in April 2016. The *Notice* illustrates the revision of the related rules concerning the business processing of HVPS and BEPS etc., specifies the settlement finality of the payments, specifies the definition of participants and elaborates the measures on risk prevention and penalties.

2. The Account Reform Getting under Way

PBC reformed the account system in order to adapt to the new situations and accommodate to the appeals of account business innovations. The reform is based on the two considerations: first, to enhance the flexibility of the supervisory measures to address the differential needs of the consumers and to allow proper innovation; second, to prevent relevant risks and protect the safety of the clients' funds. The reform highlights the implementation of the real-name system and strikes balance between the protection of fund safety and the encouragement of financial innovation, which will exert profound influence on the personal account system and the business of banks and non-bank institutions.

2.1 Promoting the Classified Management of Personal Bank Accounts

The classified management system has come into effect since April 1, 2016 and personal bank settlement accounts are categorized into 3 types. Based on the implementation of the real-name system, the different account types are rendered with tiered functions and caps. Among them, type I has the most functions. In September 2016, PBC released *Notice on Strengthening the Oversight of Payments and Settlement and Preventing Fraud via Telecommunications Channel and the Internet*. The *Notice* stipulates that one individual can only open a single type I account in one bank. In November 2016, PBC issued *Notice on the Implementation of Classified Management over Individual Bank Account,* which further regulates the open-up and use of type II and type III accounts. The classified management system of individual bank accounts can help promote the development of network payments and mobile payment and address the diversified needs of the consumers.

In July 2016, PBC released *Interface Protocols of National Centralized Bank Account Management System (Individual Bank Accounts)* . In November 2016, PBC organized the interoperability test for the relevant data reporting, which provided the infrastructures to facilitate the implementation of classified management over individual bank accounts.

2.2 Steadily Advancing the Classified Management of Payment Accounts

On July 1, 2016, *Administrative Measures on Network Payments Provided by Non-bank Payment*

Institutions came into effect, which signaled the set-up of classified management system of payment accounts. Based on the identity verification of the account applicants and their risk ratings, payment accounts are classified into 3 types. In order to promote the implementation of the *Measures*, PBC organized the inspections to find out to what extent the real-name system was implemented in April 2016. PBC urged non-bank payment institutions to perform KYC for their clients. In September 2016, PBC released *Notice on Strengthening the Oversight of Payments and Settlement and Preventing Fraud via Telecommunications Channel and the Internet* which stipulated that one individual can only open a single type III account in one payment institution.

3. Payment Regulatory Framework Founded

PBC firmly promoted regulatory reform to re-orientate regulatory focus and to diversify regulatory tools. The regulatory system is comprised of government supervision, industry self-discipline, public surveillance, and corporate governance.

3.1 Strengthening Government Supervision

In 2016, PBC organized special rectification tasks for certain areas and the joint inspections on the market players. To address the problem of unlicensed business operation, PBC along with 12 other authorities customized the work plans and performed the special rectification, which proved effective. By the end of 2016, 232 institutions were recognized as unlicensed non-bank payment service market players. Among them, 152 institutions were in the process of resolution, 40 institutions were conferred with administrative opinions and handed over to relevant authorities for the next step, and 7 institutions' cases were filed by the public security authority. PBC combined a mix of solutions inclusive of spot check, special examination, random check and on-site inspections. 5 large-scale campaigns were organized to rectify the market. During the spot check, Payment and Settlement Department of PBC inspected 4 banks and 2 non-bank institutions and stationed the administrative penalties amounting to nearly CNY 50 million. PBC branches actively supported the campaigns and enforced the law strictly, which warned against the illegal activities. Meanwhile, PBC closely cooperated with other relevant authorities to improve government supervision. For example, PBC and the Ministry of Public Security jointly established the Office to Combat Severe Crimes in Payment and Settlement Area so as to set up the reporting and assistant investigation mechanism. Both criminal and administrative investigations were performed for the illegal activities concerning payments and settlement.

Column 2

Strengthening Efforts in Restoring an Orderly Bank Card Acquiring Market

For the purpose of standardizing the management of bank card acquiring outsourcing, on June 29, 2015, PBC issued *Notice of PBC on Strengthening the Outsourcing Management of Bank Card Acquiring Business* (Yinfa [2015] No. 199) , according to which all the acquirers were required to perform comprehensive self-examination. From December 2015 to January 2016, in combination with the previous self-examination, PBC deployed and carried out spot check towards 57 institutions (24 banks and 33 payment institutions) . In the meantime, PBC launched sudden inspection towards certain banks and payment institutions based on whistle-blowing.

The inspection prioritized real-name management of contracted merchants, fund settlement, transaction processing, generation and control of master key in acceptance terminals, management of cooperative relations with outsourcing agents, and safeguarding customer funds stored on an account with a payment institution for future payments to third parties (hereinafter referred to as customer funds) . For the sake of effectiveness and under the principle of legal compliance, the inspection was launched without notice in advance and the notice on enforcement inspection was delivered at the entrance. Under the unified deployment by PBC headquarter, PBC head quarter and its regional branches were able to act in good coordination and create synergy effect.

Based on the inspection results, PBC issued *Notice on the Spot Check of Bank Card Acquiring Outsourcing* (Yinfa [2016] No. 77) , which ordered the legal persons of 4 payment institutions to make an overhaul in business operation, instructed 5 payment institutions to exit from the bank card acquiring business in some provinces (districts or cities) , and criticized 4 banks. According to the result of the sudden inspection, China CITIC Bank Shanghai Branch was ordered to forfeit the illegal gains of CNY 1 462 941.55 and fined CNY 1 462 941.55; ALL IN PAY had illegal gains of CNY 3 033 755.34 confiscated and was fined CNY 11 101 266.02; China UMS was ordered to forfeit the illegal gains of CNY 6 134 255.55 and fined CNY 26 537 022.20. The inspection effectively contained market violations.

Going forward, PBC shall, based on relevant laws and provisions as well as the incentive system for whistle-blowing of payment settlement misbehaviors, give full play to public supervision and combine ad hoc examination, sudden inspection with random inspection, thus enhancing oversight on the payment settlement market and ensuring sustainable, stable and healthy growth of the payment market.

3.2 Adopting Tiered Supervisory Model

In 2016, PBC organized the evaluation on non-bank payment institutions that engaged in network payments, prepaid card and bankcard acquiring pursuant to *Administrative Measures on Network Payments Provided by Non-bank Payment Institutions* and *Administrative Measures on Classified Evaluation of Non-bank Payment Institutions*. Based on the findings, PBC would identify the focus and take differentiated supervisory measures. The institutions which are rated as type A (real-name ratio reaching over 95%) get stimulus package in terms of payment caps and verification means. The institutions which are rated as type D will be under watch. The authority could require them to suspend part or all their business. The institutions which are rated as type E and fail to rectify as stipulated by the authority will lose their payment license. The measures above aim to i) enhance the allocation of supervisory resources; ii) and encourage non-bank payment institutions to be more aware of compliance, to improve risk management and to seek sustainable growth.

Column 3

Innovative Supervision of Payment Institutions through a Multi-dimensional Rating System

For the purpose of effective supervision of payment institutions, prevention of payment risks, protection of customers' legitimate rights, rational allocation of regulatory resources and maximized regulatory effectiveness, PBC, by factoring in the business models, potential risks and operational performance of payment institutions, has carried out innovative supervision of payment institutions through a multi-dimensional rating system, which involves the establishment of a comprehensive system of evaluation indicators including the management of customer funds and the implementation of customized supervisory measures based on different rating outcomes.

1. Rating Principles

Rating of payment institutions must be carried out in a way that combines comprehensiveness with emphasis, quantity with quality, off-site supervision with on-site investigation, supervisory rating with self-disciplinary rating. The combination of comprehensiveness with emphasis refers to the approach of comprehensive analysis of operation management, business development, payment infrastructure and anti-money laundering management, based on which the evaluation priority is given to the security of customer funds and business compliance of payment institutions with an orientation towards risk control and compliance. The combination of quantity with quality means that the evaluation of payment institutions shall integrate quantitative and qualitative factors. The combination of off-site regulation with on-site investigation requires evaluation based on information obtained via off-site supervision as well as the data acquired through on-site inspection and investigation. The combination of supervision rating with self-disciplinary rating involves the comprehensive assessment of the implementation of supervision measures as well as self-disciplinary rules by payment institutions.

2. Rating Indicators

The rating indicators for payment institution are divided into supervisory indicators and self-disciplinary indicators. Supervisory indicators comprise six types of major indicators, namely safeguarding customer funds, compliance and risk prevention and control, protection of customer rights and interests, system security, anti-money laundering measures, and capacity of sustainable development.

In terms of safeguarding customer funds, the evaluation shall give priority to the competence of payment institutions in guaranteeing fund security and integrity. In terms of compliance and risk prevention and control, it focuses on the establishment of compliance management system, standard operation, risk prevention and management of payment institutions. Regarding protection of customer rights and interests, it prioritizes the implementation of real-name registration system, customer service, complaints handling and safeguarding customer rights and interests of payment institutions. As far as system security is concerned, it focuses on the operation of business infrastructure and the management competence in eliminating technical risks. In respect of anti-money laundering, it involves anti-money laundering mechanism of payment institutions, system support and fulfillment of anti-money laundering obligations. In terms of capacity of sustainable development, it attaches importance to the scale and profitability of payment institutions as well as the prospect of sustainable growth in their business. Indicators of self-disciplinary management are formulated by the Payment & Clearing Association of China and submitted to PBC. Award bonus will be granted to payment institutions that promote inclusive finance through provision of payment services in rural areas, poverty reduction and development finance etc. and achieve tangible results. The appraisal scoring of payment institutions will be confirmed based on the base score of 100 points and in combination with the scoring of self-discipline management and reward & punishment scoring.

3. Rating Criteria

According to the rating system, based on the scores of rating indicators in the past year and factoring in specific circumstances, payment institutions are classified into 5 types and 11 ranks, namely A (AAA, AA, A) , B (BBB, BB, B) , C (CCC, CC, C) , D and E. Type A institutions achieve excellent scores in the six major indicators on a whole, featuring standard customer fund management, strong capacity of risk prevention and control, sound compliance status, effective protection of customer rights and interests, stability in technical security and strong capacity in business processing, complete fulfillment of anti-money laundering obligations, competence in sustainable development and proactive participation in industry self-disciplinary management.

Type B institutions achieve good scores in the six major indicators on a whole and perform ordinarily measured by certain indicators. They feature relatively standard customer fund management, relatively strong capacity of risk prevention and control, relatively sound compliance status, adequate protection of customer rights and interests, certain stability in technical security and relatively strong capacity in business processing, good fulfillment of anti-money laundering obligations, relative competence in sustainable development and relatively proactive participation in industry self-disciplinary management.

Type C institutions perform ordinarily in the six major indicators on a whole and raise concerns measured by certain indicators. They feature basic standard of customer fund management, ordinary capacity of risk prevention and control, mediocre compliance status and protection of customer rights and interests, relative weakness in technical security and capacity in business processing, basic fulfillment of anti-money laundering obligations, ordinary competence in sustainable development and mediocre coordination with industry self-disciplinary management.

Type D institutions operate with relatively big potential risks, featuring worrisome problems in customer fund management, major defects in business compliance and payment infrastructure, ineffective protection of customer rights and interests, inadequate fulfillment of anti-money laundering obligations, no substantive business or business stagnation, and inactive coordination with industry self-disciplinary management.

Type E institutions bear high potential risks, featuring serious problems in customer fund management, major loopholes in business compliance, payment infrastructure and protection of customer rights and interests, poor performance of anti-money laundering obligations and refusal of coordination with industry self-discipline management.

4. Supervisory Response to Rating Outcomes

In accordance with the rating results, PBC identifies supervisory priorities and formulates supervisory schedules and measures based on the overall conditions and risk degrees of payment institutions. For type A institutions, it's unnecessary to adopt any supervision measures in general. For type B institutions, in addition to daily supervision, measures such as order of rectification within a time limit, supervisory conversations and on-site inspection are needed. For type C institutions, besides measures applicable for type B institutions, conversations and inspections shall be more frequent to enhance supervision. For type D institutions, apart from measures applicable for type C institutions, PBC can also resort to ordering suspension of part or all of their payment business. For type E institutions, apart from measures applicable for type D institutions, PBC has the mandate to revoke Payment Business License granted to institutions failing to make rectification within a time limit.

5. Rating Practice

In 2016, PBC has conducted ratings towards payment institutions, based on which PBC has put forward specific supervisory priorities, issued notice of criticism and conducted interviews with payment institutions of lower ranks, which were ordered to business overhaul. The rating practice has played a positive role in stimulating payment institutions to enhance compliance awareness, strengthen risk management, promote sustainable development and maintain market order.

3.3 Promoting Exit Mechanism

PBC encourages survival of the fittest in the payment service market. In 2016, PBC firmly tended to instruct the unqualified players to exit from the market. Except for the pressure exerted on type D and type E institutions as rated during the classified evaluation, PBC came out with some other options such as promoting the merge of institutions, reducing their business scope and canceling their licenses while assessing whether the applying non-bank payment institutions were qualified to extend their licenses. To be more specific, the extension of payment licenses was performed based on the principle of "total amount control, optimization of the structure, enhancement of the quality and orderly development". The payment institutions whose business was sluggish or severely shrinking would have to reduce their business scope or even lose their license. The payment institutions belonging to the same group or stakeholders were encouraged to integrate their business and get merged. During the whole year, 92 institutions filed the application and 1 of them failed to get the extension. 10 institutions were merged. Eventually, the amount of licensed non-bank payment institutions (NPIs) decreased from 267 to 256.

3.4 Establishing the Centralized Depository System for Clients' Funds

Guaranteeing the security of clients' money is a focal point of the supervision of NPIs. Clients' funds are not NPIs' assets and yet NPIs currently deposit such funds separately in banks under their own name. Under such circumstances, it is difficult for the regulatory authorities to monitor the security of the money, which increases the risk of embezzlement. In order to implement the requirements of the State Council in terms of rectifying the risk events in internet finance and to address the challenges endangering the security of consumers' funds, PBC established the centralized depository system for clients funds, which requires NPIs to deposit certain amount of clients' funds in special deposit account of designated institution(s) from April 17, 2017. The average ratio for the centralized deposit at the first time is about 20% and it may vary for different NPIs considering their respective business types and ratings etc. The ratio would be raised gradually and PBC is expected to implement the centralized depository for all the clients' funds in NPIs eventually. The centralized depository system will help protect client's money, minimize risks and also urge NPIs to do business as licensed.

3.5 Encouraging the Role of Industry Self-discipline

Industry self-discipline well complements government supervision. In 2016, PBC guided PCAC to: i) strengthen the rectification of the market to implement the regulatory requirements concerning bankcard and anti-fraud via telecommunications and the internet; ii) improve self-discipline mechanism and enhance the compliance of the industry; iii) brief relevant policies to the market players, promote the development of the industry and safeguard the legitimate rights of the consumers; iv) encourage the market players to refine their services, to improve their corporate governance, to strengthen the internal control and to enhance the capability of sustainable growth and compliance management.

3.6 Formulating the Mechanism of Public Surveillance

PBC issued public reporting mechanism for illegal activities concerning payments and settlements and guided PCAC to release relevant implementation rules and to develop the reporting platform. By the end of 2016, the reporting platform had received 1 832 cases. Among them, 540 cases were accepted and 24 cases transferred to PBC.

4. The Campaigns to Combat Telecommunications and Internet Fraud Making Breakthroughs

In December 2016, PBC and other five relevant authorities jointly promulgated *Circular on Preventing and Combating Telecommunications and Internet Fraud* based on the following considerations: i) to firmly follow the instructions from the top leaders about cracking down telecommunications and internet fraud; ii) to implement the plans agreed by relevant meetings of the State Council; iii) to make the campaigns more targeted and effective; iv) to safeguard the legitimate rights of the public; v) and to maintain social stability. PBC responded promptly to promote the implementation of the *Circular* by strengthening account management, cutting the fund transfer channels for the illegal activities and protecting the safety of the public's money.

4.1 Effectively Sniping the Telecommunications and Internet Fraud

In order to address the risk events concerning payments, PBC released *Notice on Relevant Matters to Strengthen Management of Payments and Settlements and to Prevent Telecommunications and internet Fraud* (Yinfa[2016] No.261) , which stipulates 20 specific measures in terms of strengthening the real-name system, cutting off the major fund transfer channel for telecommunications and internet fraud, intensifying the protection of individual payment information and establishing long-term mechanism to protect consumers' funds. PBC head office and branches spared no efforts to ensure the execution of the *Notice* and made valuable contribution to the campaigns.

4.2 Improving the Efficiency of Information Enquiry

PBC along with the Ministry of Public Security and other relevant authorities established the mechanism of payment suspension and instant freeze for bank accounts suspicious of telecommunications and internet fraud and developed the management platform for risk events triggered by telecommunications and internet fraud transactions. This move has enhanced the efficiency for the public security authorities to enquire, suspend and freeze the bank accounts suspicious of illegal activities and thus effectively help cut the capital chain of the fraud activities. By the end of 2016, 3 675 banks and 111 NPIs got access to the platform. The suspended and frozen business amounted to 0.94 million in volume. Among them, the largest transaction in value reached CNY 20.76 million.

4.3 Cracking down the Illegal Sale of Bankcard Information

Besides the endeavor to cut off the illegal fund transfer channels for the telecommunications and internet fraud, PBC, along with Ministry of Industry and Information Technology, Ministry of Public Security, State Administration of Industry and Commerce, China Banking Regulatory Commission and National Office of Internet Information, released a notice and carried out special campaign to crack down the illegal sale of bankcard information. This move helped to protect the safety of bankcard information, safeguard the legitimate interests of the card holders and to foster the safe and stable financial ecosystem.

Column 4

Preventing and Cracking down on Telecommunication Network-related Fraud for the Safety of Customer Funds

In order to fully implement the spirit of cracking down on telecommunication network-related fraud put forward by the top leaders, the State Council's deployment and the requirements set out in *Announcement on Preventing and Cracking down on Telecommunication Network-related Fraud*, PBC has responded proactively by issuing *Notice on Strengthening Regulation on Payment and Settlement and Preventing New Types of Criminal Activities Related to Telecommunications Network* in September 2016, targeting problems in payment emerging from recent telecommunication network-related fraud cases. The notice involves 20 specific measures such as strengthening real-name account registration and blocking major channels of fund transfer in connection with telecommunication network-related fraud so as to strengthen payment and settlement security in the financial industry and ensure the safety of people's property. Up to date, the measures have been put in place with tangible results, which has played a significant role in preventing and controlling fund flows resulting from telecommunication network-related fraud and was well received by the public.

1. Strengthen real-name account registration so as to address the root cause of trading bank accounts or payment accounts. In order to effectively contain illegal account trading, from December 1, 2016, each person may only open one type I settlement account in one bank and one type III payment account in one payment institution. In addition, opening accounts is subject to strict control. Banks and payment institutions are required to refuse abnormal applications for account opening, suspend business processing for accounts without any transaction record within six months upon opening and look into circumstances where one contact number is used by several persons. Besides, banks and payment institution must establish a blacklist management mechanism to reinforce penalties against malpractice.

2. Reinforce fund transfer management so as to block major channels of fund transfer in connection with telecommunication network-related fraud. In order to prevent fraudsters from tricking victims into transferring funds through ATM and obtaining illicit money afterwards, except fund transfer to a person's another account with the same bank, funds transferred via ATM may reach the recipient's account only after twenty-four hours, during which individuals are entitled to cancel the transaction. In addition, since fund transfer in connection with telecommunication network-related fraud usually takes place via non-face-to-face channels such as internet banking, banks and payment institutions are required to adopt preventive approaches against high-value abnormal fund flows through customers' accounts. To be concrete, banks and payment institutions are required to agree with customers in advance on payment volume and transactions caps, caution customers in case of high-value transfer and apply authentication methods such as digital certificate or electronic signature to a customer whose daily aggregate transfers amount to more than CNY 50 000.

3. Protect personal payment security so as to strengthen the management of bank card acceptance terminals. In order to address problems such as bank card information leak through illegally modified POS terminals and relocation and abuse of POS terminals, management of POS terminals must be strengthened to the extent that online trading of POS terminals and card readers are strictly prohibited. In addition, inspections of POS terminals on the ground ought to be conducted by banks and payment institutions under PBC's guidance. Furthermore, banks and payment institutions are required to establish and enhance their bank card information management systems and blacklist mechanisms of contracted merchants, and remove those merchants with serious violations, which provide convenience for fund transfer in connection with telecommunication network-related fraud.

4. Establish long-term mechanism for personal fund protection by introducing categorized personal account management mechanism. In order to ensure fund safety of personal bank accounts, a categorized personal account management mechanism will be introduced, through which a new type of personal bank account system is established with type I accounts as the principal account and type II/type III accounts as subsidiary account. In particular, type II and type III accounts are more relevant to people's daily life as they can open these accounts online to purchase wealth management products and spend on daily needs. In addition, PBC also issued the *Notice on Implementing the Rules for the Categorized Personal Bank Account Management* (Yinfa [2016] No. 302) , which further defined the management requirements for the opening and use of type II and type III bank settlement accounts.

5. Deliver full support to public security departments in saving people's financial losses. In collaboration with the Ministry of Industry and Information Technology, the Ministry of Public Security and the State Administration for Industry & Commerce, PBC has established an urgent payment suspension and rapid freezing mechanism targeting suspect accounts. Furthermore, in cooperation with the Ministry of Public Security, PBC has launched "platform on risk management of transactions related to telecommunication network-related crimes". These efforts have helped public security departments to significantly raise the efficiency of inquiry, payment suspension and fund freezing of suspect accounts.

Up to date, the social effect of above mentioned measures has taken shape. By the end of 2016, banks and payment institutions have cancelled 624 fund transfer transactions via ATM in connection with telecommunication network-related fraud and saved fund losses amounting to CNY 6.73 million for the sake of people. 8 952 times of fake account opening with someone else's identity card have been intercepted. Review on abnormal account opening have been carried out covering 359 100 institutions. 93 900 times of abnormal account opening regarding people with elusive identity and account opening purposes were rejected. 865 500 accounts were suspended and 3.66 million accounts were cancelled where one contact number was shared by several persons without reasonable explanation. More than 30 000 POS terminals were pulled from e-commerce platforms and information release platforms. Last but not least, PBC assisted public security departments in 943 400 cases of inquiry, payment suspension and fund freezing of suspect accounts, resulting in frozen funds totaling CNY 3.5 billion.

5. The Development of Payment and Market Infrastructures Promoted Steadily

In 2016, PBC continued to promote the development of infrastructures, optimize the system functions, and to improve the efficiency of business processing. Meanwhile, PBC maintained the safety of the systems as the key point by making great efforts to strengthen emergency management.

5.1 Development of the Clearing Platform for the Internet Payment of NPIs

The implementation of the centralized depository system of clients' funds needs to be facilitated by the clearing arrangement. Under the guidance of PBC, Payment & Clearing Association of China (PCAC) is organizing the development of the clearing platform for the internet payment of NPIs (hereinafter referred to as the platform) .

The platform will mainly process the NPIs' internet payments which involve the use of bank accounts and is committed to provide standard, neutral and secure clearing services for the NPIs. It will cut the direct link between the NPIs and banks, and set a clear boundary between payment and clearing services for risk control. The NPIs will have to get single access to the platform to clear their online transactions. The aim of this endeavor is to restrain the NPIs from engaging in interbank clearing services which is out of their licensed business scope, save interconnectivity cost and enhance clearing efficiency and also to help implement the centralized depository system. The clearing platform, as the important financial infrastructure in China, adopted the distributed structure unprecedentedly which marks a milestone in the development of China's payment system.

5.2 Steady Improvement for CIPS

PBC established Wuxi main site backup system for CIPS to help ensure business continuity. PBC promoted the development of CIPS participants stably. Bank of China (Hong Kong) has become the first offshore direct participant of CIPS, which gives full play to its important position and role in the internationalization of RMB and driving an obvious growth in CIPS business volume. Apparently, CIPS was becoming the main channel of cross-border RMB payment increasingly.

5.3 Strengthening Safety Management for Important Facilities

PBC paid close attention to the safety management of payment and settlement, improved the operation maintenance, risk control and auditing as three layers of self-defense, at the same time checked and prevented the internal risk, operational risk and management risk. In fulfillment of the State Council's emergency management requirements, the successful implementation of switching and restoring between Shanghai National Processing Center's main operating environment and Wuxi emergency backup processing center marked the switch of payment system and emergency backup system run successfully.

5.4 Completion of the Assessment of the Financial Market Infrastructures

PBC along with China Securities Regulatory Commission (CSRC) sought opinions from the assessment experts for the report on authorities' responsibilities and revised the report based on the experts' feedback. The assessment against *PFMIs* has been completed. The assessment report showed that China's financial market infrastructures were sound and overall observed by *PFMIs*. PBC and CSRC, as major supervisory bodies for financial market infrastrucures, have fully adopted *PFMIs* and incorporated them into the regulatory framework. Thus the authority and resources given could basically meet the supervisory requirements of the financial market infrastructures.

5.5 Constant Improvement for Functions of ACS

PBC completed the promotion (a total of four batches) of Accounting Data Centralized System (ACS) integrated front-end subsystem. As a result, 2 608 local banking institutions and foreign banks went live. PBC provided efficient and safe services to meet the demand of "home-based" accounting services offered to Investment Center, SAFE. PBC also launched and completed the nationwide roll-out of the subsystems such as information management, files management, monitoring and control system etc. Moreover, PBC organized ACS processing center for emergency drills and completed system switching between two processing centers located in Beijing and Wuhan.

Column 5

Steady Progress Made in the Construction and Promotion of ACS and Its Subsystems

In 2016, PBC has been committed to optimizing and promoting ACS and its subsystems, leading to substantial progress in system construction and institutional building as well as further enhanced business management level.

In terms of institutional building, *Guidance of PBC Payment and Settlement Department on Implementing Performance Assessment on Central Bank Accounting Calculation* (Yinzhifu [2016] No. 33) was issued on January 28, 2016, which aimed at establishing and enhancing the performance assessment mechanism of accounting calculation, promoting effective implementation of the central bank's accounting calculation framework, and comprehensively improving the quality of the groundwork of accounting calculation. Furthermore, *Notice of PBC General Office on Enabling the New Special Certificate of Central Banks Accounting Data Centralized System* (Yinbanfa [2016] No. 75) was issued on March 23, 2016 to optimize ACS specific certificates, which was conducive to marked increase in business success ratio and processing efficiency.

In terms of system construction, firsthy, ACS was upgraded twice on April 1, 2016 and October 21, 2016 respectively so as to satisfy the treasury's contingent need and open market users' inquiries about liquidity and optimize business inquiry and printing, emergency switch among institutions and users as well as the functions of foreign exchange reserve system and that of its subsystems. Secondly, ACS comprehensive front-end subsystem has been connected to the systems of 2 608 financial institutions in four batches, providing convenience for business processing of the latter and contributing to higher efficiency and quality of financial services. For example, on October 28, 2016, Investment Center, State Administration of Foreign Exchange launched ACS comprehensive front-end subsystem under the guidance of PBC, thus enabling self-service fund transfer, which was one of the center's core needs unmet before. Thirdly, the promotion of ACS information management subsystem nationwide has been completed, bringing wider coverage of information services, which is set to provide decent information support for PBC to implement its monetary policy and maintain financial stability. Fourthly, the launch and promotion of ACS archives administration subsystem has been completed, realizing digitalized management of accounting calculation archives. Fifthly, the launch and operation of ACS running and monitoring subsystem was launched and put into operation, which improved the system operation and management by carrying out real-time monitoring of general operation dynamics, operation status of important nodes and business processing. Sixthly, PBC organized its branches in Chongqing and Henan to carry out upgrade of outlets as the subject of accounting calculation. Seventhly, the ACS business processing center was guided to implement merger in production systems and carry out contingency drills.

In terms of business management, firstly, *Notice on Implementing the Average Value Collection of General Deposit Balance in Central Banks Accounting Data Centralized System* (Yinzhifu [2016] No. 157) was issued on June 14, 2016, which stipulated the operating procedures and important notice on the shift in the calculation base of general deposit balance from point value to average value, ensuring smooth implementation of monetary policies. Secondly, *Notice of PBC*

General Office on Using the Mode of Networking to Transact Cash Withdrawal (Yinbanfa [2016] No. 179) was issued on August 23, 2016, which aimed at lowering the business processing cost of financial institutions to the benefit of their service quality. Thirdly, *Notice of PBC General Office on Enabling Treasury's Automated Interest-bearing Fund Transfer in Central Bank Accounting Data Centralized System* (Yinbanfa [2016] No. 226) was issued on October 31, 2016, which was dedicated to enhancing processing efficiency and security of the treasury's automatic interest accrual business. Fourthly, 35 banks obtained PBC's approval to be directly connected to the ACS comprehensive front-end subsystem. In addition, 14 financial institutions launched fund concentration business so as to save liquidity and improve processing efficiency. Fifthly, the ACS treasury contingency business went online, securing the treasury's business continuity.

6. Payment Service Innovation Growing Rapidly and Healthily

In 2016, PBC continued to adopt the management idea of "compliance and innovation", to encourage and support the innovation of payment service market. Meanwhile, PBC continuously regulated the development of payment service innovation, avoided the risks and maintained the security of customers' funds and information.

6.1 Strengthening Standardization in Bill Business

In order to prevent the risk of bill business and promote the sound development of bill market, in April 2016, PBC and CBRC jointly issued *Notice on Strengthening the Supervision of Bill Business to Promote the Healthy Development of Bill Market*, to comprehensively strengthen the management of bill business and investigate the risks.

PBC promoted the Supreme People's Court to issue *Notice of the People's Court on Issues Related to the Announcement in the Procedure of Public Summons for Exhortation*. The purpose is to solve the outstanding problems of the platform and to improve the legal basis of the bill business in the procedure of public summons for exhortation and protection of the legitimate rights and interests of the parties. In order to further standardize the check business, and guide enterprises, institutions and individuals to handle the check business correctly, in March 2016 , PBC issued *Notice on Regulating the Use of Payment Password on Checks*, to achieve a further standard for check payment password processing and use and to improve the circulation of checks.

6.2 Acceleration of Mobile Payment Innovation

PBC played an active role as "catalyst" of the payment instrument innovation. PBC encouraged the rapid development of mobile payment business and guided China UnionPay to promote "Cloud Flash" mobile payment business, referencing to the latest trends in mobile payment industry nationwide and abroad. Since February 2016, China UnionPay has launched a series of innovative mobile payment products. These products achieved good marketing results, by further enhancing the payment efficiency, improving the payment experience, and meeting the social public needs for the safe and convenient payment.

6.3 Standardization of QR Code Payment Innovation

After extensive research and in-depth demonstration, PBC, in accordance with QR code's positioning in the small payment, established QR code payment business basic regulatory ideas, i.e., PBC, according to the customer's identity and transaction verification of different security levels, conducted hierarchical management through transaction quotas. Following this line of thought, PBC actively promoted Payment Clearing Association to speed up the development of industry self-regulatory norms, and China UnionPay to develop enterprise standards. In 2016, China UnionPay released QR code payment technology standards, introduced networking payment products using UnionPay standard QR code, and carried out docking system with major commercial banks. In addition, the formulation of Payment Clearing Association self-discipline norm was also steadily progressing.

7. Financial Inclusion in Payment Area Keeping Intensified

7.1 China's Experience in Promoting the Formation of Rural Inclusive Finance

PBC actively participated in the working group of financial inclusion in payment area organized by World Bank (WB) and Committee on Payments and Market Infrastructures (CPMI) to draw upon domestic and overseas payments' inclusive financial experience and to actively promote the best practices abroad to accommodate the rural payment services in China. PBC, with the World Bank Group and International Finance Corporation (IFC) , i) conducted a joint research on topics refer to the agent model of branchless banking; ii) deeply introduced the business mode and function of facilitating cash withdrawal with bankcards in rural areas of China; iii) also learned experience of international branchless banking business development; ix) and further researched suggestions on business development policies and measures to promote facilitating cash withdrawal with bankcards in rural areas. PBC also participated in the drafting of *G20 Digital Inclusive Finance Advanced Principles*. On the basis of summing up the development of rural payment service environment in China, PBC formed referential, duplicatable and promotable experience, which has been incorporated into the internationally recognized principles.

7.2 Boosting Rural E-Commerce Development

PBC promoted the cooperative construction between stands facilitating cash withdrawal in rural areas and E-commerce service stations, and accelerated the convergence application of E-commerce and electronic payment business in rural area. By loading functions of electronic commerce to the rural service stations, it can attract logistics enterprises and commodity supply and marketing companies to extend their services to the "last one kilometer" off-line in rural area,which joined the cash flow, logistics flow and information flow. PBC supported the payment products and service innovation provided by banking institution and payment institution in light of rural E-commerce demand, and strengthened cooperation between electronic commerce enterprises and payment institutions to guide farmers to shopping online and paying fees. Meanwhile, PBC supported payment institutions to carry out E-commerce in rural area, by setting up the rural E-commerce service center to sale the local native products. Individual payment institutions launched the internet payment platform which integrated the payment, paying fees, and government affairs functions, to achieve government affairs information query and processing of one-stop service. PBC also studied and released the policies concerning facilitating cash withdrawal services in rural areas.

By the end of 2016, the total number of rural areas to open corporate bank settlement account accumulated to 18.23 million, personal bank settlement account reached 3.56 billion, per capita of 3.91; the number of various bank cards achieved 2.55 billion, per capita of 2.8, which realized the goal of "everyone has bankcards, every family has bank accounts, subsidies to household". The payment and clearing system of PBC covered 118.4 thousand rural financial institutions, the coverage ratio achieved 93.46%. The number of nationwide bank branches as participants accessed to RCBFCC reached 43 433. A total of more than 40 thousand rural bank outlets could provide featured bankcard services for migrant workers. The number of stands facilitating cash withdrawal with bankcards in rural areas amounted to 983.4 thousand, which covered more than 531.7 thousand administrative villages, and the coverage ratio was more than 90%. In 2016, 495 million payment transactions were processed, with a total value of CNY 424.78 billion, including cash withdrawal, cash remittance, transfer remittance and fee payment. Among which, cash withdrawal transaction achieved 255 million in volume and CNY 125.79 billion in value, remittance (including cash remittance and transfer remittance) business amounted to 135 million with the value of CNY 288.03 billion, agency payment business amounted to 10 500 with value of CNY 10.96 billion.

8. The Statistical Analysis of Payment Data Improved

PBC continued to strengthen payment data analysis, draft the assessment method concerning payment information reporting for 21 national financial institutions. Also, PBC further i) improved the relevant indicators; ii) strengthened rural payment service statistical monitoring and evaluation, improved the precision and accuracy; iii) built statistical index system for rural payment service environment which was in accordance with the appeals for poverty alleviation and financial inclusion development. PBC continuously improved the transparency of payment system by releasing *Quarterly Reports*, *Overview of the Operation of Payment Systems* and *China Payment System Development Report (2015)* .

9. International Cooperation in Payment and Settlement Area Furthered

Through the platforms such as CPMI, EMEAP, SEACEN, ASEAN+3, G20 and bilateral meetings between PBC and European Central Bank on Payment Clearing and Settlement, PBC kept good terms with other members in payment, clearing and settlement area. PBC kept to deepen international cooperation, improve the participation in relevant international affairs and to strengthen the discourse power in payment and settlement area.

10. Outlook for the Development of China Payment System

10.1 Consolidating Legal Framework in Payment and Settlement Area Steadily

PBC will: i) accelerate the consolidation of payment and settlement related rules and regulations; ii) revise and release the guidelines and detailed rules for bankcard clearing institutions' management to improve the relevant regulation for bankcard clearing business; iii) promote the legal level of *Administrative Measures on Payment Service Provided by Non-financial Institutions* and confirm the legal ascension work plan, principles and framework; iv) issue and implement the rule on centralized depository for all the clients' funds in NPIs and accelerate the issuance of rules on tiered supervision, change, and major events reporting for clients' funds in NPIs; v) complete the classified rating rules for NPIs, specify the indicators and optimize the score weighting methods; vi) revise and issue *Administrative Measures on Banking Account*; vii) research and issue *Notice on Strengthening the Management of Centralizing Agent Paying and Collecting Business in BEPS* to strengthen the supervision on agent paying and collecting business; viii) study and formulate the guideline on the implementation of the *Law of Network Safety*.

10.2 Promoting the Reform of Bank Account Management System

PBC will: i) promote the implementation of personal bank account classified management requirements, promote type II and type III bank account as main channel of online payment and mobile payment; ii) steadily push forward the construction of account management system, guide the bank to complete related system transformation and finish the data migration in RMB settlement account management system; iii) promote the ID online verification system to load the invalid resident identity card information; iv) urge the implementation of *Notice on Relevant Matters to Strengthen Management of Payments and Settlements and to Prevent Telecommunications and internet Fraud* and continue to fight against crimes via telecommunications and network.

10.3 Strengthening the Oversight of the Payment Service Market

PBC will: i) accept and approve the application for the license of bankcard clearing institution in accordance with the law, carefully and steadily promote the open-up of bankcard clearing market; ii) promote the establishment of bankcard clearing market regulatory system and strengthen the daily regulation for bankcard clearing institution; iii) organize to implement the policies stipulated by *Opinion on Promoting the Healthy Development of Bankcard Clearing Market.*

PBC also will: i) take full advantage of the risk rectification mechanism for internet finance to carry out special rectification against NPIs; ii) implement the rules on centralized depository for clients' funds in NPIs; iii) continue to perform the extension and classification of existing NPIs; iii) promote the off-site supervisory system for NPIs; iv) perform a joint campaign to combat the illegal sale of bankcard information along with related authorities.

PBC next will: i) improve the "double random" mechanism for key spot checks; ii) enrich the on-site inspection tools; iii) closely cooperate with public security and audit department to investigate and handle the big cases of payment and settlement area; iv) promote the role of public surveillance and properly handle administrative letters and visits; v) motivate different parties and set up payment market monitoring group; vi) establish two-level market supervisory mechanism in terms of PBC head office and branches and strengthen the tiered and classified supervision.

10.4 Accelerating the Development of Payment and Market Infrastructures

PBC will: i) ensure the safe and stable operation of payment systems, and enhance system contingency ability; ii) deploy the related function transformation of HVPS and IBPS; iii) extend the operational hours of HVPS to address the needs of financial market infrastructures; iv) optimize the business processing mechanism of IBPS; v) promote the construction of Beijing production center and local backup center for the payment systems; vi) carry out a thorough investigation in institutions engaging in RMB interbank clearing services, and take them into consideration when making the layout for payment and clearing systems.

PBC also will: i) urge the CIPS operator to operate CIPS (Phase I) stably, optimize the system functions and to promote the business scale; ii) strive to launch CIPS (Phase II) by the end of 2017; iii) strengthen the business management of ACS, organize to optimize the ACS functions, promote ACS subsystems, and to complete contingency plans; iv) promote the construction of the ACS contingency backup system; v) establish macro-prudential management mechanism for financial market infrastructures to develop the relevant laws and rules and the risk management regulations, and further optimize its functions; vi) guide PCAC to develop and launch the clearing platform for the internet payments of NPIs.

10.5 Promoting and Regulating the Use of Non-cash Payment Instruments

PBC will: i) implement the reform policy of pricing mechanism for bankcard fees; ii) regulate QR code payments, encourage the bankcard acquirers to carry out innovation services, such as "aggregate payment", standardize and promote the development of the bankcard acquiring market; iii) vigorously promote mobile payment, promote market participants to carry out mobile payment such as cloud flash pay, encourage them to innovate the products and services, improve the acceptance environment and cultivate consumers' habits provided that the payments are safe and in accordance with relevant standards; iv) promote the electronic commercial draft business, strengthen the business guidance, supervision and assessment, specify the measures and promotion plans, and constantly improve the environment to facilitate the use and circulation of electronic commercial drafts.

10.6 Further Improving the Development of Rural Payment Service Environment

PBC will: i) continue to intensify the development of rural payment service environment and increase publicity; ii) promote the use of settlement accounts and instruments and expand the coverage of payment systems; iii) improve the service of facilitating cash withdrawal in rural areas, strengthen training and risk management and help to promote financial inclusion and poverty alleviation; iv) actively coordinate with local government and relevant departments to launch supporting policies; v) strengthen the payment service survey for underdeveloped areas and people in poverty so as to work out poverty alleviation policies in payment field.

10.7 Deepening International Exchanges and Cooperation

PBC will: i) actively participate in international cooperation in payment and market infrastructure, promote the development of the regional payment system, and improve the participation and play an important role in international affairs; ii) keep bilateral or multilateral cooperation mechanism with other members in field of payment and settlement, and strengthen the joint research in payment and market infrastructure area.

Part II
Analysis on Operation of Financial Market Infrastructures

- RMB Bank Settlement Accounts
- Non-cash Payment Instruments
- Payment Systems
- Security Registration and Settlement Systems
- Central Counterparties (CCPs)

In recent years, payment service market is rapidly developed with increasingly improved and enriched service categories in China. In this context, a diversified payment service structure has been formed, with the People's Bank of China (hereinafter referred to as PBC) as the core layer, banking institutions as the foundation, chartered clearing institutions and non-banking payment institutions as the supports, accompanying with growing specialized and detailed services, increasingly enhanced service capacity, efficiency and quality. Furthermore, China's post-financial transaction service suppliers are also continuously improved, and provide central clearing, settlement, registration and custody and other efficient services for financial transactions through financial market infrastructures such as security registration and settlement system and central counterparty (CCP).

1. RMB Bank Settlement Accounts

By the end of 2016, the RMB bank settlement accounts opened in China totaled 8.35 billion, with a year-on-year growth rate of 13.34%. The growth rate was increased by 0.17 percentage point.

1.1 Entity Bank Settlement Accounts

In 2016, quantity of entity bank settlement account grew in a steady pace. By the end of 2016, a total of 49 394.7 thousand entity bank settlement accounts were opened, with a year-on-year growth rate of 11.27%. Of these accounts, 32 826.7 thousand were basic deposit accounts, with a growth rate of 15.77% from the same period last year. By province (municipality directly under the central government and autonomous regions), quantities of entity bank settlement accounts opened in Jiangsu, Guangdong (excluding Shenzhen), Zhejiang, Shandong and Shanghai ranked top 5 respectively nationwide. By bank, the top 5 banks were Industry and Commerce Bank of China (ICBC) , China Construction Bank (CCB) , Agricultural Bank of China (ABC), Rural Credit Cooperatives and City Commercial Banks.

1.2 Personal Bank Settlement Accounts

By the end of 2016, the total quantity of personal bank settlement accounts opened in China reached 8.30 billion, an increase of 13.35% from the same period in the last year. By province (municipality directly under the central government and autonomous regions), the top 5 with respect to quantity of personal bank settlement account were Shandong, Guangdong (excluding Shenzhen), Jiangsu, Zhejiang and Shanghai.

2. Non-cash Payment Instruments

In 2016, a total of 125.11 billion non-cash payments[①] were handled in China, a year-on-year growth rate of 32.64% involving with CNY 3 687.24 trillion, a year-on-year growth rate of 6.91%.

2.1 Notes

Note payment volume has been declining. In 2016, China closed 293 million note payments, a year-on-year decrease of 29.64%, with an amount of CNY 187.79 trillion, a year on year decrease of 21.17%. Of these payments, 273 million were made in checks with an amount of CBY 165.80 trillion, year-on-year decreases of 30.23% and 21.62% respectively; 16.56 million in commercial drafts with an amount of CNY 18.95 trillion, year-on-year decreases of 13.08% and 9.71% respectively; 1.53 million in bank drafts with an amount of CNY 950.46 billion, year-on-year decreases of 27.80% and 39.05% respectively; 2.35 million in bank promissory notes with an amount of CNY 2.09 trillion, year-on-year decreases of 48.86% and 49.59% respectively.

2.2 Bank Cards

Card issuance has been growing steadily. By the end of 2016, there were 6.13 billion available bank cards nationwide, a 12.54% year-on-year growth, and the growth speed was 2.28 percentage points higher than the same period last year. Of these cards, 5.66 billion were debit cards, a year-on-year growth of 12.96%, and the growth speed was 1.15 percentage points higher than the same period last year; 465 million were credit cards or debit-credit integrated cards, a year-on-year growth of 7.60%, and the growth speed was 12.69 percentage points higher than the same period last year; the ratio of debit cards to credit cards was about 13.46 : 1, slightly higher than last year. By the end of 2016, bank cards held per capita were 4.47, an 11.83% increase from the last year. Specifically, per capita credit card (s) reached 0.31, a year-on-year growth of 6.27%. Per capita credit cards in Beijing, i.e., 1.35, remained much higher than national average level.

Market environment was improved continuously. By the end of 2016, a total of 20.67 million merchants, 24.54 million POS devices and 924 200 ATMs were connected to China UnionPay Bankcard Cross-Bank Clearing System. The respective year-on-year increases were 3.97 million, 1.71

① Non-cash payment services include notes, bank cards and other settlement services. Specifically, other settlement services include credit transfer, direct debit, collection with acceptance and domestic C/L.

million and 57 500 respectively. By the end of 2016, averagely, each ATM served 6 627 bank cards, an increase of 5.54% from the same period last year, and each POS device served 250 bank cards, an increase of 4.68% from the same period last year.

Bank card trading volume① continued growing. In 2016, 115.47 billion bank card trades were made nationwide, a year-on-year growth of 35.49%. The corresponding amount was RMB 741.81 trillion, a year-on-year growth of 10.75%. Average daily trading volume reached 316 million trades, totaling CNY 2.03 trillion. Specifically, 10.47 billion trades were to deposit cash into bank cards, involving with an amount of CNY 77.17 trillion, and the respective year-one-year growth rates were 13.94% and 8.74%; 18.00 billion trades were to withdraw cash from bank cards, involving with an amount of CNY 65.50 trillion, and the respective year-on-year decrease rates were 2.30% and 10.46%; 48.67 billion trades were to make transfers, involving with an amount of CNY 542.64 trillion, and the respective year-on-year growth rates were 70.27% and 15.29%; 38.33 billion trades were for consumptions, involving with an amount of CNY 56.50 trillion, and the respective year-on-year increases were 32.03% and 2.72%.

Consumption via bank cards developed steadily. In 2016, consumption amount per bank card reached CNY 9 593, a decrease of 5.08% from the same period last year; consumption amount per trade was CNY 1 474, a decrease of 22.17% from the same period last year. Cross-bank consumption trades via bank cards reached 20.24 billion, totaling CNY 49.07 trillion, with respective year-on-year growth rates of 17.43% and 14.35%, and taking up 52.81% of total trades and 86.85% of total amount in terms of bank card consumption respectively. The bank card penetrate rate reached 48.47%, an increase of 0.51 percentage point compared with the same period of last year.

Credit scale via bank card continued its growth. By the end of 2016, total credit granting via bank card② reached CNY 9.14 trillion, a growth of 29.06% year-on-year; Bank card credit balance owing was CNY 4.06 trillion, a year-on-year growth of 23.63%. Credit line per bank card was RMB 19 600 and credit granting utilization per bank card was 44.45%. Total credit card balance overdue for more than half a year was CNY 53.57 billion, which took up 1.40% of total credit balance owing; this ratio was 0.17 percentage points more than that of the last year.

2.3 Settlement Mode

Credit transfer took a higher weight in other settlement modes. In 2016, the total quantity of credit transfer, direct debit, collection with acceptance and domestic C/L was 9.34 billion trades, with an

① Bank card trading volume is the sum of RMB and FX trades.

② Total bank card credit granting means the sum of credit granted through credit cards and credit-debit integrated cards.

amount of CNY 2757.63 trillion. Specifically, 7.9 billion trades were for credit transfer, totaling CNY 2 675.18 trillion. The trades and amount of credit transfer took up 84.55% and 97.01% of sum of credit transfer, direct debit, collection with acceptance and domestic C/L respectively, 11.44 percentage points and 2.16 percentage points higher than the last period respectively.

2.4 Net Payment

Net payment service grew rapidly. In 2016, banks experienced 46.18 billion online payments, with an amount of CNY 2 084.95 trillion, the year-on-year growth rates of the two figures were 26.96% and 3.31% respectively. The telephone payments made in 2016 reached 279 million trades and CNY 17.06 trillion, year-on-year growth rates of -6.61% and 13.84% respectively. The mobile payments made in 2016 reached 25.71 billion trades and CNY 157.55 trillion, and the year-on-year growth rates were 85.82% and 45.59% respectively. In 2016, accumulated electronic payments[①] handled by payment institutions reached 163.90 billion trades and CNY 99.27 trillion, 99.53% and 100.65% higher than the same period last year respectively.

3. Payment Systems

In 2016, payment system secured a steadily growing business. Various payment systems[②] handled RMB payment service of 62.64 billion trades with a total value of CNY 5 120.33 trillion, increasing 33.42% and 16.82% compared with the same period last year respectively. High Value Payment System under PBC and Intra-Bank Payment System of Banking Financial Institutions continued dominating the funds trading business.

Table 1 RMB Transactions Processed by Various Payment Systems in 2016

Unit: million trades/CNY 100 billion/%

System	Business Volume		Percentage	
	Trades	Amount	Trades	Amount
High Value Payment System	825.67	36 162.96	1.32	70.63
Bulk Electronic Payment System	2 348.30	309.13	3.75	0.60

① Not including red package and similar entertainment products.

② Various payment systems include High Value Payment System under PBC, Cheque Image System, Online Payment Inter-Bank Clearing System, Domestic Foreign Currency Payment System, Intra-City Bill Clearing System, RMB Cross-border Interbank Payment System (Phase I), Intra-Bank Payment System of Banking Financial Institutions, UnionPay Interbank Bankcard Clearing System, City Commercial Bank Draft Processing System and Payment Clearing System, and Rural Credit Bank Fund Clearing System.

continued

System	Business Volume		Percentage	
	Trades	Amount	Trades	Amount
Cheque Image System	7.92	4.10	0.01	0.01
Online Payment Inter-Bank Clearing System	4 453.15	374.61	7.11	0.73
Domestic Foreign Exchange Payment System	1.99	54.7	0.00[①]	0.11
Intra-City Bill Clearing System	372.47	1 308.05	0.59	2.55
RMB Cross-border Interbank Payment System	0.64	43.6	0.00	0.09
Intra-Bank Payment System of Banking Financial Institutions	25 830	12 154.7	41.24	23.74
UnionPay Inter-Bank Bankcard Clearing System	27 107	728.9	43.28	1.42
City Commercial Bank Draft Processing System and Payment Clearing System[②]	8.86	8.29	0.01	0.02
Rural Credit Bank Payment Clearing System	1 681	54.3	2.68	0.11

3.1 PBC Payment Systems

3.1.1 HVPS and BEPS

In 2016, both High Value Payment System (HVPS) and Bulk Electronic Payment System (BEPS) experienced a rapid growth of business, handled 3.17 billion payment trades with a total value of CNY 3 647.21 trillion, with respective year-on-year growth rates of 20.95% and 22.51%.

Table 2 Business Statistics for HVPS and BEPS of PBC

Unit: 100 million trades/CNY trillion

Year	HVPS		BEPS		Total Trades	Total Amount
	Trades	Amount	Trades	Amount		
2009	2.48	803.95	2.26	11.46	4.74	815.41
2010	2.91	1 104.37	3.87	16.21	6.78	1 120.58
2011	3.72	1 355.28	5.63	18.36	9.35	1 373.64
2012	4.70	1,772	7.55	18.55	12.25	1 790.55
2013	5.95	2 060.76	10.40	20.32	16.35	2 081.08
2014	7.13	2 346.89	14.36	22.08	21.49	2 368.97
2015	7.89	2 952.06	18.35	24.94	26.24	2 977.00
2016	8.26	3 616.30	23.48	30.91	31.74	3 647.21

① Due to rounding-off, percentages of trades for certain systems were shown as 0.00.

② Including remittance, universal cash saving and withdrawing and real-time paying and receiving on behalf of clients.

3.1.1.1 HVPS

In 2016, payments handled through HVPS grew rapidly. According to the nostro accounts payment statistics, HVPS handled 826 million trades and CNY 3 616.30 trillion throughout the year, with respective year-on-year growth rates of 4.67% and 22.50%. The average amount per trade was CNY 4.38 million, 17.06% higher than the same period last year; average daily payment① reached 3.29 million trades and CNY 14.41 trillion.

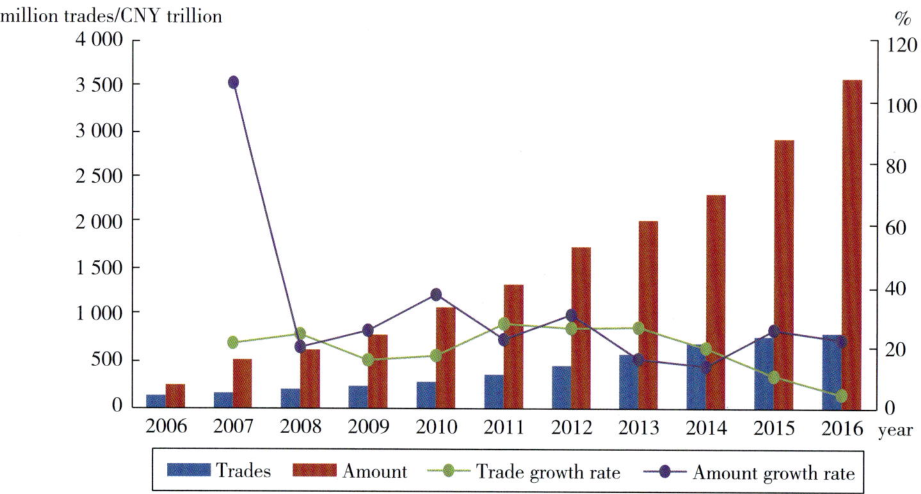

Figure 1 HVPS Business Curves and Bar Charts from 2006 to 2016②

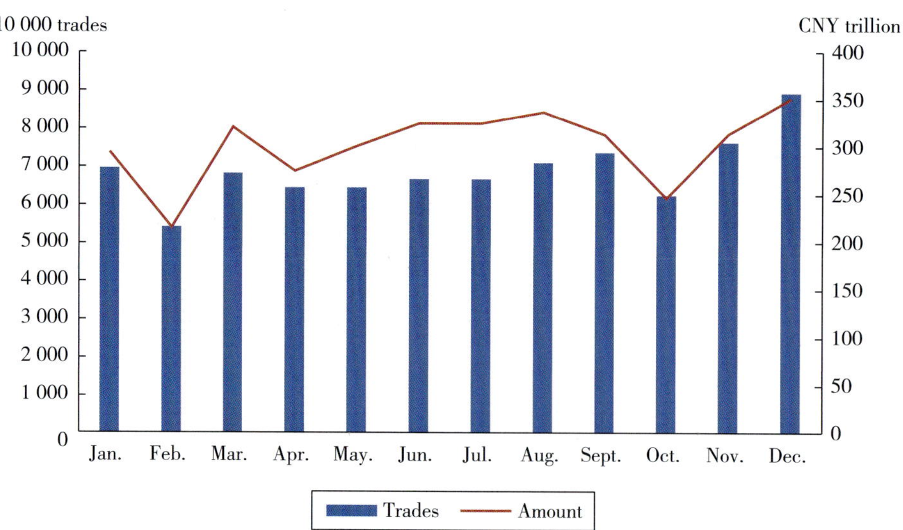

Figure 2 HVPS Business Curve and Bar Chart in 2016

① In 2016, the HVPS operates for about 251 business days.

② Since HVPS was finally popularized nationwide in June 2005, the year-on-year growth rates for 2016 were not considered, and this principle applies to all the HVPS trend charts hereinafter.

Most trades processed under HVPS occurred geographically in east region. According to the nostro and vostro accounts payment statistics, in 2016, payment transactions processed by HVPS in east region①, middle region, west region and northeast region reached 526 million trades, 137 million trades, 124 million trades and 39 million trades respectively, taking up 63.66%, 16.55%, 15.01% and 4.78% of total payment trades respectively; and HVPS payment in such four regions reached CNY 2 978.30 trillion, CNY 220.20 trillion, CNY 285.34 trillion and CNY 132.46 trillion respectively, taking up 82.36%, 6.09%, 7.89% and 3.66% of total amount respectively. As a result, the year-on-year growth rates of trades in the four regions were 4.92%, 5.12%, 3.26% and 3.84% respectively; while the year-on-year growth rates for trading amounts in the four regions were 25.47%, 7.88%, 13.33% and 8.18% respectively.

3.1.1.2 BEPS

In 2016, according to the nostro accounts payment statistics, BEPS processed 2.35 billion trades and CNY 30.91 trillion, with respective year-on-year growth rates of 27.95% and 23.95%. Average amount per trade was CNY 13.1 thousand, a 3.13% decrease from the same period last year. Daily handled transactions② averaged 6.47 million trades and CNY 85.16 billion.

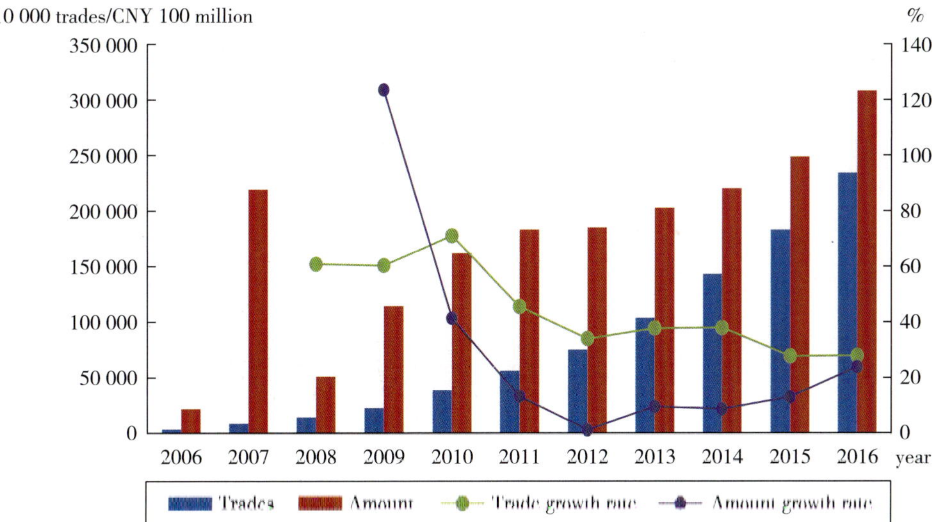

Figure 3 BEPS Business Curves and Bar Charts from 2006 to 2016③

① East region includes Beijing, Tianjin, Hebei, Shanghai, Jiangsu, Zhejiang, Fujian, Shandong, Guangdong and Hai' nan; Middle region includes Shanxi, Anhui, Jiangxi, Henan, Hubei and Hunan. West region includes Inner Mongolia, Guangxi, Chongqing, Sichuan, Guizhou, Yunnan, Tibet, Shaanxi, Gansu, Qinghai, Ningxia and Xinjiang. Northeast region includes Liaoning, Heilongjiang and Jilin.

② In 2016, BEPS worked for 363 business days.

③ Since BEPS was affected by the event that ABS enhanced the benchmark for processing outstandingbalances from interbank transfers, the business grew abnormally that year without comparability, which is therefore removed from the year-on-year growth rate for 2008.

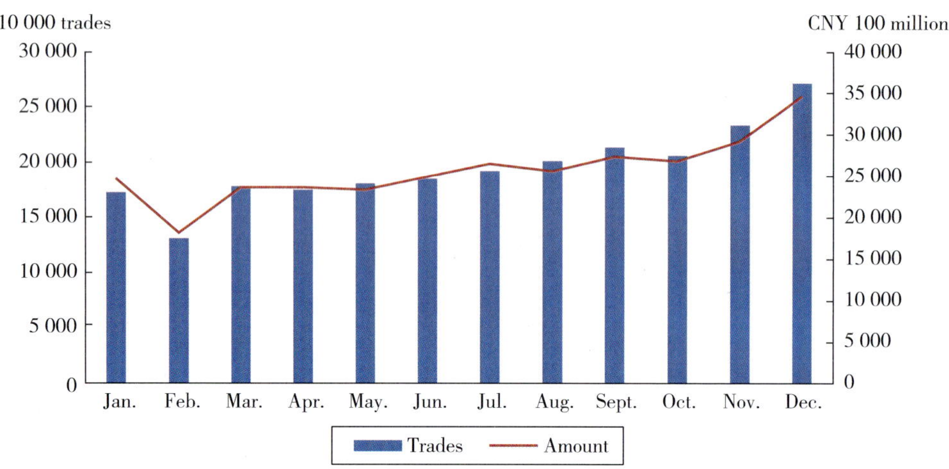

Figure 4 BEPS Business Curve and Bar Chart in 2016

3.1.2 CIS

In 2016, Cheque Image System (CIS) experienced a slight decline in payment business compared with last year. According to the nostro accounts payment statistics, CIS processed 7.92 million trades and CNY 410.10 billion throughout the year, decreasing by 11.65% and 8.42% respectively from the same period last year. Average amount per trade was CNY 51.8 thousand, a year-on-year growth rate of 3.60%. Daily processed payment① averaged 21.8 thousand trades and CNY 1.13 billion.

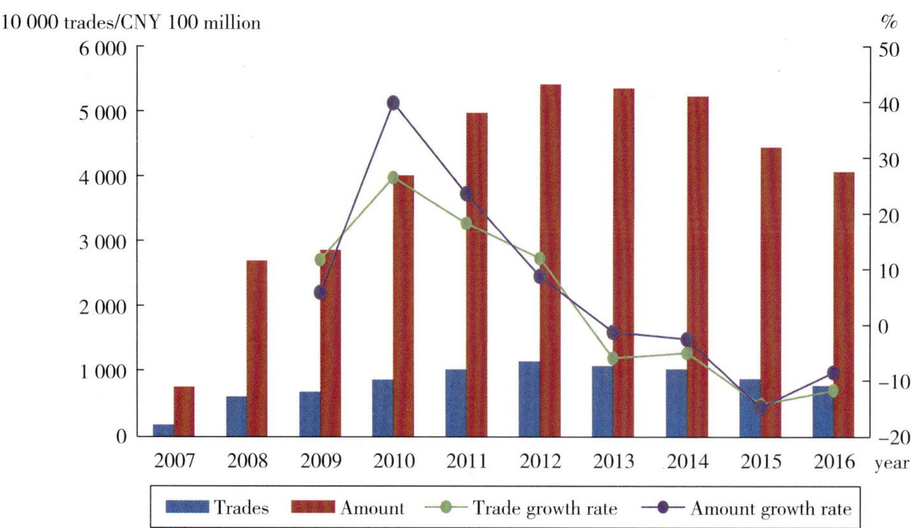

Figure 5 CIS Business Curves and Bar Charts from 2007 to 2016

① In 2016, CIS operated for 363 business days.

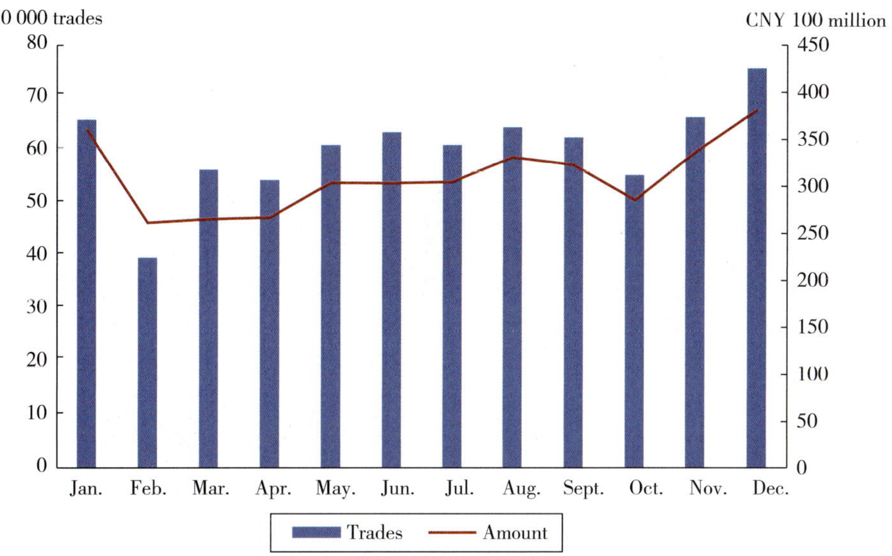

Figure 6 CIS Business Curve and Bar Chart in 2016

3.1.3 IBPS

In 2016, IBPS business continued its high growth speed. It processed 4.45 billion trades and CNY 37.46 trillion the whole year, with respective year-on-year growth rates of 50.16% and 34.96%. Average amount per trade was about CNY 8 400, a decrease of 10.12% from the same period last year. Averagely, daily processed① payment reached 12.27 million trades and CNY 103.20 billion. By the end of 2016, a total of 195 institutions were connected to IBPS.

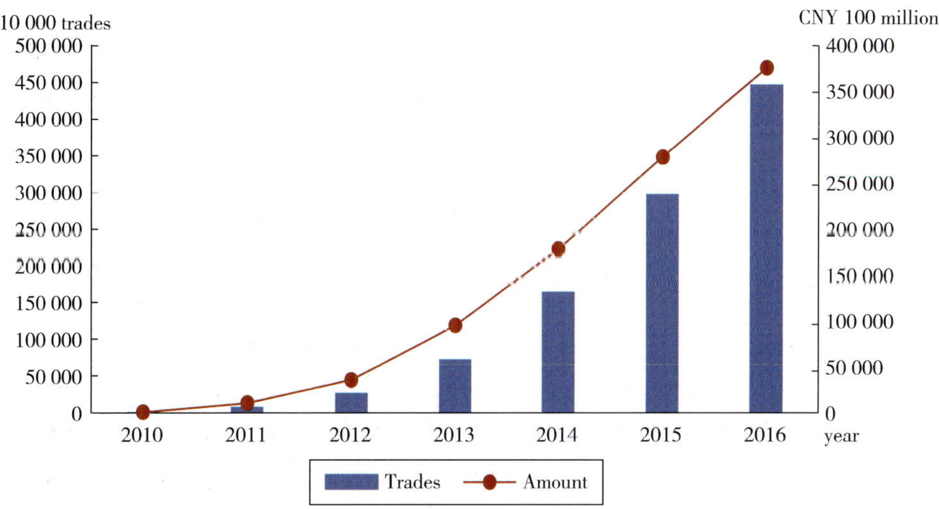

Figure 7 IBPS Business Curve and Bar Chart from 2010 to 2016

① In 2016, IBPS operated for 363 business days.

Figure 8 IBPS Business Curve and Bar Chart in 2016

3.1.4 DFCPS

In 2016, DFCPS experienced a slight decline in payment volume. According to the nostro accounts payment statistics, DFCPS processed 1.99 million trades and USD 819.90 billion, with year-on-year decreases of 4.47% and 9.52% respectively. Average amount per trade was USD 0.42 million, a decrease of 4.78% compared with the same period last year. Averagely①, it processed 7 900 trades and USD 3.28 billion each day. By the end of 2016, DFCPS had 51 direct participants, 742 indirect participants and 4 settlement banks.

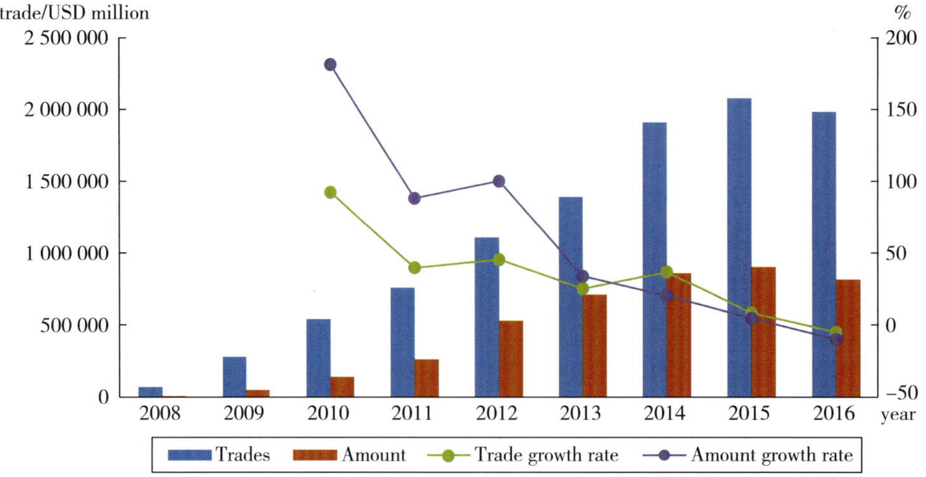

Figure 9 DFCPS Business Curves and Bar Charts from 2008 to 2016

① In 2016, DFOPS operated for 250 business days.

3.1.5 ACH

In 2016, ACH enjoyed a slight increase in business volume, processing 372 million trades and CNY 130.80 trillion. The trades processed by this system decreased by 5.74% and the amount increased by 5.20% from last year. Average daily processed payment reached 1.48 million trades and CNY 521.14 billion.

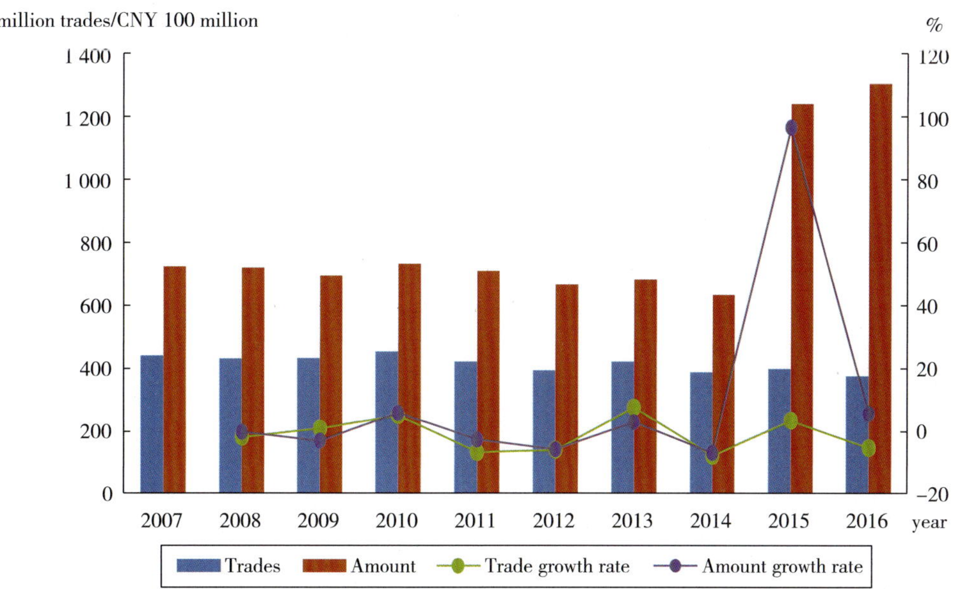

Figure 10 ACH Business Curves and Bar Charts from 2007 to 2016

3.1.6 CIPS (Phase I)

In 2016, CIPS (Phase I) operated smoothly and normally, having processed 636 100 trades and CNY 4.36 trillion. Average① daily processed payment reached 2 544.40 trades and CNY 17.45 billion.

① In 2016, CIPS (Phase I) had 249 business days.

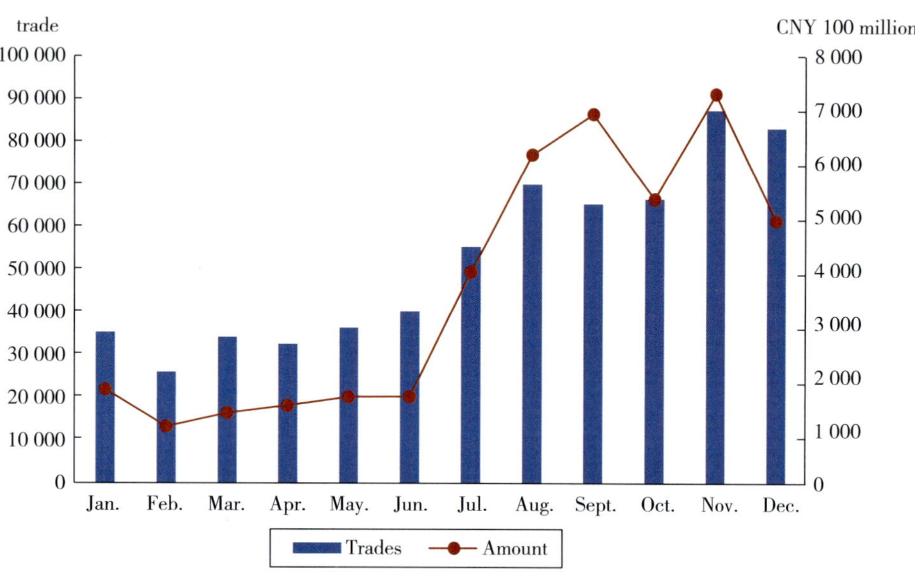

Figure 11 CIPS (Phase I) Business Curve and Bar Chart in 2016

3.2 Systems Operated by Other Institutions

3.2.1 Intra-bank Payment Systems of Banking Financial Institutions

In 2016, intra-bank payment systems of banking financial institutions continued its steady growth. It processed 25.83 billion trades and CNY 1 215.47 trillion, increasing by 31.07% and 1.80% from the same period last year. The trade and amount involved in payment processed by this system took up 41.24% and 23.74% of total payment processed by all systems. Average daily processed payment reached 70.57 million trades and CNY 3.32 trillion.

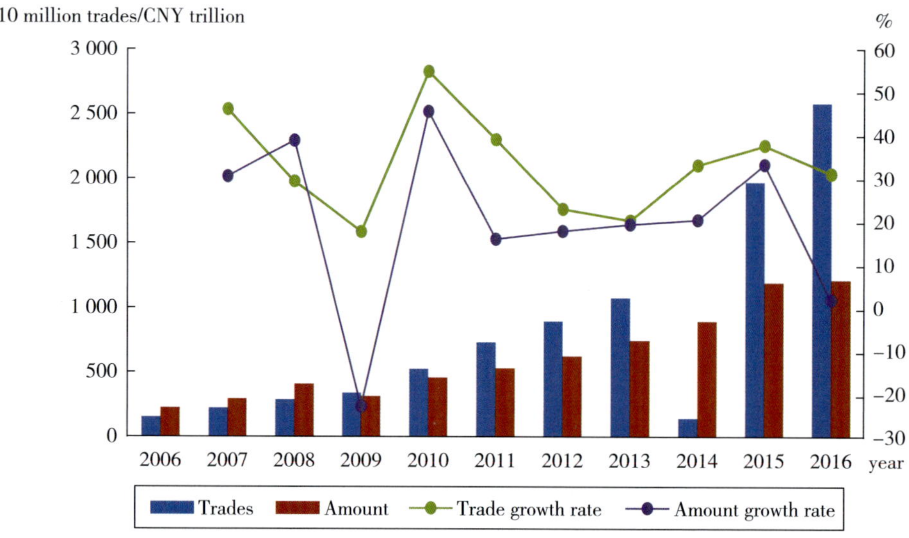

Figure 12 Intra-bank Payment Systems of Banking Financial Institutions Business Curves and Bar Charts from 2006 to 2016

3.2.2 UnionPay Interbank Bankcard Clearing System

In 2016, nationwide bankcard interbank business grew steadily. China UnionPay Interbank Bankcard Clearing System successfully achieved① 27.11 billion trades and CNY 72.89 trillion the whole year, increasing by 16.75% and 35.16% from the same period last year respectively, and taking up 43.28% and 1.42% of total payment processed by all systems. Averagely, it processed 74.27 million trades with CNY 199.70 billion each day.

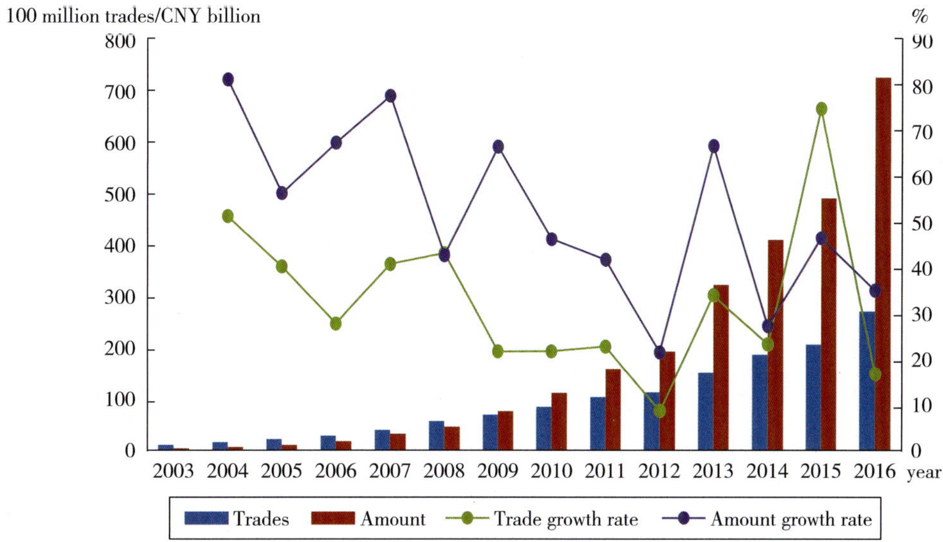

Data source: China UnionPay.

Figure 13 Statistical Charts for Interbank Trades and Amount from 2003 to 2016

3.2.3 City Commercial Banks Payment and Clearing System and Draft Processing System

In 2016, the payment and clearing business of Clearing Center for City Commercial Banks continued steady growth. By the end of 2016, this center had 137 member banks, of which, 37 were newly connected to the center in 2016. It processed payment of 8.83 million trades and amount of CNY 796.30 billion, increasing by 155.64% and 58.29% compared with last year respectively. Specifically, remittance payment involved with 3.54 million trades with CNY 731.81 billion, with respective year-on-year growth rates of 53.89% and 78.31%; universal cash saving and withdrawing involved with 0.31 million trades at an increasing rate of 13.54% and with CNY 60.46 billion at a negative growth rate of 34.25%. Receiving and paying on behalf of clients was involved with 4.98

① The trades herein include deposit, withdrawing, consumption, transfer and query trades via bankcards through traditional channels, e.g. ATMs, POS device, mobile POS devices, and new channels, e.g. telephone and internet.

million trades and CNY 4.03 billion, with respective year-on-year growth rates of 465.09% and 469.73%.

In 2016, City Commercial Bank Draft Processing System continued experiencing declined business. A total of 28 200 bank drafts of CNY 32.86 billion were issued the whole year decreasing by 1.40% and 14.32% compared with last year respectively. Honored bank drafts totaled around 8 600 trades, decreasing by 25.86% compared with last year. The total amount was CNY 18.84 billion with an increasing rate of 30.84%. Specifically, ICBC honored around 1 800 trades and CNY 1.82 billion, decreasing by 33.33% and 30.06% from the same period last year respectively.

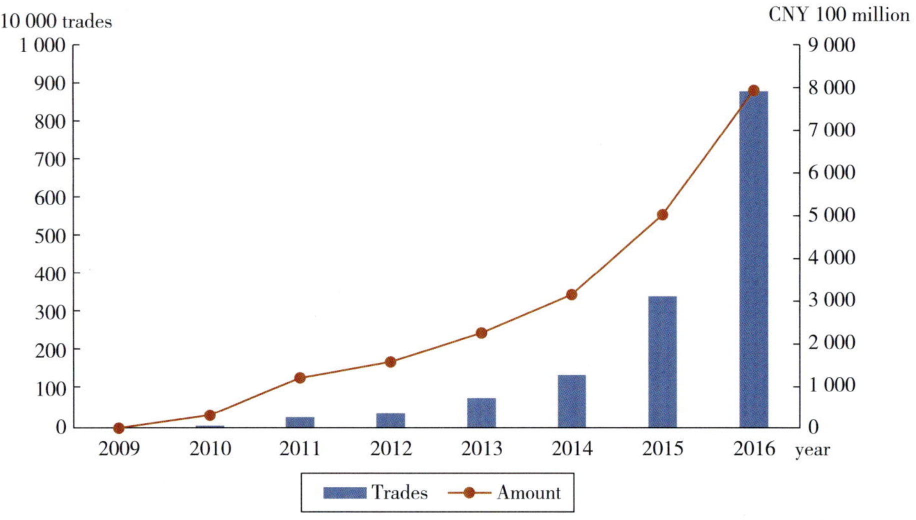

Data source: Clearing Center for City Commercial Banks.

Figure 14 Payment and Clearing Business Charts of Clearing Center for City Commercial Banks from 2009 to 2016

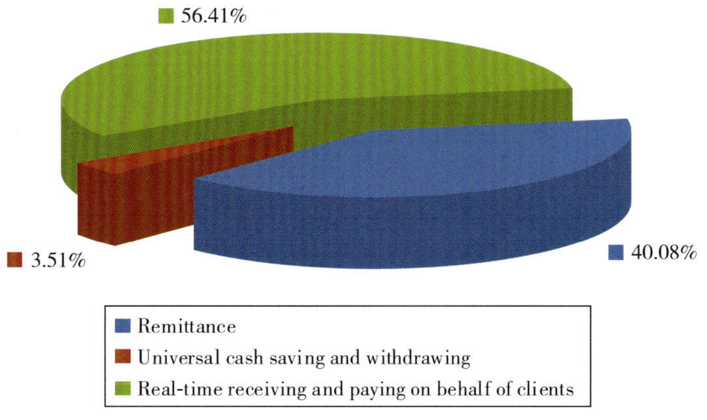

Data Source: Clearing Center for City Commercial Banks.

Figure 15 Trade Percentages of Payment Categories of Clearing Center for City Commercial Banks in 2016

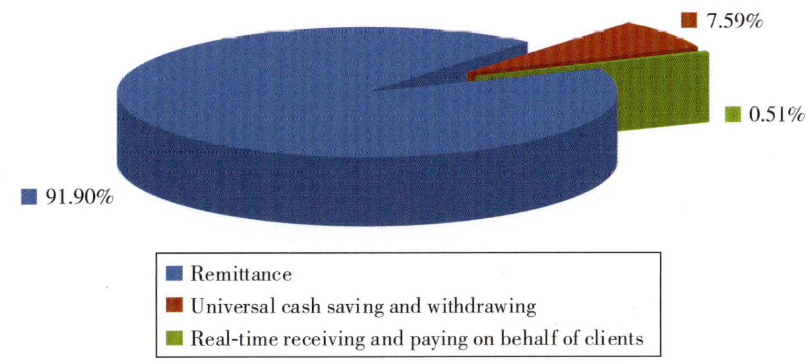

Data Source: Clearing Center for City Commercial Banks.

Figure 16 Amount Percentages of Payment Categories of Clearing Center for City Commercial Banks in 2016

3.2.4 Rural Credit Banks Payment and Clearing System

In 2016, Rural Credit Banks Payment and Clearing System experienced a rapid business growth. A total of 1.68 billion trades and CNY 5.43 trillion were processed for various payment categories, with respective year-on-year growth rates of 193.41% and 50.96%. Average daily payment involved with 4.59 million trades and CNY 14.83 billion. Specifically, universal cash saving and withdrawing business reached 184 million trades and CNY 2.00 trillion, increasing by 24.99% and decreasing by 1.18% respectively from the same period last year; electronic remittance business reached 14 million trades and RMB 1.15 trillion, with respective year-on-year growth rates of 18.16% and 75.32%; consumption business reached 41 million trades and CNY 170 billion, with respective year-on-year growth rates of 23.90% and 12.85%; cross-system payment reached 1.43 billion trades and CNY 1.23 trillion, with respective year-on-year growth rates of 282.21% and 299.45%; cross-system remittance business reached 5 million trades and CNY 870 billion, with respective year-on-year growth rates of 111.86% and 93.31%. The system's stable operation rate was up to 99.997% throughout the year.

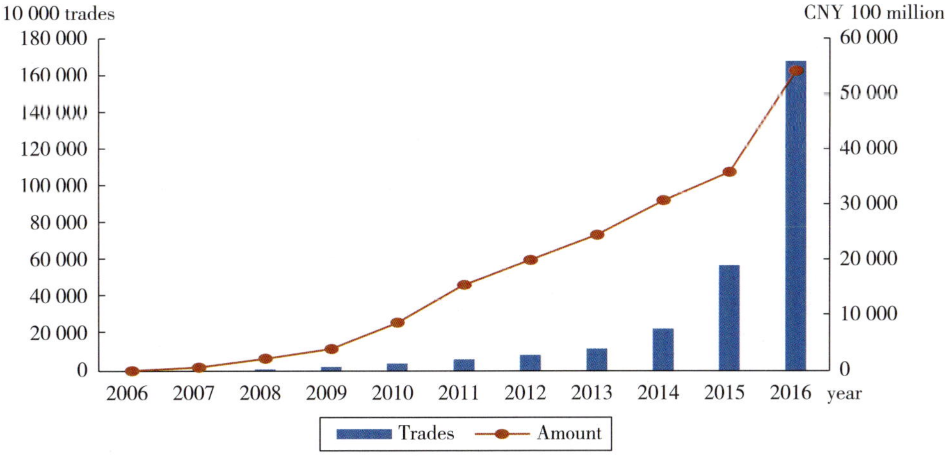

Data Source: Rural Credit Banks Funds Clearing Center.

Figure 17 Business Trend for Rural Credit Bank Payment and Clearing System from 2006 to 2016

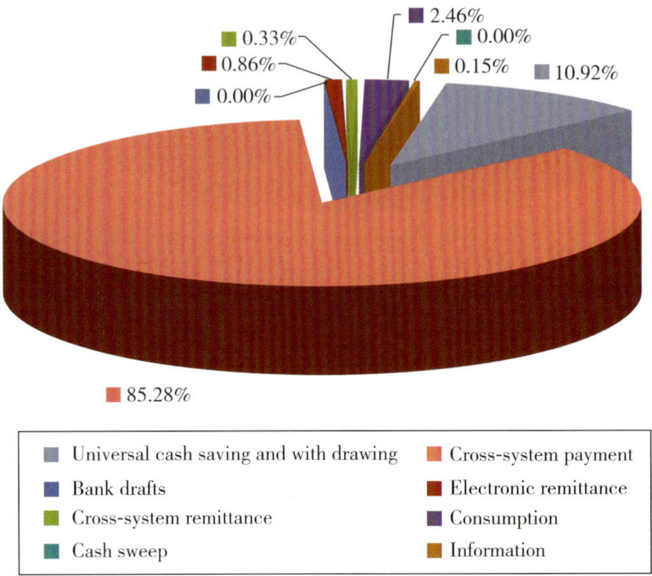

Data Source: Rural Credit Banks Funds Clearing Center.

Figure 18 Trade Percentages of Payment Categories of Rural Credit Bank Payment and Clearing System in 2016

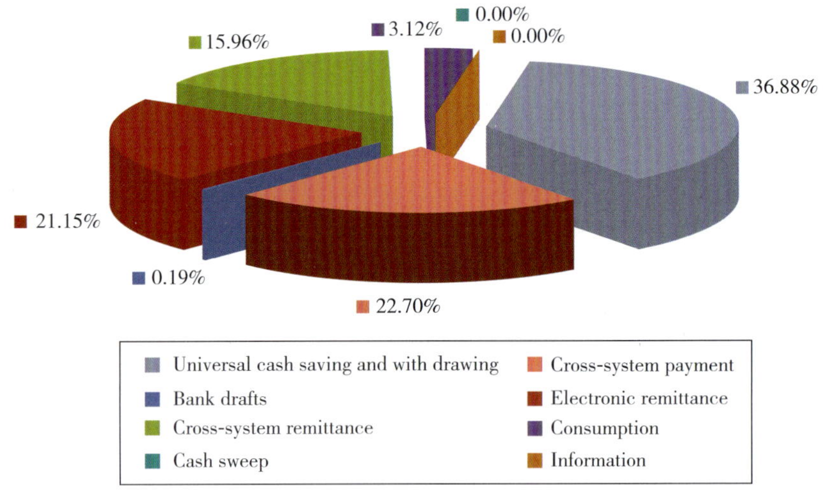

Data Source: Rural Credit Banks Funds Clearing Center.

Figure 19 Amount Percentages of Payment Categories of Rural Credit Bank Payment and Clearing System in 2016

4. Security Registration and Settlement Systems

4.1 Electronic Commercial Draft System (ECDS)

In 2016, Electronic Commercial Draft System worked smoothly, with its business growing rapidly.

Throughout the year, the system issued 2.30 million electronic commercial drafts for CNY 8.34 trillion, increasing by 71.89% and 48.96% respectively from the same period last year, and honored 2.38 million drafts for CNY 8.58 trillion, increasing by 72.89% and 48.29% respectively from the same period last year, discounted 0.84 million drafts for CNY 5.77 trillion, increasing by 69.09% and 54.54% respectively from the same period last year, transferred discount for 3.25 million drafts of CNY 49.18 trillion, with respective year-on-year growth rates of 108.77% and 122.26%. By the end of 2016, the system had 426 participants, 30 more than that of the same period last year.

4.2 Central Bond Generalized System (GBGS)

Total issuance in 2016 bond market grew dramatically. The issued bonds in 2016 reached CNY 22.34 trillion①, an increase of 32.82% year-on-year. China Central Depository & Clearing Co., Ltd. (CCDC) newly issued 2 953 bonds, with an amount of CNY 14.14 trillion, taking up 63.29% of total issuance in bond market.

From the structure of bonds newly issued by CCDC, treasury bonds accounted for CNY 2.95 trillion, with a year-on-year growth rate of 48.20%; local governmental bonds for CNY 6.04 trillion, with a year-on-year growth rate of 57.57%; bonds issued by policy banks for CNY 3.35 trillion, with a year-on-year growth rate of 29.84%. Other bonds were mainly commercial bank bonds, secondary capital instruments and enterprise bonds. Treasury bonds, local governmental bonds and policy bank bonds dominated bond issuance, with a total issuance of CNY 12.34 trillion, taking up about 87.27% of total amount issued by CCDC.

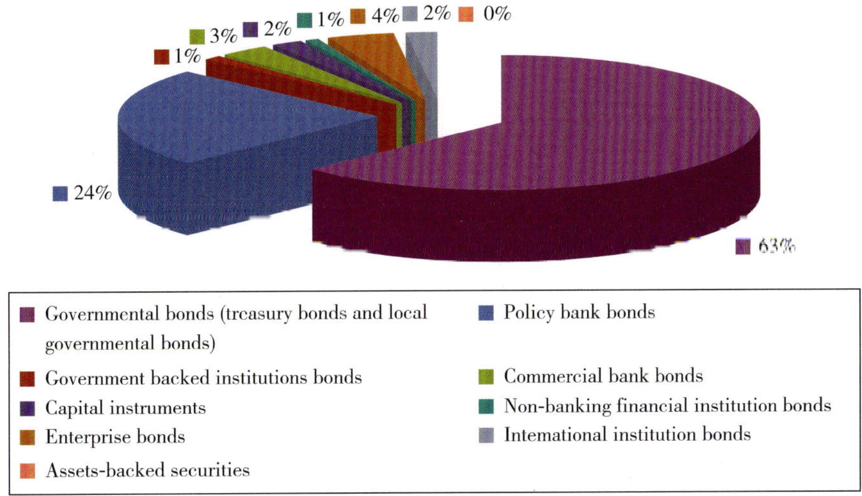

Figure 20 Issuance of Each Bond for CCDC in 2016

① Excluding Interbank Certificates of Deposit issued by Shanghai Clearing House.

In recent years, the total bond issuance from CCDC has been growing steadily, particularly since 2015, local government bond issuance has increased greatly and therefore alleviated the capital pressure on central and local governments.

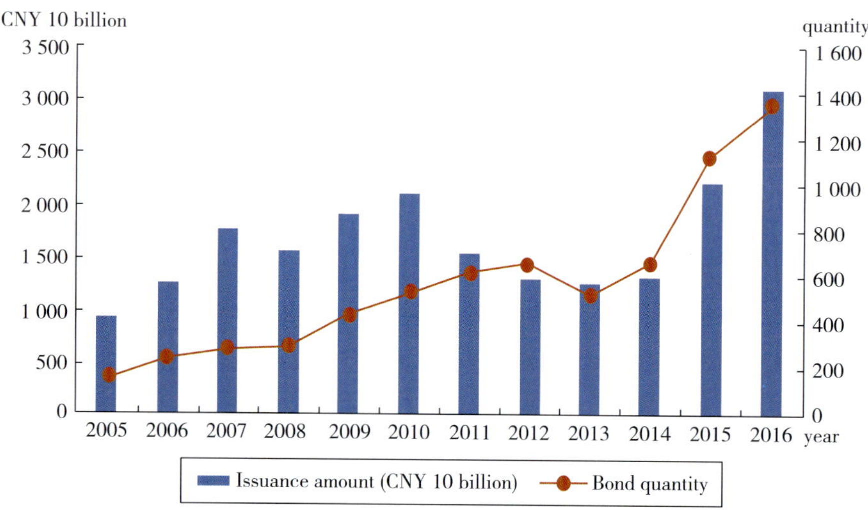

Figure 21 Bond Issuance Trend for CCDC

Total custody amount in bond market continued its rapid growth. By the end of 2016, the total bonds under custody reached CNY 56.30 trillion. Of these bonds, CNY 43.73 trillion was under the custody of CCDC, accounting for 77.67% of total market amount, and increasing by 24.80% compared with the same period in 2015.

Table 3 Custody Distribution in Bond Market in 2016

	Amount (CNY 100 million)
The whole market	563 045.49
CCDC	437 268.14
SHCH①	81 326.21
CSDC	44 451.14

Data source: China Bond Website, SHCH Website, CSDC Website and Wind.

It was seen from custody structure that CCDC mainly involved with treasury bonds, local governmental bonds, policy bank bonds and enterprise bonds, the sum of these four kinds took up

① Bonds registered in and under the custody of Shanghai Clearing House do not include Interbank Certificates of Deposit.

86% of total bonds under its custody. From historical changes, the total custody amount has been keeping a rapid growth trend, particularly since 2014.

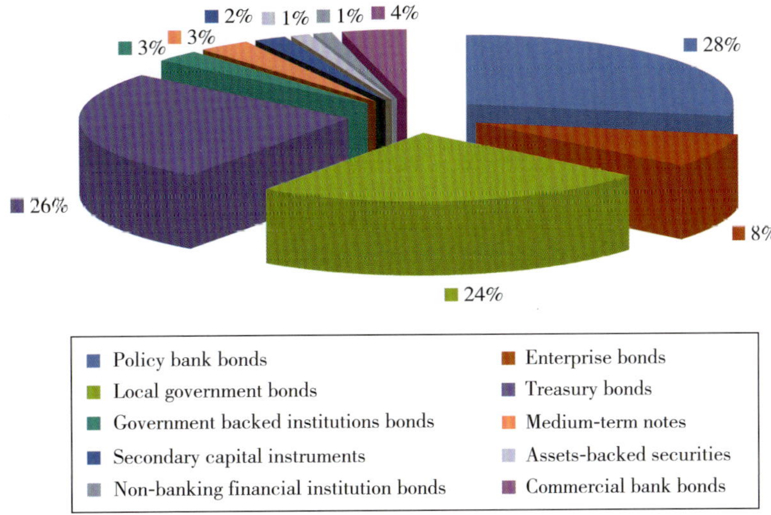

Data Source: China Bond Website.

Figure 22 Various Bonds under Custody of CCDC by the end of 2016

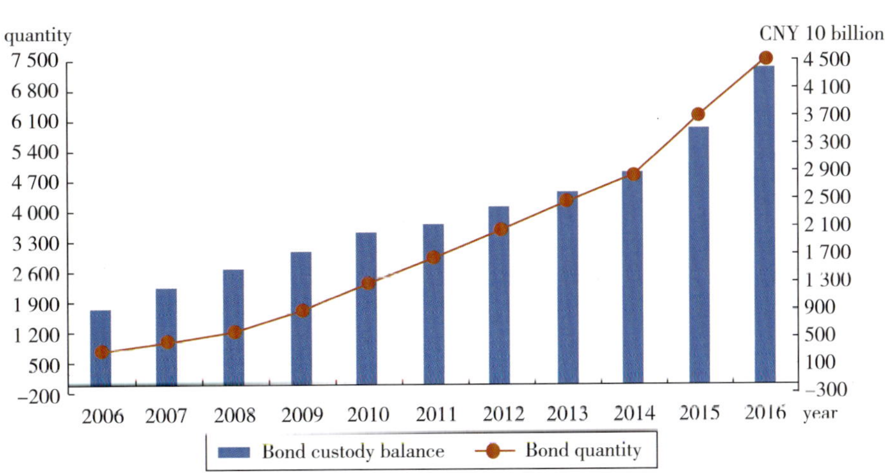

Figure 23 Bond Custody Trend for CCDC from 2006 to 2016

Cash bond and repo trades in bond market continued rapid growth. In 2016, total bond trading volume reached CNY 963.22 trillion. The statistical settled amount for these trades by CCDC totaled CNY 581.20 trillion, increasing by 24.57% year-on-year. Specifically, settled amount for cash bond trades reached CNY 79.54 trillion, an increase of 31.38% from the same period last year; settled amount for repo trades reached CNY 500.13 trillion, an increase of 23.51% from the same period last year.

Table 4 Interbank Bond Market Settlement in 2016

	Settled Amount (RMB 100 million)
The whole market	9 632 245.97
CCDC	5 812 049.49
Cash bond	795 270.85
Repo	5 001 327.82
Bond lending	15 450.82
SHCH	1 498 172.06
Cash bond	416 872.27
Repo	1 081 299.79
Various Exchanges	2 322 024.42
Cash bond	12 517.48
Repo	2 309 506.93

Data source: China Bond Website, SHCH Website, CSDC Website and Wind.

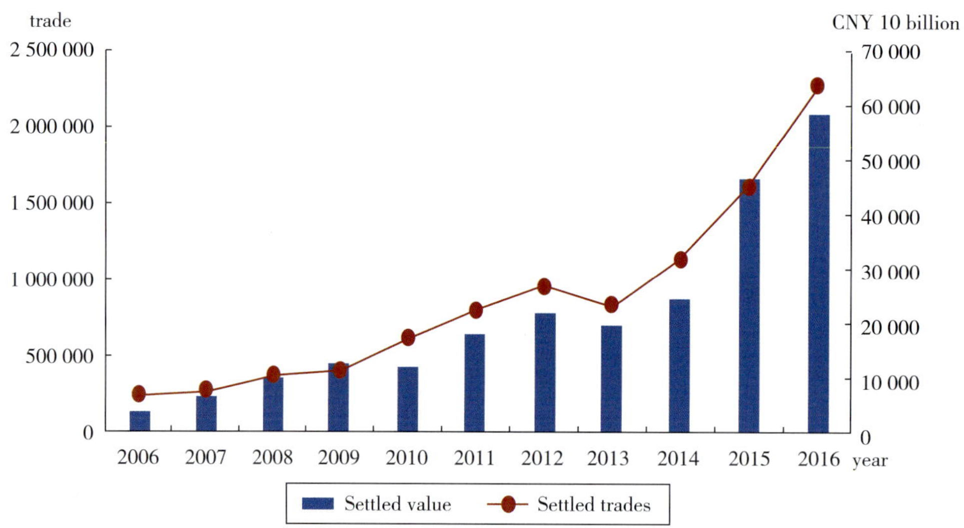

Figure 24 Bond Settlement Trend for CCDC from 2006 to 2016

Delivery versus Payment (DVP) settlement was developed steadily, with the settlement amount increasing. In 2016, DVP settlement participants in interbank bond market continued increasing rapidly, and more and more non-banking institutional clients showed enthusiastic for DVP bond settlement. By the end of 2016, DVP settlement members in interbank bond market totaled 14 577, of which, 5 319 were newly registered. Specifically, 258 members processed settlement through their own clearing accounts in payment systems; 14 319 members through bond settlement accounts opened in CCDC. In 2016, bond settlement members processed DVP settlement of 3.38 million trades and CNY 1 069.12 trillion through CCDC, with respective year-on-year growth rates of

38.64% and 24.22%. All RMB bond trades concluded in interbank bond market were settled in DVP mode. Year 2016 had 251 trading days and the average daily DVP settlement amount was CNY 4.26 trillion, an increase of 23.84% compared with the same period last year.

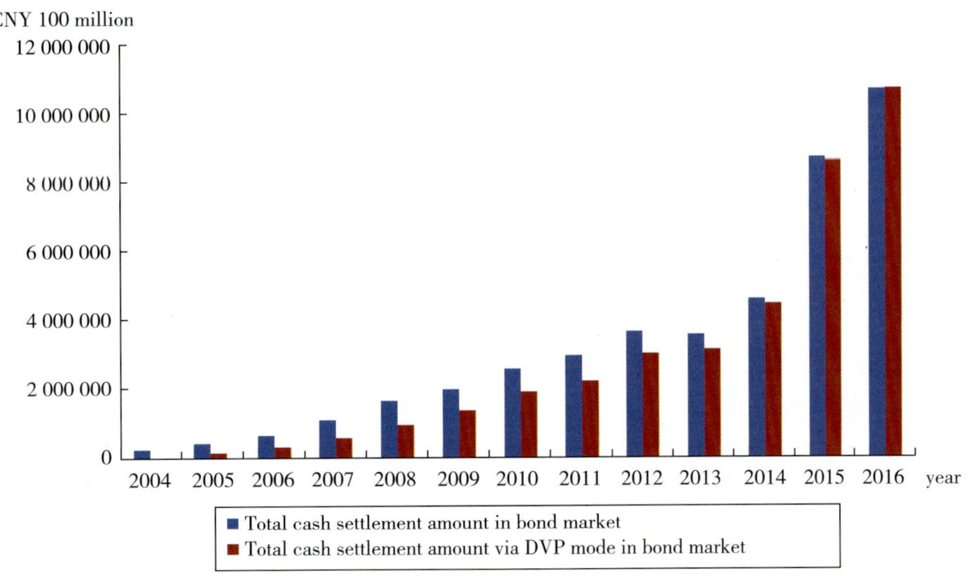

Figure 25 Cash Settlement Trend for CCDC in Bond Market from 2004 to 2016

Interest payment and principal honoring business grew steadily and rapidly. In 2016, the interest payment and principal honoring service involved with a total of 13 302 bonds, an increasing of 70.69% from the same period last year, including treasury bonds, financial bonds, enterprise bonds, medium-term notes, PBC notes, commercial bank bonds and assets backed securities, etc. Paid interest and honored principal exceeded 190 000 trades and were up to CNY 7.2 trillion.

4.3 China Securities Depository and Clearing (CSDC) System

Investors increased continuously. By the end of 2016, CSDC had 118 110 400 investors, 19 005 000 of which were newly included. Specifically, natural person investors were 117 784 200, an increase of 18 962 700 from the same period last year.

Securities registered and deposited increased greatly. By the end of 2016, securities registered and deposited in CSDC include 13 054 securities from Shanghai Stock Exchange and Shenzhen Stock Exchange, and 10 396 from National Equities Exchange and Quotations (NEEQ). For the securities from Shanghai and Shenzhen Stock Exchanges, 3 050 were A-shares, a year-on-year increase of 240; 100 were B-shares, a year-on-year decrease of 1; 228 were treasury bonds, a year-on-year decrease of 5; 589 were local governmental bonds, a year-on-year increase of 418; 2 were policy financial bonds; 2 806 were corporation bonds, a year-on-year increase of 1 799; 2 036 were enterprise bonds, a year-on-year increase of 314; 17 were convertible bonds, a year-on-year increase of 11; 0 was convertible bond whose stock option is separated from bond, a year-on-year decrease of 1; 1 316 were small and middle sized enterprise private placement bonds, a year-on-year increase of 360 28 were closed end funds, a year-on-year increase of 13; 146 were exchange traded funds (ETFs), a year-on-year increase of 19; 595 were listed open-ended funds (LOFs), a year-on-year decrease of 4; 9 were real-time purchase and redemption monetary funds; 2 132 were assets backed securities, a year-on-year increase of 1 337.

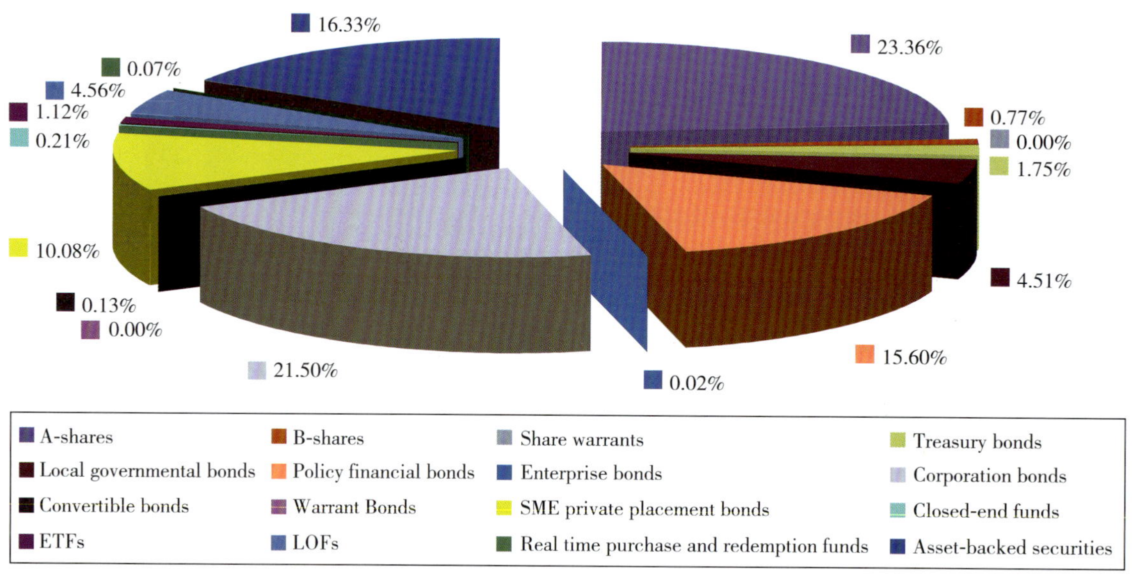

Figure 26 Amount of Various Bonds Registered and Deposited in 2016

By the end of 2016, the face values of securities from Shanghai and Shenzhen Stock Exchanges and from NEEQ registered and deposited in CSDC were CNY 12.83 trillion and CNY 617.46 billion. In terms of Shanghai and Shenzhen Stock Exchanges, restricted shares' face value was CNY 661.97 billion, unrestricted A shares, CNY 4.17 trillion, unrestricted B shares CNY 28.10 billion, treasury bonds CNY 633.00 billion, local governmental bonds CNY 228.15 billion, policy financial bonds CNY 9.5 billion, enterprise bonds CNY 945.94 billion, corporation bonds CNY 4.13 trillion, convertible bonds CNY 34.41 billion, SME private placement bonds CNY 1 194.32 billion, closed-end funds CNY 28.75 billion, ETFs CNY 92.40 billion, LOFs CNY 166.22 billion, real-time purchase and redemption funds CNY 28.00 billion, and asset-backed securities CNY 477.93 billion.

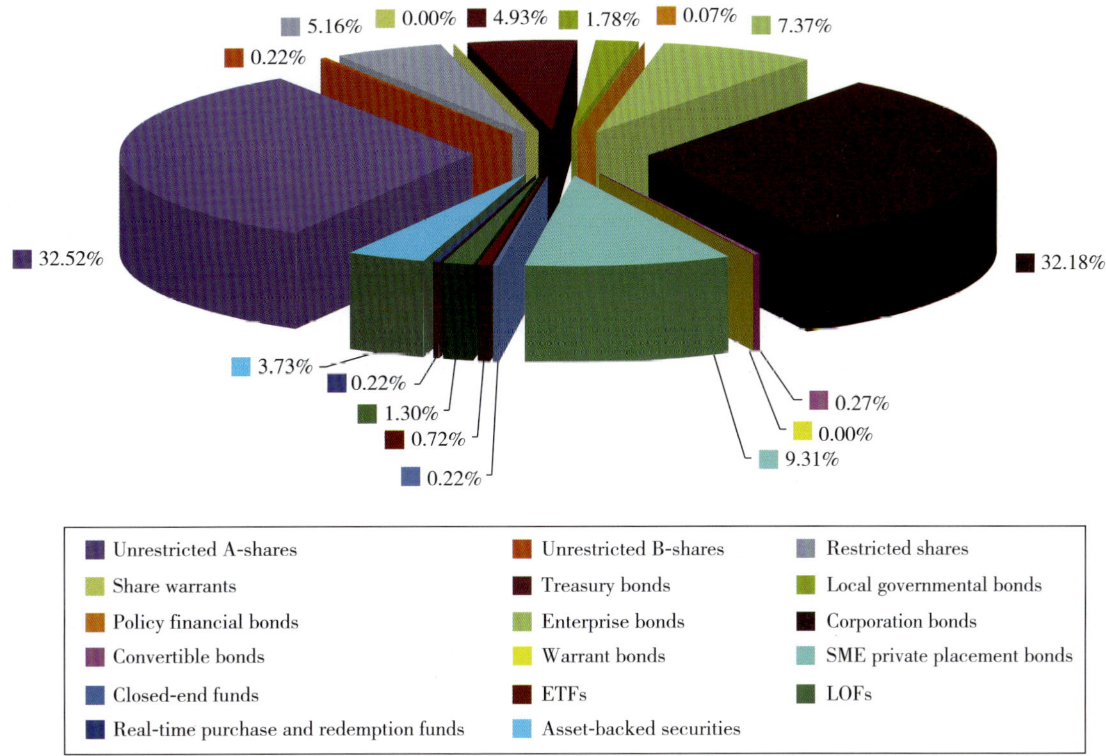

Figure 27 Face Value of Various Bonds Registered and Deposited in 2016

By the end of 2016, the total market value of securities registered and deposited in CSDC from Shanghai and Shenzhen Stock Exchanges and NEEQ were CNY 58.96 trillion and CNY 3.05 trillion. The unrestricted securities from Shanghai and Shenzhen Stock Exchanges totaled CNY 49.10 trillion, in which, unrestricted A shares' market value was CNY 40.81 trillion; unrestricted B-shares CNY 190.48 billion, treasury bonds CNY 642.82 billion, local governmental bonds CNY 228.41 billion, policy financial bonds CNY 10.36 billion, enterprise bonds CNY 896.12 billion, corporation bonds CNY 4 137.01 billion, convertible bonds CNY 39.72 billion, SME private placement bonds CNY 1 144.02 billion, closed-end funds CNY 28.64 billion; ETFs CNY 377.97 billion, LOFs CNY 143.25 billion, real-time purchase and redemption bonds CNY 30.55 billion, and unrestricted asset-backed securities CNY 422.60 billion.

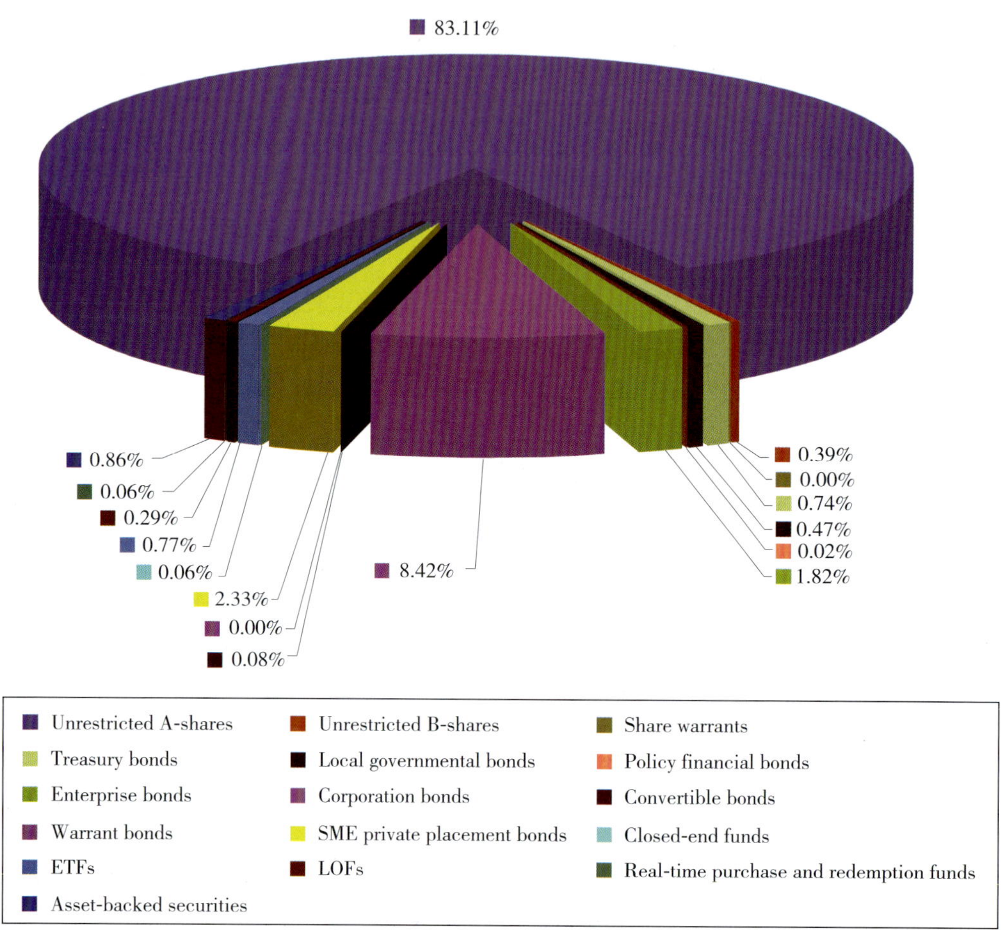

Figure 28 Circulation Market Value of Various Securities Registered and Deposited in 2016

Settlement scale was expanded. In 2016, the total amount settled by CSDC was CNY 1 220.01 trillion, an increase of CNY 83.20 trillion compared with last year; net settlement amount was CNY 40.25 trillion, a decrease of CNY 18.61 trillion from the same period last year.

Open-end funds developed steadily. By the end of 2016, open-end fund TA system (a system developed by CCDC for registration and settlement of open-end funds) had 166 managers, of which, 72 were fund companies, 90 were security companies, 1 was bank and 3 were oversens TAs, serving as many as 313 sales institutions, including 49 commercial banks, 98 security companies, 87 funds companies and assets management companies that directly sell products, 4 investment consultation institutions, 62 independent sales institutions, 5 futures companies and 8 foreign sales institutions. The system issued 4 481 wealth management products on behalf of clients, of which, 772 were open-ended funds, 5 were innovative closed-end funds, 3 690 were collective wealth management products, 3 were bank wealth management products, 11 were mutual funds. These products covered equity, bond, mixed product, currency product, principal guaranteed fund, QDII, FOF, LOF, products traded under Shanghai Stock Exchage Fund System, and OTC ETF, etc. In addition, this system also fully supported various services, participating in and resigning from collective plans, equity distribution, performance-based returns, benefit compensation, extension and TA transfers, etc.

4.4 Shanghai Clearing House Registration and Settlement System

Custody scale continued rapid growth. In 2016, Shanghai Clearing House issued 20 868 new bonds, with a total face value of CNY 18 346.16 billion; and paid principals and interests on 15 342 bonds, with a total face value of CNY 14 283.58 billion. For the structure of bonds issued in 2016, 4 335 were enterprise credit bonds for a face value of CNY 5 143.89 billion, with respective year-on-year decreases of 5.39% and 5.30%; 81 were financial bonds for a face value of CNY 209.17 billion, with respective year-on-year decreases of 58.03% and 52.57%; 16 452 were interbank certificates of deposit for a face value of CNY 12 993.10 billion, with respective year-on-year increases of 176.92% and 145.26%. By the end of 2016, Shanghai Clearing House had 15 108 bonds under custody and custody balance① was CNY 14 410.29 billion, respective year-on-year growths of 58.83% and 39.10%.

Table 5 Products Issued by and under Custody of Shanghai Clearing House

Issued Product Type	Face value (CNY 100 million)	Custody Product Type	Custody Amount (CNY 100 million)
Super and Short-term Commercial Paper	27 194.90	Super and Short-term Commercial Paper	15 135.30
Private Placement Note	6 028.85	Private Placement Note	21 797.86
Commercial Paper	6 082.95	Commercial Paper	6 021.95
Small And Middle-sized Enterprise Collective Note	0	Small And Middle-sized Enterprise Collective Note	5.76
Credit Assets-backed Securities	347.14	Credit Assets-backed Securities	416.77
Financial Enterprise Commercial Paper	1 178.60	Financial Enterprise Short-term Commercial Paper	82.00
Non-financial Enterprise Assets Backed Notes	100.37	Non-financial Enterprise Assets Backed Notes	297.37
Financial Bonds of Assets Management Companies	560.00	Financial Bonds of Assets Management Companies	1 920.00
Medium-term Notes	10 997.10	Medium-term Notes	34 311.10
Interbank Certificate of Deposit	129 931.00	Interbank Certificate of Deposit	62 760.90
Project Revenue Notes	38.50	Project Revenue Notes	97.50

① Including 2 SDR bonds for a face value of 600 million SDR, which were converted to be RMB at the exchange rate on issuing day.

continued

Issued Product Type	Face value (CNY 100 million)	Custody Product Type	Custody Amount (CNY 100 million)
Green Debt Financing Tool	80.00	Green Debt Financing Tool	80.00
Government Backed Institutional Bonds	850.00	Government Backed Institutional Bonds	1 200.00
Total	183 455.61	Total	144 127.10
FX Bonds (converted to RMB)	55.8	FX Bonds (converted to RMB)	55.8

Table 6 Shanghai Clearing House Business Statistics from 2014 to 2016

Unit: CNY 100 million

	2016	2015	2014
Issuance	183 511.41	111 701.74	55 465.09
Custody amount	144 102.91	103 297.51	55 702.30
Settlement amount	1 539 778.31	837 506.72	265 831.76
Accumulated cash settlement amount in RMB	1 682 192.60	898 381.87	267 450.63

Note: "Settlement amount" includes settlement for cash bond, repo (only referring to initial settlement), lending and forward. "Accumulated cash settlement amount in RMB" includes settlements for bond, interest rate swap and bulk stock, excluding FX cash settlement.

Service scope was further extended, with increasingly more accounts opened by non-legal person institutions and foreign institutions. By the end of 2016, Shanghai Clearing House opened 14 514 investor accounts, a year-on-year growth of 67.10%. Among these investors, 1 was development financial institution, 2 were policy banks, 1 508 were deposit-type financial institutions, 152 were non-banking financial institutions, 148 were security companies, 18 were funds management companies, 106 were insurance companies, 104 were non-financial institutional legal persons, 12 106 were non-legal person institutions[①], 355 were foreign institutions, 11 were FTZ domestic and foreign institutions and 3 were special accounts. The accounts opened by non-legal person institutions and foreign institutions were increased by 74.88% and 47.18% from the same period last year.

① Non-legal person institutions include security investment funds, asset management plans of security companies, certain client asset management plans of fund companies, enterprise annuity, insurance products, trust plans, social security funds and other non-legal person institutions.

5. Central Counterparties (CCPs)

5.1 Shanghai Clearing House

In 2016, CCP clearing infrastructure in interbank market was further developed. Currently, Shanghai Clearing House clearing system offers CCP clearing services to four business modules, i.e. FX, bond, interest rate derivatives and bulk stock.

Bond CCP clearing business. In 2016, Shanghai Clearing House Bond CCP clearing business operated steadily. Clearing amounts for cash bond and repo totaled CNY 44.74 trillion (unilateral) and CNY 108.97 trillion (unilateral) respectively. Specifically, CCP clearing amount for cash bond reached CNY 3 310.63 billion for 12 220 trades, respective year-on-year growth rates of 44.21% and 11.35%. CCP clearing amount for repo reached CNY 836.39 billion for 6 222 trades, respective year-on-year growth rates of 1 675.81% and 1 136.98%. Bond CCP clearing participants were increased to 71, of which, 62 were clearing members and 9 were clients.

FX trade CCP clearing business. Shanghai Clearing House released RMB/FX option CCP clearing service in August 2016, being the first clearing institution that offers CCP clearing service to OTC FX option trades in the world. Throughout the year, it cleared 20 400 FX anonymous trades, 407 000 FX bilateral trades for a total amount of USD 7.67 trillion. By the end of 2016, Shanghai Clearing House had 246 FX anonymous clearing members, 40 FX bilateral clearing members (including 20 FX option clearing members) and 6 clients.

RMB interest rate derivatives CCP clearing service. Since 2016, a layered clearing membership system has been formed for Standard Bond Forward centralized clearing service. By the end of 2016, there were 54 clearing participants, of which, 35 participants were newly included in 2016. Among the 54 clearing participants, 5 were general clearing members, 45 were direct clearing members while 4 were clients. A total of 8 Standard Bond Forward trades were cleared in 2016, with contract amount of CNY 100 million.

RMB interest rate derivatives centralized clearing business developed steadily. Shanghai Clearing House cleared 87 200 trades for a total nominal principal of CNY 9.82 trillion, increasing by 36.84% and 20.97% compared with the same period last year respectively. There were 122 participants for RMB interest rate swap centralized clearing and 27 of them were newly registered in 2016. Among these participants, 5 were general clearing members, 42 were direct clearing members and 75 were clients. This service covered non-legal person institutions, with 16 non-legal person products entering the market in 2016.

Freight and commodity derivatives CCP clearing service. In 2016, Shanghai Clearing House released RMB electrolytic copper swap CCP clearing and Shanghai emission allowance forward trading CCP Clearing services. It processed 4 265 900 CCP clearing contracts for OTC bulk stock derivatives, a year-on-year growth rate of 133.54%. These clearing contracts totaled CNY 288.89 billion, an increase of 328.35% from the same period last year. Shanghai Clearing House had 10 clearing members, 34 brokerage companies and 482 clients, including 95 new clients (including clearing members who made proprietary trades).

5.2 CSDC

As a CCP, CSDC offers multilateral netting settlement service to security trades in exchange market. Specifically, CSDC nets the cash receivable and payable of each settlement participant based on trades enrolled into multilateral netting settlement on day T (security trading day) and other non-trading data, and completes irrevocable cash settlement with settlement participants at the end of day T+1. In 2016, total security amount settled by CSDC reached CNY 1 220.01 trillion (bilateral), an increase of CNY 83.20 trillion compared with last year; net settlement reached CNY 40.25 trillion, a decrease of RMB 18.61 trillion compared with last year. Most securities in exchange market have been covered by CSDC multilateral netting guaranteed settlement.

5.3 Shanghai Futures Exchange

Shanghai Futures Exchange currently has 14 kinds of futures contracts, i.e. gold, silver, copper, aluminum, zinc, lead, nickel, tin, rebar, wire rod, fuel oil, natural rubber, bitumen and hot rolled coils, and released consecutive trading service for gold, silver, non-ferrous metal, ferrous metal and energy and chemical engineering products. It has 199 members and more than 700 remote trading terminals nationwide. In 2016, trading volume grew steadily. The contracts concluded in 2016 totaled CNY 84.98 trillion (unilateral) and accounted for 1.68 billion lots (unilateral), with respective year-on-year growth rates of 33.70% and 59.97%.

5.4 Zhengzhou Commodity Exchange

In 2016, Zhengzhou Commodity Exchange focused on the innovative development of futures, options and OTC derivatives by extending settlement scope, increasing services and launching the project for developing a new settlement system. The trade settlement processed in the year totaled CNY 31.03 trillion (unilateral), with a year-on-year growth rate of 0.16% while the delivery settlement processed in the year totaled CNY 10.23 billion (unilateral), with a year-on-year growth rate of 8.54%.

5.5 Dalian Commodity Exchange

Dalian Commodity Exchange settles all the futures trades concluded in the same trading day for all members with the principle of market-to-market. Agricultural products like soybean, soybean meal and corns and industrial products like iron ore, coking coal, coke and plastics are the common commodities for futures trading, which are settled in RMB. Currently, Dalian Commodity Exchange has 151 members, 15 non-futures company members and 14 margin custodian banks. In 2016, a total of 1.54 billion lots of futures trading (unilateral) were processed by Dalian Commodity Exchange, with a year-on-year growth of 38%. These trades accounted for CNY 61.41 trillion (unilateral), with a year-on-year growth of 46%. It processed cash transfer of 20 707 trades for CNY 573.3 billion. Specifically, there were 20 134 transfers (taking up 97% of total transfer) of CNY 566 billion (taking up 99% of total transferred amount) were made by members and 573 lending transfers (taking up 3% of total transfers) of CNY 7.3 billion (taking up 1% of total transferred amount).

5.6 China Financial Futures Exchange

China Financial Futures Exchange (CFFE) has five products in two categories, i.e. stock index futures including CSI 300 index futures, CSI 500 index futures and SSE 50 index futures, and treasury bond futures, including 5-year treasury bond futures and 10-year treasury bond futures. The concluded financial futures contracts in 2016 (244 trading days) totaled 18.34 million lots (unilateral) and CNY 18.22 trillion (unilateral). Average daily positions were 169 200 lots for CNY 166.44 billion. Average daily total cash was CNY 62.83 billion, with a margin of CNY 55.83 billion and cash utilization rate of 88.86%. CFFE made 37 400 cash transfers for CNY 4.98 trillion, including 18 900 cash-in transfers for CNY 2.5 trillion and 18 500 cash-out transfers for CNY 2.49 trillion. The cash transfers were basically distributed throughout the year with average daily cash-in amount of about CNY 10.24 billion and cash-out amount of about CNY 10.19 billion.

Topic 1

Strengthen Payment Institution Regulation and Promote Payment Market Development

Ever since PBC implemented *Administrative Measures on Non-financial Institutions Payment Services* (Order of PBC [2010] No.2, hereinafter referred to as the *Measures*) in 2010, the third-party payment business has entered the fast lane of development with constant innovations and new customer experiences. As its business scale grows, the third-party payment has greatly facilitated the daily retail payment of the public, and promoted the rapid development of e-commerce, thus becoming the highlight of the country's payment industry. From 2013 to 2016, the total deals of payment institutions have increased from 37.13 billion to 185.48 billion, and the amount has grown from CNY 17.57 trillion to CNY 119.60 trillion, the compound annual growth rate being 70.94% and 89.48% respectively. In particular, the grand total of network payment business has gone up from 19.35 billion to 163.90 billion, and the amount has soared from CNY 10.40 trillion to CNY 99.27 trillion, the compound annual growth rate reaching 103.86% and 112.10% respectively. Despite the rapid development of payment institutions, there exist striking problems. PBC has taken corresponding measures to strengthen market supervision. The measures are proven to be effective with increased regulation effects, improved market order, enhanced institution competitiveness, and healthier development of the payment service market.

1. To Build the Payment Regulation Network Looking into Future Development

Payment industry is the foundation of the country's economic development. For a long period of time, the payment industry has aimed to facilitate fund turnover, raise fund allocation efficiency and promote economic development. With reforms and innovations, the industry tries hard to adapt to and help with the reforms of the economy, and has become thriving alone among its international peers. As the organizer and supervisor of the payment industry, PBC has paid close attention to its growth, and taken preventive and adaptive regulation measure to ensure regulated innovations and development. The industry has extensive market players. Besides over 4 000 traditional banking financial institutions, nearly 200 financial companies and 3 franchised clearing organizations, the payment service supplier was sharply expanded by the joining of around 270 payment institutions. The demand-end of payment also explored with the participation of long-tail customers thanks to the internet finance. Facing such large demand-supply, risk prevention is required to guarantee the suppliers' sustainable operation and development, as well as to safeguard the legal rights of financial consumers. In light of this biggest feature of China's payment industry, and considering the domestic reality and future development, PBC proactively constructs a regulation framework combining "government regulation, industry self-discipline, social supervision and institution self-governing", which suits China's specific situation. In 2011, PBC initiated the setting up of Payment & Clearing Association of China (PCAC), whose aim is to serve its members and safeguard the benefits of the industry. Through the years, PCAC has, with the support of the members, tried to perfect its own governance, build up the industry self-disciplinary institutions, and speed up training and exchanges. In 2016, PBC issued *Measures Rewarding the Report of Behaviors against Laws and Regulations Concerning Payment and Settlement*, and helped PCAC with the implementing details including the reporting platform. PBC timely published risk revelations against issues of high public complaints. Ten payment organizations in violation of relative payment regulations were punished accordingly, the withheld margin reaching CNY 165 thousand. With the joint efforts of government regulation, industry self-discipline and social supervision, the market players have strengthened their self-management and corporate governance, raising their level of sustainable and regulated operation.

2. To Set up Rules and Regulation for a Comprehensive Payment System

As a new service supplier, the payment organizations, according to PBC's licenses, may handle payment business such as pre-paid card issuance, bankcard acceptance and network payment. Being financial business by nature, payment requires higher access standards, and rigid risk management as well. Otherwise, there will be market disorder, infringement of customer rights, and contagion of risks. As a result, unlike other commerce entities, payment institutions need far more rigid financial regulation. In accordance, PBC attaches great importance to institutional construction in order to regulate and supervise the business development of payment organizations. Following the *Measures*, a series of regulatory documents were successively published, including *Implementary Details of the Measures*, *Administrative Measures of Pre-paid Card Business of Payment Organizations*, *Administrative Measures of Bank Card Acceptance*, *Administrative Measures of Internet Payment by Non-bank Payment Organizations*, and *Administrative Measures of Customer Provisions Custody by Payment Organizations*. Based on the general principles set by *Law of People's Bank of China* and the *Measures*, a complete supervisory institutional system covering multiple-use pre-paid cards, bank card acceptance and internet payment was formed with the payment provisions management as the core, laying a solid foundation for sound development of the third-party payment.

3. To Change Regulation Ideology

The fast growing payment industry requires regulation to progress with time, which in turn needs advanced ideology. Facing a revolutionary situation where traditional and internet finance co-exist and interact, PBC practiced regulation guided by the idea of "lawful, moderate, coordinated and innovative supervision". For moderate regulation, PBC observed new technology application and payment operations with an open and tolerant mind, leaving room for industry development. The flexibility and adaptability of regulation was realized, while the extremeness was avoided. Take the application of biometric identification technology in payment as an example. In order to accumulate experience in setting relative standards, PBC stated clearly in *Administrative Measures of Internet Payment by Non-bank Payment Organizations* that payment organizations are encouraged to verify account balance payment by way of customer biometrics. In 2016, PBC formally started classified management of payment accounts and differentiated rating of payment organizations. The rating results are taken as reference for optimized regulation resource allocation and differentiated supervisory measures. For example, supervisory awards was granted to those organizations which have carried out the real-name savings deposit system well in practice; while special supervision was directed to those that performed not so well such as type D or type E organizations, with measures including suspension of total or partial business. To those who have not corrected themselves within the given period of time, payment license will be cancelled. In light of innovation, PBC timely adopted new technologies to improve regulation modes and efficiency. In 2016, the off-site monitoring system went online with marked improvement in off-site e-supervision. PBC also upgraded seven electronic monitoring tools and developed two new tools, which raised the on-site inspection efficiency. Payment provision management was also innovated to prevent embezzlement risk. Considering the deepening of industry fusion, PBC tightened its operation with other financial authorities, public security and industry and commerce administrative departments. Vertically, PBC further clarified the regulation division between the headquarters and its branches, so that the resources are rationally allocated to effectively maintain the market order and promote a rapid and sound development of the payment industry.

4. To Re-establish Supervisory Authority with Strengthened Means

With the system and idea being established, system execution is to be strengthened through monitoring activities. Where the system is not carried out, legal administration will be needed. In recent years, PBC has organized on-site inspection of banking financial institution and payment organizations each year aiming at error correction and risk prevention. It has carried out special rectification in respond to the problems common with some payment institutions including low standards for the real-name savings deposit system, modification of trade information, illegal out-sourcing of core business, embezzlement of payment provisions, and non-licensing payment operations. PBC also took combined measures such as surprise inspection, special inspection, random inspection and on-site verification, penalty to the top limit, limitation of business scope, suspension of part or total business, and cancellation of payment license, etc. The achievement of all the measures are quite satisfactory.

5. To Innovate Regulation Mode

In addition to on-site inspection, PBC also adopts off-site inspection to non-bank payment services. The off-site inspection is aimed to encourage operation in compliance, clear the exit mechanism and keep in control market access, with classified rating as the core and focusing on business access and afterwards extension. In 2015, PBC issued *Administrative Measures of Internet Payment by Non-bank Payment Institutions*, which specified the classified management of payment accounts and payment organizations. In 2016, PBC published *Administrative Measures of Rating and Classification of Non-bank Payment Organizations*, setting five rating principles both in quality and quantity, six rating indexes of provision, compliance and risk management, and eleven rating results classified respectively as type A through type E. Based on the two *Measures*, PBC organized rating of the three type of payment institutions namely multiple-use pre-paid card, bank card acceptance and internet payment institutions. According to the rating results, supervision was focused and correction demands were raised for the "focused" organizations. The rating has played an active role in encouraging compliance, risk management and sustainable growth, and in maintaining market order. A healthy eco-environment of payment market was thus formed. In terms of business extension of payment institutions, PBC took licensing resource as a positive incentive factor. The License of Payment Business is not to be extended to those payment institutions that don not have substantial business, ceased to do business for a long period of time, or imply risks in payment provisions management. It is hoped that the payment institutions may treasure the license, operate in compliance, compete in order, and develop in a sustainable way. Mergers and acquisitions are also encouraged for sake of structure optimization of the payment market.

6. To Guide Market Development According to Specific Circumstances

The development of payment institutions has gone through 4 stages of the early stage, scale expansion, risk exposure and overhaul. At the early stage of market development, institutions were enthusiastic about applying for the license, thus a total of 270 payment business licenses was issued by PBC. At risk exposure and overhaul stages, PBC slowed down the pace of issuing licenses, even canceled payment business licenses of some institutions that had severely violated relevant rules. Ceasing of issuing licenses by PBC aroused institutions' wide concern. Some institutions even speculated license resources for high prices. Whether PBC continues to issue licenses or not, and whether existing institutions are more or less than enough, are actually issues about market layout and industry development. Therefore, issuing or canceling of licenses was based on the need of a healthy development of the market. Currently, business concentration of existing payment institutions is relatively high on the whole, yet the tendency of balanced development emerges and competition among small-to-medium-sized institutions is getting increasingly fierce. According to statistics, large payment institutions whose payment business exceeds CNY 50 billion have increased from 38 in 2014 to 68 in 2016. Market concentration has been declining, indicating that the market is less monopolistic, competitive power of payment institutions has been substantially enhanced, and the market structure is turning into a perfect competition. But on the other side, payment business of the 50 smallest payment institutions has been accounting for just one millionth of all industry since 2016, indicating they are in urgent need to promote their business, and are confronted with substantial operation difficulty. Under such pressure, some institutions even violated relevant rules, leading to many hazards. It is easy to conclude that existing institutions themselves can satisfy retail payment needs of the general public, and new entrants need to evaluate feasibility of making profits and expansion of market scale. As the regulator of the payment industry, PBC needs to take care of the relationship between government and market, as well as the relationship between the whole industry and individual institution. It needs to maintain the market scale at a reasonable level, avoiding enlarging industry scale unreasonably. Although rapid scale enlargement seems to be desired, risk is accumulating simultaneously, relaxing market access regardless of industry risk would bring about stress of sustainable development for new entrants. Therefore, PBC conscientiously carries out requirements of the State Council, combines regulation and deregulation, and works to coordinate the role of "visible hands" and "invisible hands". Regarding to market access, PBC strictly implements requirements listed in *Notice of the General Office of the State Council on Releasing Implementation Plan of Internet Finance Risk Remediation* (Guobanfa [2016] No.21) and *Work Plan of Non-bank Payment institutions Risk Remediation* (Yinfa [2016] No.112) and adheres to principles of "controlled gross, optimized structure, promoted quality, and orderly development". PBC utilizes payment business as the entry threshold of finance area, strictly controls market access of payment institutions, and no longer accepts applications for new institutions. Besides, PBC puts emphasis on regulating, guiding, and overhauling institutions with licenses to prevent hazards of existing and new institutions from happening.

7. To Overcome Payment Regulation Difficulties

In practice, assuring clients' funds safety has always been the core of PBC regulation, since the funds are payable funds that payment institutions collect in advance from clients, and are not property of payment institutions. Issues like large scale, disperse deposit and other potential underlying problems of clients' funds are becoming more and more prominent over the business growth. In 2016, there were 13 accounts for clients' funds of payment institutions on average (including 2 deposit accounts, 7 receipt accounts, 4 remittance accounts) with the total funds amounting to CNY 621.5 billion. To protect clients' property from being embezzled, clients' funds management has constituted a dominant part in the regulation of payment institutions. Centering on the funds management, PBC did mounts of supervision work and adopted measures including clients' funds verification, on-site check and verification, yet a few institutions still ignored regulation and appropriated client's funds. For example, from 2013 to 2014, Guangzhou Yimin Travel Leisure Services Limited Company, Zhejiang Yishi Management Services Limited Company and Shanghai Changgou Corporation Services Limited Company appropriated client's funds and led to financial difficulty. These incidents involved many clients as well as large amounts of money, and led to negative social influence. They not only infringed clients' legitimate rights, but also dampened trust of the general public to third-party payment. With such profound influence and lessen, reforming clients' funds management has been included in work schedule of PBC and become society's consensus and expectation. Payment institutions illegally providing clearing services are related to clients' funds management. These institutions can easily provide cross institution clearing services via fund accounts with multi banks, which is not beneficial to monitoring clearing fund and avoiding systematic risk. Considering these difficulties, PBC has made much exploration and formed ways to solve the problems. *Work Plan of Non-bank Payment institutions Risk Remediation* clearly states that: 1) a centralized depositary system is to be established for payment institution clients' funds; 2) cross bank payments must be handled via PBC interbank clearing system or qualified clearing institutions. Consequently, it is necessary to establish a web payment clearing platform to exercise penetrating regulation to clearing business of existing payment institutions. Up to now, the construction of the centralized depository and the web payment clearing platform have both made significant progress. In the aspect of funds centralized depository, in January 2017, PBC published *Notice of PBC General Office on Implementing Centralized Depositary of Payment Institutions Clients' Funds*, urging payment institutions to transfer a portion of clients' funds to specified deposit accounts of designated institutions which do not accrue interests for those funds since April 17, 2017. PBC promotes centralized depositary to prevent payment institutions from appropriating clients' funds, guide payment institutions to resort to primary business, eliminate potential risk of payment service, guarantee clients' fund safety, protect clients' legitimate rights, and to further promote sustained and healthy development of payment service market. In respect of web payment clearing platform, under guidance of PBC, the Payment and Clearing Association of China is dedicated to its construction and it is on the point of operation. On the occasion, payment institutions' cross bank payments will be transferred to the platform, payment institutions' direct link to banks will be prohibited. The clients' fund will realize centralized depository based on the web payment clearing platform, with transparency, reduced cost, higher clearing efficiency and safety.

Strictly regulating payment is to promote healthy development of the industry, to better serve society development and livelihood improvement. After overhaul, non-bank payment service is under sustained and swift development. By the end of 2016, payment institutions clients' funds amounted to CNY 621.5 billion, an increase of 107.13% over the previous year, indicating payment institutions scale has been substantially growing, and the general public´s willingness to accept payment institutions service has been constantly enhancing. Meanwhile, market participants´ awareness of compliance has been improved, and illegal behavior has been substantially decreased. Bankcard business is where illegal behavior is relatively more frequent. The percentage of bankcard acceptance in total business of the top 10 largest institutions dropped by 12% on a year-on-year basis, an indication that illegal services are steadily decreasing. After going through risk exposure and overhaul stages, payment institutions get reborn and are confidently stepping into a new stage of normative development， and playing an important part of promoting the healthy development of payment service market.

Next, as the regulator of payment industry, PBC will be conscientiously in line with the Central Economic Work Conference, continue to insist on problem orientation and bottom line, put more emphasis on risk prevention, maintain harsh regulation, crack down illegal activities, deal with potential risk, prevent recur of illegal activities, protect market order, and deepen reforms of economy and society.

Topic 2
Individual Bank Account System Reform

1. Reform Background

In 2003, with the background of personal finance activities becoming increasingly active, PBC released *Administrative Measures on RMB Banking Settlement Accounts*, which clearly states that individuals can open personal bank clearing account out of investment, consumption and settlement needs. Under such arrangements, after over ten years rapid development, the scale of personal bank account amplified, in particular bankcard business increased significantly. By the end of 2016, there were 8.30 billion personal banking clearing accounts, 6.13 billion bankcards, and bankcards transaction reached CNY 741.81 trillion. Opening of personal banking clearing accounts and the broad application of bankcards have exerted positive effects to facilitating personal production and living, promoting consumption, fueling economy growth and impelling inclusive finance. Nevertheless, personal bank account management is faced with new problems and challenges which are listed below:

1.1 Boundaries between existing settlement accounts and deposit accounts are gradually vague

To adapt to personal investment and consumption need and facilitate individual asset management, *Administrative Measures on RMB Banking Settlement Accounts* separates personal bank accounts into settlement accounts and savings accounts. With the enhancement of personal retails business and banking service quality, personal banking settlement accounts and savings accounts gradually converge in the sense that personal banking settlement accounts cover functions of savings accounts, and the function boundaries that settlement accounts are for settlement, savings accounts are for depositing assets blur. Personal bank accounts present the tendency of simplifying. Under the circumstance that payment tools and channels keep enriching, correlation between efficiency and risk is concealed by accounts functions convergence. Banks and payment institutions put too much emphasis on accounts fund transfer efficiency, in the sacrifice of various accounts needs and safe stratification.

1.2 The integrative development of internet and finance brings higher standards for bank account services

For a long period of time, banks provide account open-up service over-the-counter in their banking outlets. And that method of account open-up is also the main concern of the supervisory system. The developments of Internet and information technology brought great impact on many aspects of financial industry, e.g., source of getting customers, marketing mode, business procedure. As a result, the conflicts between high requirement of individual bank account service and relatively outdated management ability becomes striking. This process brought many things new. Some banks tried to facilitate individual account open-up and use through electronic channels, such as online banking and mobile banking, or by automatic machines, such as remote video counter machine and intelligent counter machine. In order to expand business, internet banks, as a new type of bank without offline outlets, tried to avoid the restrictions of no-counter by using electronic channels to remotely open individual bank account. Besides, as an important component of internet finance, business of non-banking payment institutions closely rely on bank accounts, which brings new risk to use bank accounts.

1.3 Leakage of bank account information requires the establishment of account protection system

The leakage of individual information is not uncommon in China, which even led to money stolen. Case analysis showed that, the methods of information stolen were updated from stealing one account a time to obtaining large-quantity accounts by the ways of fake base station, fake WIFI, malicious APPs or hacker technology. Some websites and companies asked their customers to provide bank account information; others tried to apply real-name customer management by verifying customers' bank account information. These made bank information existing outside of banking system, which lead to accumulation of information leakage risk. Nowadays, the individual payment mode has changed a lot. e.g., many payment operations transform from bank counter channel to internet and mobile channel. If individual bank cards with large amount of money were used to do internet payments or bankcard consumptions, big threat would be brought to the security of bank accounts, meaning with the leakage of information money would be stolen. The growing urgent demand of strengthening payment security management makes protection mechanism of individual bank account and money more desirable.

1.4 Telecom network frauds highlighted the importance of strengthening individual bank account management

In recent years, telecom network frauds are operated in industrial chain mode with high technology through multi-channels, and become more and more widespread, which severely jeopardized public property security and legal interests. The frauds became a big public hazard to public credit system and social stability. In the process of these frauds, one step was to use many different bank accounts and payment accounts to transfer fund and in the end withdraw the cash. These related accounts were always sold or masquerading opened. In present banking account system, a person can open bank account as many as he wants, which leads to many reduplicative accounts and invalid accounts. Opening too many bank accounts makes bank account management and money use much more inconvenient, leaving some bank accounts ignored, which means potential risks of bank account sale and masquerading open-up. On the other hand, too many bank accounts consume many resources, and deteriorate banks' ability to provide comprehensive and systematic account service because of resources dispersion. Therefore, the establishment of a system which can reduce bank account open-up numbers of each person and can prevent bank account sale or masquerading open-up is desirable.

2. The Main Contains of the Reform

In order to promote healthy development of internet finance, to realize protection of information security and fund security, to improve individual bank account services and to prevent telecom network frauds, by extensive survey and thorough study, PBC applied comprehensive reform in individual account system adhering to the principal which quotes "encouraging innovations and preventing risks".

2.1 The reform idea

In the management of classified individual bank account, two main principles are consistent. One is strict real-name system. Bank account real-name system is a fundamental financial systematic arrangement, which is the basic principle and base line of bank account management. The other one is differentiating the functions of primary and auxiliary bank accounts to apply classified account management. Classified bank account management is the vital method to apply real-name system and differentiation of bank account function. Classified bank accounts is to endow different accounts with different functions according to account open-up method and the degree of real-name verification. The higher degree of the real-name verification, the more functions are endowed. This will guide the individual to leave large fund in the primary bank account, while making small sum payment, especially internet payment and mobile payment, through auxiliary bank accounts, which secures fund in the primary account.

2.2 Classified bank account management

2.2.1 Differentiate the functions of primary and auxiliary bank accounts to apply classified account management. Individual bank settlement accounts are classified into type I, II, III respectively. The same individual can open only one type I account in one bank, and can open several type II, type III accounts as needed. The type I account can only be opened in banking outlets over the counter, or through self-service machines such as remote video counter machines and intellectual counter machines under the premise of bank stuff have verify the identity information of the applicant on the spot. The type II, type III accounts can be opened through alternative ways such as on the counter or electronic platforms such as internet bank, mobile bank or self-service machine. If type II, type III accounts are opened on electronic platforms, they should be bound to a verified type I account.

2.2.2 Differentiation of account functions. The type I account, which are identity verified on the spot and opened over the counter, is with full functions that can be used without limits. These functions include deposit, withdrawal, transfer, consumption and payment, investing financial products purchase, loan and reimbursement. The type II accounts can be used to deposit money, to purchase investing financial products, to consume and pay in a quota and with limited transfer function. If banks verify the identity face to face, bank cards bound to type II accounts can be granted, which can be used to deposit and withdraw cash, or transferred-in from an unbound account. type III accounts' main function is paying in small sum. It can be used to consume and pay within limited amount, or to operate transferred-out within limited amount, but cannot to deposit or withdraw cash. It can used to operate transferred-in from an unbound account within a certain amount in the premise of identity verification.

2.2.3 Money quota. The type I account is without transaction quota. Type II, type III account has no limits to transfer fund, purchase financial products and operate loan with bound accounts. While with unbound accounts, the deposit and withdraw amount limits of type II account are CNY 10 thousand daily and CNY 200 thousand per year. The deposit and withdraw amount limits of type III account are CNY 5 thousand daily and CNY 100 thousand per year, and the account balance should be no more than CNY 1 thousand. In general, the type I accounts, as personal money safe boxes, are characterized by high security requirement and large value funds acceptability, which can be used to pay in large sum. Type II accounts, as personal wallets, are characterized by relatively small fund, which can be used in daily payment. Type III account, as personal coin purses, is characterized by their convenience, especially in new payment method such as mobile payment.

3. The Implication of the Reform

Individual bank account system reform is an important revolutionary reform in individual bank account management system. It will have far-reaching influence in development of individual bank account and operation of banks.

3.1 In favour of strengthening bank account real-name system

Account real-name system management is the starting point and the foothold of individual bank account system reform. The classified account management, which means endowed different accounts with different functions according to account open-up method and the degree of real-name verification, can satisfy innovation desire, and can strengthen real-name requirement at the same time. It provided an effective way to handle the impact on account real-name system by internet and information technology. Besides, the institutional arrangement on identity verification in remote account open-up and usage, and the adjustment on ways and means of identity verification, provide effective methods to solve remote account open-up identify verification issues and indirect verification risks in real-name system.

3.2 In favour of establishing account safety barrier

The individual classified bank account system can assure payment security and convenience at the same time. An individual can better discriminatively manage his/her accounts in assign functions and distribute money to each account, according to his/her own safety and convenience demand. To be more specific, by distinguishing the primary and auxiliary accounts, one can manage his/her layered demand with different account. The classified account management system can satisfy individual's increasingly diversified and personalized payment operation and other demands for financial services. And at the same time, it can help to reduce the fund loss risks. Even in the case of account information leakage and money stolen, the loss can be controlled in a small sum.

3.3 In favour of promoting innovations in financial service area

Individual classified bank account system, which attracts customers from different channels, expands and diversifies the methods to open accounts, and will bring new opportunities to bank industry. Under this circumstance, banks can try to carry forward strategic positioning adjustments, including re-lying out online and offline businesses, integrating internet finance and traditional operating resources, accelerating innovations in electronic banks, improving bank account convenience and satisfaction of account open-up. All those adjustments aim at providing better, discriminating and safer bank accounts and payment services. At last, banks operating capability and core competitiveness are improved. On the other side, banks should change its appraisal management system and business marketing methods, which are now base on the number and place of accounts opened. Banks should establish the operating philosophy of "customer is god.", and realize same satisfaction of services whether local or not.

3.4 In favour of supervising the payment industry's security

The telecom network frauds and the account information leakage are severe. It is very important to guarantee payment security, which includes bank account security. The reform of individual bank account system will suppress bank account sale, prevent different issues such as telecom network frauds, bank account information leakage and masquerading open-up from the origin. This reform is not only improving bank service, but also consolidating the basis of payment industry.

The PBC promulgated several rules and regulations consecutively, including *the Notice of Improving Individual Bank Account Service and Reinforcing Bank Account Management*, *the Notice of Reinforcing Payment Settlement Management and Preventing Telecom Network New-type Delinquency and Relevant Issues*, and *the Notice of Implementing Classified Individual Bank Account Management System, and etc.* These rules and regulations have built the basic management framework in classified individual bank account system. The PBC will follow and improve the implementation of classified individual bank account management system in the next step. On that basis and in combination with the amendment of *Bank Account Management Measures*, the PBC will perfect the management requirements of classified individual bank account, try to establish classified institutional bank account system, and build a comprehensive and effective bank account security protection mechanism.

Part IV
Appendix

- Major Events of China Payment System Development in 2016
- Core Indicators of China Payment System Development in 2016
- Major Business Data Report in 2016

Appendix 1 Major Events of China Payment System Development in 2016

On January 5th, PBC revoked the *Payment Business License* of Shanghai Changgou Enterprise Service Co., Ltd. according to law.

On February 18th, China UnionPay announced the launch of Apple Pay as part of UnionPay *Cloud QuickPass* payment solutions.

On March 11th, PBC issued the *Notice on Standardizing the Use of Payment Cipher on Check*, which took effect on June 1st, 2016.

On March 15th, PBC issued the *Notification on the Spot Check of Bank Card Acquiring Outsourcing*, which disclosed the results and problems as well as disposal measures.

On March 17th, Payment Clearing Association of China (hereinafter referred to as PCAC) established a task force group on the construction of internet payment and clearing platform of non-bank payment institutions, which will coordinate in the construction of the platform and the preparation of its operational entity.

On March 18th, the National Development and Reform Commission (hereinafter referred to as NDRC) and PBC jointly issued the *Notice on Improving the Pricing Mechanism of Bank Card Transaction Fees*, which abandons the tiered pricing mechanism by merchant category, and introduces differentiated pricing for debit cards and credit cards, thus lowering transaction fees of bank cards.

On March 18th, PBC, the Ministry of Industry and Information Technology(hereinafter referred to as MIIT), the Ministry of Public Security(hereinafter referred to as MPS) and the State Administration for Industry & Commerce (hereinafter referred to as SAIC) jointly issued the *Notice on Establishing an Urgent Payment Suspension and Rapid Freezing Mechanism for Accounts Involved in New Types of Frauds through Telecommunication Network* so as to enhance the efficiency of funds freezing by public security department and ensure the security of people's property.

On March 23rd, PBC issued the *Notice on Using the New Version, of ACS Special Certificate*, according to which the ACS special certificate V2.0 will be phased in

On March 28th, PBC issued overall development of payment business in rural areas in 2015.

On March 29th, PBC and the Ministry of Civil Affairs jointly issued the *Notice on Standardizing the Opening of Temporary Deposit Accounts by National Social Organizations* so as to standardize the opening of temporary deposit accounts by national social groups, foundations and private non-profit organizations.

On March 29th, China UnionPay, partnering with multiple commercial banks and Samsung Electronics, announced the launch of Samsung Pay as part of UnionPay *Cloud QuickPass* payment solutions.

On April 1st, PCAC issued the *Rules on Industry Risk Information Sharing (Provisional)* for the purpose of strengthening information sharing and joint risk prevention, and protecting the legitimate rights and interests of members and customers.

On April 5th, PBC issued the overall dynamics of payment system in the fourth quarter of 2015 and the whole year of 2015.

On April 7th, PBC issued the *Incentive Methods for Reporting Illegal Behaviors in Payment and Clearing*, which establishes an incentive system for reporting illegal behaviors in the industry.

On April 13rd, PBC, the Publicity Department of the Central Committee, the Stability Maintenance Department of the Central Committee and another 12 departments jointly issued the *Scheme of Cracking down on Highly Risky Practice of Non-bank Payment Institutions* so as to crack down on misappropriation of customer funds by payment institutions, engaging in inter-party clearing and unlicensed payment services.

On April 15th, PBC issued the *Notice on Relevant Issues about Credit Card Business* to improve the market-oriented mechanism of credit card business and its service quality.

On April 19th, PCAC issued the *Measures on the Implementation of Self-disciplinary Management Evaluation by Non-bank Payment Institutions (Trial)*, according to which the results of the evaluation are to be reported to PBC as part of the rating results of non-bank payment institutions.

On April 25th, PBC issued the *Notice on Termination of the First-Generation Payment System Message Standard in HVPS and BEPS*, which orders to terminate the use of first-generation payment system message standard, properly deal with test keys of payment system, and eliminate line numbers of the treasury's accounting calculation system.

On April 26th, PBC and the China Banking Regulatory Commission(hereinafter referred to as CBRC) jointly issued the *Notice on Reinforcing the Supervision of commercial paper and Promoting the Healthy Development of commercial paper Market*, which deploys troubleshooting of risks in commercial paper so as to strengthen the regulation of commercial paper market.

On April 27th, PBC and CBRC jointly issued the Regulation on *the Domestic L/C Settlement*, which has come into force since October 8th, 2016.

On April 28th, PBC issued the *Notice on Amending Relevant Management Systems of Payment System*, which amends six mechanisms on processing approaches and processing procedures of HVPS and BEPS so as to adapt to the business expansion of the payment system.

On May 9th, China UnionPay issued the *2016 Report on the Development of China's Bankcard Industry*.

On May 9th, Shanghai Clearing House issued the *Implementing Rules for the Registration, Trusteeship, Clearing and Settlement of Cross-border Bond Business of Shanghai Clearing House in China (Shanghai) Pilot Free Trade Zone* and the *Guidance on the Registration, Trusteeship, Clearing and Settlement of Cross-border Bond Business in Shanghai Clearing House in Shanghai Pilot Free Trade Zone*, which means that Shanghai Clearing House starts offering registration, trusteeship, clearing and settlement for cross-border bond business in China (Shanghai) Pilot Free Trade Zone.

On May 25th, PBC issued the *Notice on Further Improving the Evaluation Approach to Access Deposit Reserves*, according to which relevant provisions concerning evaluation approach to access deposit reserves is to be adjusted starting from July 15th, 2016.

From May 28th to June 10th, PBC launched a drill on emergency switch of the payment system to enhance the emergency response capacity.

On May 30th, ACS information management sub-systems were launched in PBC's sub-branches at the level of second-tier cities or above.

On May 31st, PBC and the Ministry of Public Security jointly issued the *Notice on the Launch of Platform on Risk Management of Transactions in Connection with Telecommunication Network-related Crimes* according to which the platform on risk management of transactions in connection with telecom network-related crimes will be promoted nationwide since June 1st, 2016.

On June 7th, PBC and CBRC jointly issued the *Regulations on Bank Card Clearing Institutions* so as to open up the bank card clearing market in a lawful and orderly manner, standardize the regulation on bank card clearing institutions and promote the healthy development of bank card clearing market.

On June 13th, PBC issued the *Notice on Further Strengthening the Risk Management of Bank Cards*, so as to further enhance the safety management of bank card information.

On June 14th, PCAC issued the *Technical Guidelines for the Individual Information Protection*, the *Management Guidelines for the Information Technology Risk of Non-bank Payment Institutions* and the *Standard System of Non-bank Payment Institutions*, which instructs member institutions to strengthen their information technology management and reinforce individual information protection so as to promote the standardization of payment and clearing industry.

On June 17th, PCAC issued the *Self-disciplinary Measures for Non-bank Internet-based Payment Institutions*, so as to enhance the industry self-discipline, standardize the Internet payment business of payment institutions, and maintain a fair and orderly market competition order.

On June 17th, PCAC issued the *Implementing Rules of Incentive Methods for Reporting Illegal Behaviors in Payment and Clearing*, and established a Reporting Center to accept, investigate, handle and reward any report of illegal behaviors in payment and clearing

On June 25th, PBC and the Bank of Russia signed a memorandum of understanding on the establishment of RMB clearing arrangements in Russia.

On July 1st, PCAC launched the internet reporting platform for illegal behaviors in payment and clearing.

On July 13th, PBC issued the *Technical Requirements of the Bank Card Clearing Infrastructure*.

On July 22nd, Guangdong Pilot Free Trade Zone pioneered in the launch of cross-border collection of Hong Kong E-Check nationwide.

On July 28th, PBC issued the *Specification on Centralizing Access Interfaces of Bank Account Management Systems – Personal Bank Account*.

On August 1st, the first business card for publicly financed entities was launched nationwide thanks to the joint pilot of the Ministry of Finance and PBC as well as the concerted efforts of China UnionPay and commercial banks.

On August 11th, PBC released its decision on the extension of the *Payment Business License* to 27 payment institutions.

On August 18th, PBC issued the *Notice on Carrying out Network Security Examination of Critical Information Infrastructure* to deploy the network security examination of critical information infrastructure.

On August 27th, PBC issued the *Notice on Standardizing and Promoting the Business Development of Electronic Commercial Paper* to promote the application of electronic commercial paper and accelerate the electronic process of negotiable instrument market.

On August 29th, PBC released its decision on the extension of the *Payment Business License* to 12 payment institutions.

On August 31st, China UnionPay cooperated with Huawei and over 20 commercial banks to release the launch of Huawei Pay as part of UnionPay *Cloud QuickPass* payment solutions.

On September 2nd, Shanghai Clearing House completed the first registration of in China, namely the first batch of SDR denominated bonds issued by the World Bank (International Bank for Reconstruction and Development) in 2016.

On September 6th, PBC issued the *Technical Specification of POS Terminals of Bank Cards*, the *Technical Specification of ATM Terminals of Bank Cards* and the *Safety Specification of Acceptance Terminals of Bank Cards (Part 1-5).*

On September 8th, PBC issued the overall dynamics of the payment system in the second quarter of 2016.

On September 12th, PBC, the MIIT, MPS, SAIC, CBRC and the State Internet Information Office jointly issued the *Notice on the Special Campaign for the Joint Crack-down on Illegal Trading of Bank Card Information*, according to which the campaign will be rolled out nationwide from September 2016 to April 2017.

On September 18th, PBC issued the *Notice on the Scrutiny of Bank Card Information Leak Risks*, so as to comprehensively identify loopholes in payment systems, risk control measures and management mechanisms concerning sensitive payment information and fund safety.

On September 23rd, the Supreme People's Court, the Supreme People's Procuratorate, the Ministry of Public Security, the Ministry of Industry and Information Technology, PBC and CBRC jointly issued the *Announcement on Preventing and Combating Frauds related Crimes through Telecommunication Network.*

On September 23rd, PBC decided to authorize ICBC (Moscow) Co., Ltd. as the clearing bank of RMB business in Russia.

On September 29th, PBC convened a national video and telephone conference on strengthening regulation on payment and clearing industry, preventing and controlling new types of crimes through telecommunication network, in order to implement the task of combating new types of crimes through telecommunication network put forward by the central government and the State Council and deploy preventive measures against the aforementioned criminal activities.

On September 30th, PBC issued the *Notice on Strengthening Regulation on Payment and Clearing, Preventing and Combating New Types of Crime through Telecommunication Network*, involving 20 specific measures to reinforce real-name registration of bank accounts and block major channels to transfer swindled funds of telecommunication network, so as to consolidate safety defense of the payment and clearing as well as the financial industry as a whole.

On September 30th, PCAC completed the optimization and upgrading of industry risk information sharing system on its payment and clearing comprehensive service platform. In addition, the registration and risk information sharing system for bank card acquiring outsourcing institutions and the management system of assistant investigation into risk events were formally launched.

On October 12th, PBC issued the *Instruction on the Incentive Methods for Reporting Unlawful Behaviors in Payment and Clearing*, to standardize the order in the payment service market and to encourage reporting of unlawful behaviors in payment and clearing.

On October 13th, PBC issued the *Notice on the Second Upgrading and Version Change of ACS of the Central Bank in 2016* and the *Notice on the Upgrading and Version Change of ACS's Comprehensive Front-end Sub-system of the Central Bank in 2016* to optimize ACS and comprehensive front-end sub-system and satisfy the increasing demands of business expansion.

On October 20th, PBC issued the *Approval of PBC on the Construction of Internet Payment and Clearing Platform of Non-bank Payment Institutions Organized by PCAC*, according to which PCAC is permitted to arrange the construction of the internet payment and clearing platform for payment institutions in a market-oriented way. The platform is set to process Internet payment transactions initiated by payment institutions concerning bank accounts.

On October 20th, PBC issued the *Notice on the Clearing and Disposal of Unlicensed Payment Business*, which involves the deployment of an ad hoc inspection on clearing and disposal of unlicensed payment and clearing business to guarantee the effectiveness of the campaign.

On October 26th, PBC issued the *Technical Specification for Message Structure and Elements of Internet Payment (V1.0)* to enhance the regulation on interface messages in originating and receiving payments via bank accounts by payment institutions in cooperation with commercial banks and to ensure the authenticity, integrity and traceability of transaction information as well as its consistency during the whole payment process.

On October 31st, PBC issued the *Notice on the Establishment of the Reporting Systems for Strengthening Payment and Clearing Management, Preventing and Controlling New Types of Illegal Behaviors through Telecommunication Network* to establish a regular reporting mechanism, be informed of progress and reinforce implementation.

On October 31st, PBC issued *the Notice of PBC General Office on Enabling Treasury's Automated Interest-bearing Fund Transfer in the Central Bank Accounting Calculation Data Concentration System*, according to which PBC will apply the function of treasury's automated interest-bearing fund transfer to the ACS from the beginning of December.

On November 1st, PBC issued the *Notice on the Nationwide Promotion of ACS Archives Management Sub-system*, according to which the ACS archives management sub-system g is to be launched in PBC's sub-branches at the level of second-tier cities or above on November 21st, 2016.

On November 1st, PBC issued the *Notice on the Preparation for the Launch of Commercial Paper Platform*, according to which the trial operation of the platform is planned to kick off on December 8th, 2016.

On November 9th, PBC issued the *Technical Specification on Payment Tokenization of Mobile Payment in China's Financial Industry*, which requires commercial banks, payment institutions and bank card clearing institutions to apply payment tokenization technology in a comprehensive way so as to address the root cause of payment security risks.

On November 21st, PBC issued the *Notice on the Publicity on Strengthening Regulation in Payment and Clearing and Preventing and Combating New Types of Illegal Behaviors through Telecommunication Network* to guide and create a positive environment of public opinions.

On November 25th, PBC issued the *Notice on Implementing the Categorized Management of Personal Bank Accounts* to promote the implementation of categorized management of personal bank accounts.

On November 27th, CSDC issued the *Notice on the Launch of Shenzhen – Hong Kong Stock Connect Program*, according to which stock trading under "Shenzhen – Hong Kong Stock Connect" can be initiated starting from December 5th, 2016.

On December 1st, PBC issued the overall dynamics of the payment system in the third quarter of 2016.

On December 5th, PBC issued the *Rules on Commercial Paper Transactions*, which defines the processing procedures of negotiable instrument transactions so as to standardize market behaviors and prevent business related risks.

On December 7th, PBC issued the *Notice on the Launch of Off-site Supervision System of Non-bank Payment Institutions*, which stipulates access to the system and requirements on data reporting.

On December 8th, Shanghai Commercial Paper Exchange Corporation Ltd had its grand opening, a hallmark in the history of Chinese commercial paper market.

On December 9th, PBC decided to authorize the Agricultural Bank of China Dubai Branch as clearing bank of RMB business in Dubai.

On December 9th, PBC cooperated with members of the leading group of cracking down on high-risk practice in internet finance to convene a video and telephone conference for the review of the campaign efforts against risks in internet finance.

On December 12th, China UnionPay launched its QR-code payment standard.

On December 20th, PBC issued its decision on the extension of *Payment Business License* to 53 payment institutions including E-surfing Pay Co., Ltd.

On December 22th, PBC, NDRC, the Ministry of Education, MPS, the Ministry of Finance, the Ministry of Commerce, the State Administration of Taxation, SAIC, the General Administration of Quality Supervision, Inspection and Quarantine, CBRC, the China Securities Regulatory Commission, the China Insurance Regulatory Commission, the State Administration of Foreign Exchange and the Supreme People's Court jointly issued the *Opinions on Promoting the Healthy Development of Bank Card Clearing Market*, so as to improve the market-oriented mechanism of bank card clearing services, promote the healthy and sustainable development of bank card clearing market, and ensure the national financial security.

On December 26th, PBC issued the *Notice on Standardizing Penalty Measures against Dud Checks*, which will take effect on January 1st, 2017.

On December 31st, PBC successfully completed the final account of payment system and ACS for 2016.

Appendix 2 Core Indicators of China Payment System Development in 2016

<table>
<tr><th colspan="3">Item</th><th>Unit</th><th>Amount</th><th>Growth Rate (%)</th></tr>
<tr><td colspan="2" rowspan="2">M_0 and GDP</td><td>M_0</td><td>CNY trillion</td><td>6.83</td><td>8.07</td></tr>
<tr><td>M_0/GDP</td><td>%</td><td>9.18</td><td>-1.73</td></tr>
<tr><td rowspan="4">Bank Settlement Account</td><td rowspan="2">Personal Account</td><td>Total number of accounts</td><td>100 million accounts</td><td>83.03</td><td>13.35</td></tr>
<tr><td>Number of accounts per capita</td><td>Account</td><td>6.06</td><td>13.00</td></tr>
<tr><td rowspan="2">Corporate Account</td><td>Total number of accounts</td><td>10 000 accounts</td><td>4 939.47</td><td>11.27</td></tr>
<tr><td>Basic deposit accounts</td><td>10 000 accounts</td><td>3 282.67</td><td>15.77</td></tr>
<tr><td colspan="2" rowspan="9">Non-cash payment instruments</td><td>Transactions</td><td>100 million transactions</td><td>1 251.11</td><td>32.64</td></tr>
<tr><td>Commercial paper</td><td>100 million transactions</td><td>2.93</td><td>-29.64</td></tr>
<tr><td>Bank cards</td><td>100 million transactions</td><td>1 154.74</td><td>35.49</td></tr>
<tr><td>Other types of settlement including credit transfer</td><td>100 million transactions</td><td>93.44</td><td>7.70</td></tr>
<tr><td>Value</td><td>CNY trillion</td><td>3 687.24</td><td>6.91</td></tr>
<tr><td>Commercial paper</td><td>CNY trillion</td><td>187.79</td><td>-21.17</td></tr>
<tr><td>Bank cards</td><td>CNY trillion</td><td>741.81</td><td>10.75</td></tr>
<tr><td>Other types of settlement including credit transfer</td><td>CNY trillion</td><td>2 757.63</td><td>8.53</td></tr>
<tr><td>Value/GDP</td><td>Multiple</td><td>49.55</td><td>-2.78</td></tr>
<tr><td rowspan="7">Domestic Bankcards (Issuance and Acceptance)</td><td rowspan="7"></td><td>Number of bank cards in use</td><td>100 million cards</td><td>61.25</td><td>12.54</td></tr>
<tr><td>Incl.: Debit Card</td><td>100 million cards</td><td>56.60</td><td>12.96</td></tr>
<tr><td>Credit cards and combo cards with debit and credit functions</td><td>100 million cards</td><td>4.65</td><td>7.60</td></tr>
<tr><td>Number of cards per capita</td><td>Card</td><td>4.47</td><td>11.83</td></tr>
<tr><td>Number of contracted merchants</td><td>10 000 machines</td><td>2 067.20</td><td>23.78</td></tr>
<tr><td>Number of POS terminals</td><td>10 000 machines</td><td>2 453.50</td><td>7.51</td></tr>
<tr><td>Number of ATM terminals</td><td>10 000 machines</td><td>92.42</td><td>6.63</td></tr>
</table>

continued

Item			Unit	Amount	Growth Rate (%)
Domestic Bankcards (Issuance and Acceptance)		Outstanding balance of bank cards at the end of the period[①]	CNY trillion	4.06	23.63
		Bank card penetration rate	%	48.47	1.06
Payment System	RMB payment system	Transactions	100 million transactions	592.85	26.28
		HVPS	100 million transactions	8.26	4.67
		BEPS	100 million transactions	23.48	27.95
		Value	CNY trillion	5 109.04	16.71
		HVPS	CNY trillion	3 616.30	22.50
		BEPS	CNY trillion	30.91	23.95
		Value/GDP	Multiple	68.66	6.13
		Direct participants of HVPS	Number	305	13.81
	CDFCPS	Transactions	10000 transactions	198.58	-4.47
		Value (converted to US dollar)	USD 100 million	8 199.01	-9.52
		Direct participants	Number	51	8.51
Securities Settlement System	Interbank bond market	Issuing value	CNY trillion	19.49	23.75
		Depository value	CNY trillion	51.86	22.46
		Settlement value	CNY trillion	739.02	33.30
		Payment value	CNY trillion	21.48	89.92
	Securities market of exchange	Transactions of stock transfer	100 million transactions	131.90	-36.55
		Value of stock transfer	CNY trillion	1 180.47	14.20
		Gross settlement value	CNY trillion	1 220.01	7.32
		Net settlement value	CNY trillion	40.25	-31.62

Note:

1. The growth rate of M_0 /GDP is the figure of current year minus that of previous year.

2. Cumulative number of cards issued excludes dormant cards (i.e., any debit card with a balance of not more than CNY 10 and having no transaction for more than one year).

3. All the above mentioned bankcard data of overseas markets specifically refer to that of UnionPay cards.

4. RMB payment systems include HVPS, BEPS, CIS, IBPS, ACH, CIPS (Phase I), Intra-bank Payment Systems of Banking Institutions, UnionPay Bankcard Interbank Clearing System, Draft Processing System and Payment and Clearing System for City Commercial Banks, and Payment and Clearing System for Rural Credit Banks.

① The scope has enlarged from credit cards to cover both credit cards and combo cards with debit and credit functions for 2016.

Appendix 3 Major Business Data Report in 2016

Table 1-1 The Number of RMB Corporate Settlement Accounts by Region

Unit: 10 000 accounts

Region	Number of Accounts
Beijing	215.98
Tianjin	86.97
Hebei Province	185.16
Shanxi Province	90.31
Inner Mongolia Autonomous Region	75.58
Liaoning Province	156.87
Jilin Province	74.33
Heilongjiang Province	93.74
Shanghai	331.13
Jiangsu Province	484.74
Zhejiang Province	393.12
Anhui Province	150.12
Fujian Province	171.91
Jiangxi Province	94.00
Shandong Province	344.98
Henan Province	211.19
Hubei Province	154.69
Hunan Province	113.89
Guangdong Province	415.77
Guangxi Zhuang Autonomous Region	106.82
Hainan Province	38.35
Chongqing	99.15
Sichuan Province	165.17
Guizhou Province	82.19
Yunnan Province	104.26
The Tibet Autonomous Region	6.65
Shaanxi Province	118.33
Gansu Province	62.70
Qinghai Province	18.31
Ningxia Hui Autonomous Region	31.09
Xinjiang Uygur Autonomous Region	63.29
Shenzhen	198.67
Total	**4 939.47**

Table 1-2 The Number of RMB Corporate Settlement Accounts by Bank Identifier

Bank Identifier	Ranking
Industrial and Commercial Bank of China	1
China Construction Bank	2
Agricultural Bank of China	3
Rural credit cooperatives	4
Urban commercial Banks	5
Bank of China	6
Rural commercial banks	7
China Merchants Bank	8
Bank of Communications	9
China Minsheng Bank	10
Shanghai Pudong Development Bank	11
Industrial Bank Co., Ltd.	12
China CITIC Bank	13
Postal Savings Bank of China	14
Ping An Bank	15
Huaxia Bank	16
China Everbright Bank	17
China Guangfa Bank	18
Agricultural Development Bank of China	19
Foreign banks	20
Hengfeng Bank	21
China Zheshang Bank	22
Rural cooperative Banks	23
China Development Bank	24
China Bohai Bank	25
Urban credit cooperatives	26
The Export-Import Bank of China	27

Table 1-3 The Number of Basic Deposit Accounts by Region

Unit: 10 000 accounts

Region	Number of Accounts
Beijing	158.62
Tianjin	54.46
Hebei Province	130.42
Shanxi Province	64.00
Inner Mongolia Autonomous Region	50.95
Liaoning Province	112.64
Jilin Province	56.98
Heilongjiang province	69.53
Shanghai	192.40
Jiangsu Province	314.29
Zhejiang Province	255.21
Anhui Province	99.68
Fujian Province	114.71
Jiangxi Province	58.00
Shandong Province	209.25
Henan Province	138.93
Hubei Province	100.36
Hunan Province	75.29
Guangdong Province	287.57
Guangxi Zhuang Autonomous Region	74.30
Hainan Province	28.11
Chongqing	70.77
Sichuan Province	116.45
Guizhou Province	52.20
Yunnan Province	67.83
The Tibet Autonomous Region	5.17
Shaanxi Province	76.18
Gansu Province	38.57
Qinghai Province	12.10
Ningxia Hui Autonomous Region	19.94
Xinjiang Uygur Autonomous Region	42.57
Shenzhen	135.23
Total	**3 282.67**

Table 1-4 The Number of Basic Deposit Accounts by Bank Identifier

Bank Identifier	Ranking
Industrial and Commercial Bank of China	1
China Construction Bank	2
Agricultural Bank of China	3
Rural credit cooperatives	4
Urban commercial banks	5
Bank of China	6
Rural commercial banks	7
China Merchants Bank	8
Bank of Communications	9
China Minsheng Bank	10
Shanghai Pudong Development Bank	11
Postal Savings Bank of China	12
Industrial Bank Co., Ltd.	13
China CITIC Bank	14
Ping An Bank	15
Huaxia Bank	16
China Everbright Bank	17
China Guangfa Bank	18
Agricultural Development Bank of China	19
Rural cooperative banks	20
Foreign banks	21
Hengfeng Bank	22
China Zheshang Bank	23
Urban credit cooperatives	24
China Bohai Bank	25
China Development Bank	26
The Export–Import Bank of China	27

Table 1-5 The Number of Basic Deposit Accounts by Industry

Unit: 10 000 accounts

Industry	Number of Accounts
A. Agriculture, forestry, husbandry and fishing	203.57
B. Mining industry	14.55
C. Manufacturing	336.88
D. Production and supply of electricity, gas and water	18.21
E. Construction	117.99
F. Transport, logistics and postal industry	64.21
G. Information communication, computer service and software	125.13
H. Wholesale and retail business	1 229.13
I. Hotels and restaurants	76.33
J. Financial industry	15.45
K. Real estate	45.71
L. Lease and business service	185.87
M. Scientific research, technical service and geological exploration	47.64
N. Water conservation, environment and public infrastructure	17.72
O. Resident service and other services	306.01
P. Education	37.67
Q. Health and social security and social welfare	30.22
R. Culture, education and entertainment	59.78
S. Public management and social organization	85.99
T. Other industries	264.62
Total	**3 282.67**

Table 2 Trade Volume of Commercial Paper by Region

Unit: 10 000 transactions/CNY 100 million

	Commercial Paper		Commercial Draft		Electronic Commercial Draft Acceptance	
	Transactions	Value	Transactions	Value	Transactions	Value
Beijing	1 908.74	153 057.74	29.5	8 408.68	14.18	5 671.3
Tianjin	702.96	44 043.67	23.9	7 759.13	2.88	2 282.23
Hebei Province	790.92	48 185.39	46.75	7 309.51	8.7	3 339.87
Shanxi Province	445.8	36 456.86	29.26	3 698.99	3.03	1 543.47
Inner Mongolia Autonomous Region	558.94	28 431.22	14.15	2 427.66	1.14	869.01
Liaoning Province	1 517.80	61 121.92	46.09	9 928.39	8.56	4 051.63
Jilin Province	425.94	21 748.23	10.65	2 751.76	2.39	896.6
Heilongjiang province	595.81	32 549.06	9.22	2 019.39	1.33	313.26
Shanghai	1 082.83	48 565.33	44.27	13 082.39	14.83	5 615.34
Jiangsu Province	2 919.45	266 210.76	365.03	22 758.02	15.01	9 640.23
Zhejiang Province	2 504.00	141 961.70	287.45	15 564.42	18.2	6 996.32
Anhui Province	929.09	70 508.83	52.66	4 323.35	11.09	1 702.85
Fujian Province	785.6	56 825.15	29.57	4 272.07	15.44	3 948.2
Jiangxi Province	413.58	37 054.03	20.34	2 370.03	2.28	942.21
Shandong Province	1 828.96	112 468.38	209.81	20 679.59	24.22	9 051.8
Henan Province	736.37	62 498.46	85.93	8 893.34	8.32	3 756.06
Hubei Province	825.65	63 036.82	63.49	7 041.14	13.04	3 035.48
Hunan Province	664.22	46 391.54	24.79	3 103.50	5.25	1 123.98
Guangdong Province	2 610.50	145 990.01	73.17	10 647.29	30.95	6 158.45
Hainan Province	142.23	11660.76	1.45	808.83	0.81	333.3
Guangxi Zhuang Autonomous Region	460.49	23815.65	14.54	2694.48	3.84	980.83
Chongqing	656.99	58 658.17	38.67	5 533.73	4.91	2 086.76
Sichuan Province	1 408.43	63 573.85	26.39	4 526.25	4.75	3 157.38
Guizhou Province	573.28	45 841.80	11.99	2 056.80	0.49	348.42
Yunnan Province	864.74	38 542.98	6.24	1 679.19	0.85	778.37
The Tibet Autonomous Region	101.68	3 901.67	0.16	126.27	0.07	25.4
Shaanxi Province	573.88	32 932.24	25.63	3 290.81	5.53	1 607.76
Gansu Province	519.15	18 908.57	8.25	2 078.77	1.18	624.64
Qinghai Province	127.71	6 350.94	1.87	484.37	0.11	51.79
Ningxia Hui Autonomous Region	217.31	9 437.01	5.54	827.51	0.94	207.81
Xinjiang Uygur Autonomous Region	895.76	22 437.55	14.27	2 205.20	1.71	547.9
Shenzhen	552.22	64 770.30	35.42	6 148.05	11.69	4 129.59
Total	29 341.05	1 877 936.62	1 656.45	189 498.91	237.75	85 818.25

Table 3-1 The Number of Bankcards in Use Card by Region

Unit: 10 000 cards

Region	Number of bank cards in use	Number of credit cards in use
Beijing	18 952.05	2 934.31
Tianjin	10 555.06	778.11
Hebei Province	27 730.53	1 489.07
Shanxi Province	14 707.96	891.55
Inner Mongolia Autonomous Region	10 973.86	747.02
Liaoning Province	21 314.97	1 336.93
Jilin Province	9 702.00	535.49
Heilongjiang Province	13 296.95	685.56
Shanghai	17 647.36	2 394.61
Jiangsu Province	43 897.08	2 841.23
Zhejiang Province	34 671.02	3 378.76
Anhui Province	21 136.43	878.63
Fujian Province	21 151.62	2 016.66
Jiangxi Province	14 441.24	625.55
Shandong Province	45 732.79	3 008.24
Henan Province	35 656.11	1 782.67
Hubei Province	25 016.17	1 341.66
Hunan Province	23 352.94	1 006.79
Guangdong Province	54 707.29	3 967.92
Guangxi Zhuang Autonomous Region	15 164.04	736.98
Hainan Province	3 949.02	208.48
Chongqing	14 030.18	829.54
Sichuan Province	29 470.40	1 408.94
Guizhou Province	11 364.70	420.41
Yunnan Province	13 098.07	811.73
The Tibet Autonomous Region	488.61	11.33
Shaanxi Province	16 478.95	930.46
Gansu Province	9 515.35	400.41
Qinghai Province	2 066.13	81.94
Ningxia Hui Autonomous Region	2 876.72	180.44
Xinjiang Uygur Autonomous Region	8 826.84	398.39
Shenzhen	20 491.35	2 981.93
Total	**612 463.80**	**42 041.72**

Table 3-2 The Number of Bank Cards in Use by Issuer

Issuer	Ranking
Agricultural Bank of China	1
China Construction Bank	2
Postal Savings Bank of China	3
Industrial and Commercial Bank of China	4
Rural Commercial Bank	5
Bank of China	6
Rural Credit Cooperatives	7
Urban Commercial Bank	8
Bank of Communications	9
China Merchants Bank	10
Ping An Bank	11
China Everbright Bank	12
China CITIC Bank	13
SPD Bank	14
China Minsheng Bank	15
Industrial Bank Co., Ltd.	16
China Guangfa Bank	17
Huaxia Bank	18
Rural Cooperative Bank	19
Village and town bank	20
China Zheshang Bank	21
China Bohai Bank	22
Foreign capital banks	23
Hengfeng Bank	24

Table 3-3 Bank Card Business Volume by Region

Unit: 10 000 transactions/CNY 100 million

Region	Transactions	Value
Beijing	481 366.57	319 254.26
Tianjin	153 508.02	99 645.33
Hebei Province	461 703.79	425 940.46
Shanxi Province	223 572.55	119 801.95
Inner Mongolia Autonomous Region	172 630.40	102 902.61
Liaoning Province	368 563.42	227 228.37
Jilin Province	176 087.86	100 550.15
Heilongjiang Province	204 802.90	119 329.54
Shanghai	493 499.04	423 395.62
Jiangsu Province	840 031.87	597 520.05
Zhejiang Province	885 943.08	787 238.65
Anhui Province	305 830.13	206 873.89
Fujian Province	550 474.28	372 327.10
Jiangxi Province	222 676.16	136 412.04
Shandong Province	763 763.14	484 459.64
Henan Province	500 647.87	359 800.83
Hubei Province	425 615.45	239 982.30
Hunan Province	389 343.56	172 926.02
Guangdong Province	1 200 253.39	642 046.36
Guangxi Zhuang Autonomous Region	294 238.58	138 967.09
Hainan Province	82 449.37	35 525.95
Chongqing	232 019.95	107 029.16
Sichuan Province	584 233.68	245 996.98
Guizhou Province	186 034.34	78 280.32
Yunnan Province	240 149.13	116 867.52
The Tibet Autonomous Region	14 090.57	6 859.85
Shaanxi Province	276 437.39	131 988.98
Gansu Province	136 088.13	69 419.35
Qinghai Province	32 869.82	17 312.85
Ningxia Hui Autonomous Region	57 267.89	31 220.82
Xinjiang Uygur Autonomous Region	151 960.16	80 500.85
Shenzhen	439 208.35	420 517.73
Total	**11 547 360.83**	**7 418 122.61**

Table 4 Credit Transfer Business Volume by Region

Unit: 10 000 transactions / CNY100 million

Region	Transactions	Value
Beijing	38 733.60	6 246 415.00
Tianjin	11 132.97	331 507.04
Hebei Province	19 035.97	417 337.70
Shanxi Province	8 838.98	239 110.24
Inner Mongolia Autonomous Region	7 158.78	182 171.58
Liaoning Province	17 111.29	567 568.75
Jilin Province	6 450.46	357 611.53
Heilongjiang province	9 995.05	217 739.76
Shanghai	73 642.89	3 866 039.28
Jiangsu Province	43 479.67	1 697 277.50
Zhejiang Province	117 733.45	2 107 922.32
Anhui Province	21 821.61	359 003.88
Fujian Province	34 663.99	1 386 760.42
Jiangxi Province	11 869.47	242 437.39
Shandong Province	60 190.71	1 033 141.73
Henan Province	23 137.90	372 631.74
Hubei Province	21 111.16	393 811.22
Hunan Province	17 788.28	304 389.10
Guangdong Province	54 843.96	1 877 387.25
Guangxi Zhuang Autonomous Region	13 076.69	143 837.61
Hainan Province	2 893.74	100 563.97
Chongqing	26 575.48	371 898.44
Sichuan Province	20 878.11	490 514.93
Guizhou Province	8 258.26	143 942.86
Yunnan Province	9 690.05	190 437.44
The Tibet Autonomous Region	431.78	13 853.48
Shaanxi Province	13 352.69	260 925.76
Gansu Province	6 237.66	145 413.24
Qinghai Province	1 449.51	32 587.41
Ningxia Hui Autonomous Region	3 010.75	37 917.44
Xinjiang Uygur Autonomous Region	5 867.37	133 930.06
Shenzhen	79 563.87	2 485 701.39
Total	**790 026.13**	**26 751 787.46**

Table 5-1 HVPS Business Volume by Region

Unit: 10 000 transactions/CNY 100 million

Region	Transactions	Value
Beijing	5 190.06	12 771 533.75
Tianjin	1 239.97	426 040.66
Hebei Province	2 988.30	560 085.44
Shanxi Province	1 356.66	227 469.17
Inner Mongolia Autonomous Region	1 131.70	304 422.52
Liaoning Province	2 001.73	680 134.16
Jilin Province	915.93	410 945.43
Heilongjiang province	1 028.22	233 473.89
Shanghai	5 095.10	6 221 453.17
Jiangsu Province	7 508.23	1 542 062.82
Zhejiang Province	7 680.95	1 686 751.21
Anhui Province	2 959.60	423 112.01
Fujian Province	3 532.04	1 112 941.09
Jiangxi Province	2 012.81	282 424.33
Shandong Province	5 770.06	1 082 309.78
Henan Province	2 991.57	498 121.69
Hubei Province	2 207.13	396 523.69
Hunan Province	2 138.18	374 343.19
Guangdong Province	8 540.74	2 150 358.36
Guangxi Zhuang Autonomous Region	1 253.15	173 673.87
Hainan Province	362.75	81 626.82
Chongqing	1 256.22	394 428.91
Sichuan Province	2 724.72	814 092.34
Guizhou Province	1 161.64	212 166.46
Yunnan Province	1 153.72	187 196.52
The Tibet Autonomous Region	64.52	15 397.22
Shaanxi Province	1 458.82	320 487.09
Gansu Province	829.40	168 879.88
Qinghai Province	193.36	33 217.03
Ningxia Hui Autonomous Region	365.73	63 362.84
Xinjiang Uygur Autonomous Region	797.72	166 113.21
Shenzhen	4 656.25	2 147 835.55
Total	**82 566.96**	**36 162 984.12**

Table 5-2 HVPS Business Volume by Bank Identifier

Bank Identifier	Ranking
Industrial and Commercial Bank of China	1
Agricultural Bank of China	2
China Construction Bank	3
Urban Commercial Bank	4
Bank of China	5
Rural credit cooperatives	6
China Merchants Bank	7
Rural commercial banks	8
China Minsheng Bank	9
Bank of Communications	10
China CITIC Bank	11
Postal Savings Bank of China	12
Ping An Bank	13
Industrial Bank Co., Ltd.	14
Shanghai Pudong Development Bank	15
China Everbright Bank	16
Foreign banks	17
Huaxia Bank	18
Rural banks	19
China Guangfa Bank	20
Agricultural Development Bank of China	21
China Zheshang Bank	22
Hengfeng Bank	23
China Bohai Bank	24
China Development Bank	25
Rural cooperative banks	26
The Export-Import Bank of China	27
Urban credit cooperatives	28

Table 5-3 BEPS Business Volume by Region

Unit: 10 000 transactions/CNY 100 million

Region	Transactions	Value
Beijing	12 771.81	20 321.23
Tianjin	3 928.27	5 155.32
Hebei Province	9 556.12	11 334.84
Shanxi Province	4 945.76	4 700.36
Inner Mongolia Autonomous Region	3 123.57	3 391.42
Liaoning Province	4 987.05	5 180.95
Jilin Province	1 757.05	2 023.02
Heilongjiang Province	2 586.46	2 607.55
Shanghai	21 949.07	37 007.39
Jiangsu Province	13 828.45	23 068.23
Zhejiang Province	20 156.43	37 993.06
Anhui Province	5 619.90	5 919.28
Fujian Province	15 030.62	16 745.54
Jiangxi Province	3 978.33	4 715.25
Shandong Province	15 130.64	17 163.78
Henan Province	8 988.86	10 210.36
Hubei Province	6 793.49	7 092.79
Hunan Province	7 303.93	8 496.08
Guangdong Province	24 415.64	28 938.41
Guangxi Zhuang Autonomous Region	4 250.52	4 135.38
Hainan Province	1 100.83	1 207.88
Chongqing	3 747.88	3 939.09
Sichuan Province	7 573.03	7 402.17
Guizhou Province	2 841.76	3 390.39
Yunnan Province	3 534.56	3 654.93
The Tibet Autonomous Region	191.76	247.55
Shaanxi Province	5 184.03	6 161.08
Gansu Province	2 461.71	2 772.28
Qinghai Province	533.68	550.68
Ningxia Hui Autonomous Region	1 069.16	1 241.79
Xinjiang Uygur Autonomous Region	2 270.68	6 411.03
Shenzhen	13 219.06	15 952.11
Total	**234 830.13**	**309 131.23**

Table 5-4 BEPS Business Volume by Bank Identifier

Bank Identifier	Ranking
China Construction Bank	1
Agricultural Bank of China	2
Industrial and Commercial Bank of China	3
Bank of China	4
Rural credit cooperatives	5
Urban commercial banks	6
China Merchants Bank	7
Postal Savings Bank of China	8
Rural commercial banks	9
Bank of Communications	10
China Minsheng Bank	11
Ping An Bank	12
Industrial Bank Co., Ltd.	13
China CITIC Bank	14
China Everbright Bank	15
Shanghai Pudong Development Bank	16
Foreign banks	17
China Guangfa Bank	18
Rural banks	19
Huaxia Bank	20
China Zheshang Bank	21
Agricultural Development Bank of China	22
Hengfeng Bank	23
China Bohai Bank	24
Rural cooperative banks	25
China Development Bank	26
The Export–Import Bank of China	27
Urban credit cooperatives	28

Table 5-5 Business Volume of IBPS by Bank Identifier

Bank Identifier	Ranking
Industrial and Commercial Bank of China	1
China Construction Bank	2
China Merchants Bank	3
Agricultural Bank of China	4
Urban commercial banks	5
China Minsheng Bank	6
Bank of China	7
Rural credit cooperatives	8
Bank of Communications	9
Postal Savings Bank of China	10
Ping An Bank	11
China Everbright Bank	12
China CITIC Bank	13
Industrial Bank Co., Ltd.	14
Shanghai Pudong Development Bank	15
China Guangfa Bank	16
Rural commercial banks	17
Huaxia Bank	18
Hengfeng Bank	19
China Bohai Bank	20
China Zheshang Bank	21
Foreign banks	22

Table 5-6 Business Volume of ACH by Region

Unit: 10 000 transactions/CNY 100 million

Region	Transactions	Value
Beijing	1 488.57	43 564.29
Tianjin	565.16	18 411.05
Hebei Province	159.84	4 754.87
Shanxi Province	27.73	2 499.61
Inner Mongolia Autonomous Region	49.56	889.77
Liaoning Province	1 382.48	26 367.99
Jilin Province	114.75	3 229.73
Heilongjiang Province	322.83	8 493.32
Shanghai	10 602.75	737 006.44
Jiangsu Province	2 705.28	159 501.26
Zhejiang Province	7 483.50	70 805.12
Anhui Province	73.25	4 703.52
Fujian Province	214.54	4 623.83
Jiangxi Province	528.47	13 648.85
Shandong Province	796.49	30 886.04
Henan Province	242.61	5 740.04
Hubei Province	357.53	14 004.19
Hunan Province	81.29	4 116.09
Guangdong Province	4 943.68	40 308.78
Guangxi Zhuang Autonomous Region	329.57	8 362.64
Hainan Province	–	–
Chongqing	136.09	4 906.12
Sichuan Province	147.70	6 744.57
Guizhou Province	–	–
Yunnan Province	402.53	16 598.24
The Tibet Autonomous Region	–	–
Shaanxi Province	216.83	8 761.80
Gansu Province	108.97	3 763.87
Qinghai Province	67.33	2 428.53
Ningxia Hui Autonomous Region	–	–
Xinjiang Uygur Autonomous Region	23.17	1 680.09
Shenzhen	3 674.07	61 248.89
Total	37 246.56	1 308 049.55

Table 5-7 Business Volume of Urban Commercial Banks Funds Clearing Center by Region

Unit: 10 000 transactions/CNY 100 million

Region	Transactions	Value
Beijing	8.06	65.44
Tianjin	0.01	0.08
Hebei Province	0.01	0.06
Shanxi Province	0.01	0.12
Inner Mongolia Autonomous Region	0.01	0.02
Liaoning Province	7.98	418.45
Jilin Province	0.02	0.14
Heilongjiang province	0.04	0.76
Shanghai	6.69	338.71
Jiangsu Province	29.1	959.11
Zhejiang Province	815.06	5347.72
Anhui Province	0.02	0.01
Fujian Province	1.17	10.83
Jiangxi Province	0.03	0.04
Shandong Province	0.01	0.01
Henan Province	2.7	224.53
Hubei Province	0.11	3.77
Hunan Province	0	0
Guangdong Province	0.06	0.08
Hainan Province	0	0
Guangxi Zhuang Autonomous Region	0	0
Chongqing	1.33	82.37
Sichuan Province	0.87	142.83
Guizhou Province	2.97	105.58
Yunnan Province	0	0.01
The Tibet Autonomous Region	0	0
Shaanxi Province	2.82	150.86
Gansu Province	0	0
Qinghai Province	0.02	0.02
Ningxia Hui Autonomous Region	1.01	80.57
Xinjiang Uygur Autonomous Region	1.91	7.07
Shenzhen	0.71	23.83
Total	**882.73**	**7 963.02**

Note: Rounding up exists in the calculation process, where the volume of some provinces is rounded as zero; the transactions are rounded as zero.

Table 5-8 Business Volume of Rural Credit Banks Funds Clearing Center by Region

Unit: 10 000 transactions/CNY 100 million

Region	Transactions	Value
Beijing	3 387.74	483.27
Tianjin	896.35	245.58
Hebei Province	16 012.26	5 044.03
Shanxi Province	3 544.69	673.43
Inner Mongolia Autonomous Region	4 049.07	1 021.35
Liaoning Province	1 724.74	400.89
Jilin Province	4 448.30	781.77
Heilongjiang province	2 724.84	535.42
Shanghai	241.7	679.82
Jiangsu Province	7 975.80	2 250.39
Zhejiang Province	6 435.89	3 992.17
Anhui Province	1 620.04	845.01
Fujian Province	2 900.89	3 535.72
Jiangxi Province	5 051.16	1 251.86
Shandong Province	2 515.26	3 242.51
Henan Province	16 785.70	8 313.98
Hubei Province	12 500.65	5 432.03
Hunan Province	8 393.04	1 703.40
Guangdong Province	13 229.83	2 555.33
Hainan Province	1 463.62	226.23
Guangxi Zhuang Autonomous Region	12 478.55	1 896.14
Chongqing	1 548.89	772.14
Sichuan Province	8 080.86	1 761.68
Guizhou Province	14 159.67	1 835.03
Yunnan Province	1 934.13	706.72
The Tibet Autonomous Region	–	–
Shaanxi Province	6 293.11	683.41
Gansu Province	4 669.48	775.6
Qinghai Province	77.99	71.64
Ningxia Hui Autonomous Region	833.08	393.71
Xinjiang Uygur Autonomous Region	1 159.67	1 629.54
Shenzhen	961.59	564.13
Total	**168 098.59**	**54 303.93**

Table 6-1 Registration and Depository Business of Securities Depository and Clearing Corporation

Type of securities under registration and depository	Number
A-shares	3 050
Class B shares	100
National debts	228
Local debts	589
Policy-oriented financial bonds	2
Enterprise bonds	2 036
Corporate bonds	2 806
Convertible bonds	17
Separated convertible bonds	–
SME privately raised bonds	1 316
Closed-end funds	28
ETF	146
LOF	595
Monetary funds with real-time subscription and redemption	9
Products of Asset securitization	2 132
Total	**13 054**

Table 6-2 Business Data on Fixed Income Products of Interbank Market Clearing House

Unit: CNY 100 million

	Number/Transactions in 2016	Face Value in 2016
RMB-denominated bond issuance	20 866	183 455.61
Foreign currency denominated bond issuance (converted to RMB)	2	55.80
Bond payment	15 342	142 846.24
Bond clearing and settlement	399 640	414 305.57
Repurchase clearing and settlement	1 207 243	1 081 356.09
Pledged repo	1 104 694	990 808.53
Outright repo	102 549	90 547.56
Forward clearing and settlement	0	0.00